INVISIBILIDADE

Cultura, Ciência e a História Secreta da
BISSEXUALIDADE

Julia Shaw

INVISIBILIDADE

Cultura, Ciência e a História Secreta da
BISSEXUALIDADE

Tradução
Vic Vieira Ramires

Editora
Cultrix
SÃO PAULO

Título do original: *Bi – The Hidden Culture, History, and Science of Bisexuality*.
Copyright © 2022 Julia Shaw.
Copyright da edição brasileira © 2023 Editora Pensamento-Cultrix Ltda.
1ª edição 2023.

Todos os direitos reservados. Nenhuma parte desta obra pode ser reproduzida ou usada de qualquer forma ou por qualquer meio, eletrônico ou mecânico, inclusive fotocópias, gravações ou sistema de armazenamento em banco de dados, sem permissão por escrito, exceto nos casos de trechos curtos citados em resenhas críticas ou artigos de revistas.

A Editora Cultrix não se responsabiliza por eventuais mudanças ocorridas nos endereços convencionais ou eletrônicos citados neste livro.

Editor: Adilson Silva Ramachandra
Gerente editorial: Roseli de S. Ferraz
Preparação de originais: Karina Gercke
Gerente de produção editorial: Indiara Faria Kayo
Editoração eletrônica: S2 Books
Revisão: Luciana Soares da Silva

Dados Internacionais de Catalogação na Publicação (CIP)
(Câmara Brasileira do Livro, SP, Brasil)

Shaw, Julia
  InvisiBilidade : cultura, ciência e a história secreta da bissexualidade / Julia Shaw ; tradução Vic Vieira Ramires. -- 1. ed. -- São Paulo : Editora Cultrix, 2023.

  Título original: The Hidden Culture, History and Science of Bisexuality
  ISBN 978-65-5736-237-2

  1. Antropologia 2. Bissexualidade 3. Ciências sociais 4. Diversidade sexual I. Título.

23-145708   CDD-305.3

Índices para catálogo sistemático:
1. LGBTI+ : Diversidade sexual : Sociologia 305.3
Aline Graziele Benitez - Bibliotecária - CRB-1/3129

Direitos de tradução para o Brasil adquiridos com exclusividade pela EDITORA PENSAMENTO-CULTRIX LTDA., que se reserva a propriedade literária desta tradução.
Rua Dr. Mário Vicente, 368 – 04270-000 – São Paulo, SP
Fone: (11) 2066-9000
http://www.editoracultrix.com.br
E-mail: atendimento@editoracultrix.com.br
Foi feito o depósito legal.

A liberdade

sexual

é

magnífica

e

frágil

Sumário

Introdução: Eu Quero Mais 9
Capítulo 1 A Opção Bi 13
    Inventando a bissexualidade 14
    Perguntas diretas 19
    A grade de Klein 25
    Meio-termo 31
Capítulo 2 Nossa História 36
    Estamos aqui, somos *queer*! 40
    O livro obsceno 45
    Invertidos sexuais 51
    Anjo decapitado 55
    O visitante indesejado 59
Capítulo 3 Nada Além de Mamíferos 65
    Nascemos desse jeito? 66
    Girafas *gays* 71
    Paradoxo darwiniano 75
    Ramificações 79
    Grades tortas 82
    Venha brincar comigo 90
Capítulo 4 O Armário Bissexual 94
    Saindo para o mundo 95

Segredos de família 100
Trabalhe isso 104
Perturbados 111
Bidiversidade 115
Por que nós? 120
Liberdade 126

Capítulo 5 Invisi-bi-lidade 130

Eu pareço bi? 133
Nosso próprio espaço 140
Perversão sexual 144
Parassocial 148
Sexy, mas mortal 154

Capítulo 6 É Político 159

Onde o amor é ilegal 160
Sexualidade em julgamento 166
Não pode me mudar 173
Brecha 179
No promo homo 186
Potências políticas 196

Capítulo 7 Amor Livre 202

Brilho labial de cereja 204
Todo mundo ama sexo a três 209
Monogamia compulsória 214
Reação em cadeia 219
Transformação da intimidade 223

Conclusão: Identidade Bi 226
Agradecimentos 232
Notas 234

Introdução: Eu Quero Mais

Eu sou bissexual e há muito tempo sinto que quero *mais*. Tenho desejado me ancorar a uma base sólida de história e pesquisa, encontrar a representação bi na política e na cultura *pop* e, em geral, responder à pergunta: Onde estão todas as pessoas bissexuais?

Quando iniciei minha pesquisa, encontrei um vácuo desconcertante e me perguntei se minha jornada por *mais* era uma perda de tempo. Então comecei a me familiarizar com a linguagem da academia *queer*, e lentamente o mundo da pesquisa bissexual se revelou para mim. Cheguei à compreensão de que trabalhos incríveis haviam sido feitos, mas tragicamente quase todos eles permanecem escondidos do público. Com este livro, quero mudar isso e trazer o mundo colorido da academia bissexual para fora das sombras.

Também quero que as pessoas parem de tratar as identidades e as vidas bi como uma perversão. Para fazer isso não precisamos apenas entender melhor a bissexualidade, também precisamos pôr a heterossexualidade em cheque. A bissexualidade não é misteriosa, ameaçadora ou performativa... ou até mesmo descolada, antenada ou transcendental. É uma parte normal da sexualidade humana. Mesmo no século XXI, a maioria de nós presume que as pessoas são hétero até que provem o contrário. Centralizamos a heterossexualidade como o sol do nosso sistema solar sexual, cegando nossa exploração de outras sexualidades. Eu não acho que todo mundo é bi, como costuma ser dito meio de brincadeira, em vez disso acredito que é hora de questionar nossa visão de mundo, desestabilizando nossas suposições sobre o sexo e a sexualidade.

Existem aqueles que dirão que isso já aconteceu, que nós já despertamos de nosso sono sexual. Como uma editora me disse ao dar o motivo de terem rejeitado a proposta para este livro, "Nós já tivemos essa conversa". Queriam dizer o *nós* como *o país inteiro*. O fogo que isso acendeu em mim é difícil de explicar. Não era só o fato de essa editora nunca ter publicado um livro sobre bissexualidade que me deixou tão chateada, foi o entendimento de que provavelmente existem muitas pessoas que concordam com essa declaração. Pessoas que acham que ver mais publicações positivas sobre a bissexualidade em redes sociais, ou conhecer alguém que saiu do armário como bi, ou conquistou alguns direitos e proteções legais, significa que a *conversa chegou ao fim*. Como é que conversas sobre identidade, amor e sexo podem, um dia, chegar ao fim? Humanos ficam obcecados com esses constructos.

Também precisamos parar de colocar drama na bissexualidade quando ele não existe. Comumente mal interpretada e, às vezes, mal formulada, é a ideia de que pessoas bissexuais reforçam um binário de gênero rigoroso. Isso não é verdadeiro historicamente, nem nos dias de hoje. A maioria dos ativistas e pesquisadores bissexuais definem a bissexualidade como a atração por pessoas de múltiplos gêneros. Notavelmente essa definição é inclusiva de pessoas trans e não binárias.

Eu utilizo o termo bissexual ao longo deste livro não por achar que é o termo que todos devem usar, mas porque é o termo com a aplicação mais ampla, a história mais longa e é o mais reconhecido. Neste livro, espero unir a família sexual, não importa qual seja o termo com o qual as pessoas se sintam mais confortáveis, seja bissexual, plurissexual, pansexual, onissexual, polissexual, fluido, sem rótulos ou qualquer termo relacionado.

A maioria dos tópicos discutidos neste livro transcende a bissexualidade e nos ensina sobre os principais constructos do sexo, do amor e dos relacionamentos humanos. Não importa quem você seja, espero que este livro enriqueça e desafie seus pensamentos acerca desses tópicos.

Como parte da minha jornada para entender melhor a bissexualidade, entrei em contato com a comunidade acadêmica bissexual de várias maneiras. Comecei um grupo de pesquisa bissexual com reuniões regulares, encabecei uma conferência internacional de pesquisa da bissexualidade que teve 485 participantes e 70 pesquisadores apresentando seus trabalhos e completei um mestrado em história *queer*. Eu já tinha um doutorado em psicologia, mas, para chegar aonde queria estar, precisava que pesquisadores e palestrantes segurassem minha mão e me guiassem com uma enorme paciência e cuidado quanto às informações contidas neste livro. Agora eu sei que existe muito mais pesquisa, história e escrita acadêmica sobre bissexualidade do que qualquer livro poderia conter. Apesar de necessariamente incompleto, espero que este livro faça justiça a alguns dos incríveis acadêmicos e ativistas que dedicaram suas vidas ao entendimento e à proteção das pessoas bissexuais.

Neste livro, exploro como as pessoas definiram e mensuraram a bissexualidade, revelo sua importante e surpreendentemente longa história e falo sobre alguns ativistas e acadêmicos bi famosos que todo mundo deveria conhecer. Faço, figurativamente, um safári para observar animais que se comportam de modo bissexual e tento entender se existe um gene bi. Examino o porquê de em muitos lugares ainda parecer inapropriado falar sobre bissexualidade, incluindo o local de trabalho, e as consequências psicológicas e físicas de permanecer no grande armário bi. Também me dou conta da realidade devastadora da criminalização e dos abusos dos direitos humanos que tantas pessoas bissexuais enfrentam ao redor do mundo e de como podemos usar a nossa indignação para abastecer uma revolução bissexual. Em seguida, tento descobrir qual é a aparência de uma pessoa bissexual (e se é que isso existe), tento encontrar visibilidade bi nas telas e exploro o mundo colorido das comunidades bissexuais. No último capítulo, pulo para o que talvez seja o tópico mais *sexy* do livro, o sexo a três, e analiso a pesquisa sobre o divertido e controverso tópico da não monogamia consensual.

Seja qual for a sua razão para escolher um livro que é assumidamente bi, espero que, como eu, você tenha chegado aqui porque quer saber *mais* sobre a história, a cultura e a ciência da bissexualidade.

Capítulo 1
A Opção Bi

Há quase cinquenta anos existem suspeitas de que a bissexualidade é provavelmente apenas uma moda. Até mesmo a revista americana *Newsweek* fez essa ousada declaração *duas vezes*. Em 1974, a revista publicou uma matéria intitulada "Bisexual Chic: Anyone Goes"[1] ["Bissexual *Chic*: Vale Tudo"]. Duas décadas mais tarde, em 1995, foi publicada uma matéria de capa com a manchete "Bisexuality. Not gay. Not straight. A new sexual identity emerges"[2] ["Bissexualidade. Nem *gay*. Nem hétero. Uma nova identidade sexual emerge"]. Nova *de novo*?

Estes dois artigos foram amplamente ridicularizados em fóruns bissexuais. Isso é especialmente verdadeiro acerca da capa de 1995, que inclui reluzentes letras brancas sobre a foto de uma mulher de cabelo curto vestindo um terno preto grande demais para ela e com os braços cruzados. Ela exibe uma expressão reservada no rosto e está posicionada na frente de dois homens vestindo camisetas cinzas casuais que encaram a câmera com expressões sem emoção. A foto é tão esquisita e tão emblemática dos anos 1990 que parece quase satírica.

A própria matéria proclama coisas como "a bissexualidade é a carta coringa oculta da nossa cultura erótica", sugere que há um "movimento bissexual independente" e permite que um adolescente de 15 anos desacredite o mito do bissexual hipersexual enquanto também o reforça com a bizarra citação "Um bissexual... não faz mais sexo do que o capitão do time de futebol". Dado que um benefício-chave de ser o capitão do time de futebol americano é fazer muito sexo, acho que esse rapaz está tentando deixar claro que ele é promíscuo, mas não sexualmente *excessivo*. A matéria também confunde de várias maneiras o poliamor, a promiscuidade e a fluidez de gênero com a bissexualidade. E toca na ideia de que a bissexualidade está em alta com a frase "Muitos estudantes universitários, especialmente mulheres, falam sobre uma nova 'fluidez' sexual no *campus*" e cita uma pessoa bissexual dizendo "Não é mais um nós contra eles. Há cada vez mais de nós".

O que eu acho espantoso é que essa matéria poderia ter sido escrita nos dias de hoje, com os mesmos equívocos, a sensação desconfortável de mudança e os ecos de otimismo. Em especial, essa ideia de que há *cada vez mais* pessoas bissexuais ainda é popular atualmente. Mas ela é verdadeira? Antes que eu tente responder, preciso definir o que é a bissexualidade. Para isso, voltaremos no tempo para ver a origem do termo, e os três homens com nomes que soam similares e foram fundamentais para estabelecer a bissexualidade como um conceito acadêmico e popular: Krafft-Ebing, Kinsey e Klein.

Inventando a bissexualidade

Pode causar surpresa o fato de que o uso do termo bissexual para se referir à sexualidade humana é quase tão antigo quanto o termo heterossexual. No livro *The Invention of Heterosexuality* (*A Invenção da Heterossexualidade*), o pioneiro da história *gay* e ativista Jonathan Ned Katz argumenta que "a ideia da heterossexualidade é uma invenção moderna, datando do final do século XIX".[3] O primeiro registro de uso do termo foi em um panfleto anônimo de 1869, sobre o qual foi estabelecido mais tarde que Karl-Maria Kertbeny era o autor.[4]

Kertbeny viveu uma vida agitada. Ele passou algum tempo em muitas cidades europeias, onde se encontrava com celebridades como George Sand e os irmãos Grimm, se escondeu das autoridades ao morar em um jardim botânico em Leipzig, foi informante do governo por um curto período de tempo e vivia entrando e saindo de prisões de devedores por causa de uma série de tentativas fracassadas de ser jornalista.[5] Em suas cartas, seus panfletos e livros, ele escreveu extensivamente sobre a visão de que as leis da sodomia violavam os direitos humanos e que tais atos sexuais consensuais praticados de modo privado não deveriam ser submetidos à lei criminal. Enquanto escrevia, Kertbeny, que provavelmente era *gay*, sentiu a necessidade de rotular e definir a norma sexual para que ele pudesse explicar como os comportamentos sexuais e desejos pelo mesmo sexo contrastavam com ela. Foi por isso que ele inventou os termos "heterossexual" e "homossexual". Um ativista dos direitos *gays* cunhou a palavra heterossexual como um subproduto da criação da palavra homossexual.

Na etimologia de Kertbeny para "heterossexual", "hétero" vem do grego *heteros*, que significa *outro*, enquanto *homos* significa *mesmo*, e ambos são fundidos com a palavra em latim *sexus*. Pouco depois disso, *bi*, ou *dois*, começou a ser usado para se referir a pessoas que tinham desejos homossexuais e heterossexuais. Um modo pelo qual pesquisadores bissexuais costumam falar disso é que o bi em bissexual significa dois, mas o dois não é de homens e mulheres, e sim de *mesmo* e *outro*.

Antes de ser adotado para descrever a sexualidade humana, o termo bissexual era tipicamente usado para se referir a criaturas e plantas hermafroditas, portanto, que tinham partes reprodutivas masculinas e femininas. Ainda hoje, nos mundos da botânica, da entomologia e da zoologia, o termo bissexual costuma ser usado dessa maneira. Rosas são um exemplo popular de planta bissexual.

O primeiro uso da palavra bissexual em inglês, no sentido de ser sexualmente atraído por pessoas de múltiplos gêneros, ocorreu provavelmente em 1892 quando o neurologista norte-americano Charles Gilbert Chaddock traduziu *Psychopathia Sexualis*, um influente livro do psiquiatra alemão Richard von Krafft-Ebing, no qual ele descreve o que considerou ser transtornos sexuais em prisioneiros homens.[6] O livro foi escrito para ser usado em ambientes clínicos e forenses, e Krafft-Ebing o escreveu em uma linguagem intencionalmente difícil e com partes em latim para que leigos não pudessem lê-lo. O livro exerceu um papel controverso e importante na discussão entre psiquiatras da época que estavam tentando entender por que as pessoas tinham desejos homossexuais.

Por que esses termos não existiam antes? Como a historiadora da sexualidade Hanne Blank argumentou, antes disso as pessoas em países anglófonos não pensavam na sexualidade como uma identidade.[7] Elas não consideravam que deveriam ser "diferenciadas umas das outras pelos tipos de amor ou desejo sexual que experimentavam". Existiam palavras para descrever os tipos de comportamento sexual nos quais as pessoas se envolviam, mas o sexo era uma coisa que as pessoas faziam, não uma parte de quem elas eram.

Assim que a sexualidade se tornou um elemento político acalorado da identidade, as pessoas passaram a ter necessidade de modos de definir esses novos rótulos sexuais. O problema surgiu rapidamente quando o que uma pessoa queria dizer ao usar um rótulo como bissexual era muito diferente do que outra pessoa queria dizer, questão que continua a apresentar um grande obstáculo para os pesquisadores nos dias de hoje.

Para superar esse tipo de problema, pesquisadores em áreas como psicologia costumam criar definições "operacionais". Por exemplo, se você é um pesquisador que pensa que o rótulo bissexual é pouco utilizado, você pode criar um questionário sobre os interesses sexuais das pessoas. Os participantes que chegam acima de uma determinada pontuação de corte seriam rotulados como bissexuais para os propósitos do seu estudo, mesmo que eles não se identifiquem dessa maneira. O principal é que você deixe transparente o modo pelo qual está definindo objetivamente a bissexualidade, para que outros pesquisadores possam ver se concordam com quem foi denominado bi e para que possam repetir seu estudo com outras amostras. É importante apontar que nem todas as definições operacionais são criadas do mesmo jeito, e muitos que estudam pessoas *queer* reagem com resistência ao próprio conceito de que a sexualidade possa ser mensurada objetivamente.

Para mim, o motivo para isso ficou muito claro em 2020 quando um artigo sobre homens bi foi publicado em um respeitado periódico científico.[8] Os pesquisadores definiram operacionalmente a bissexualidade como a excitação peniana ao assistir pornografia "*gay*" e "hétero". Para fazer essa medição, eles monitoraram o quanto o pênis dos homens endurecia ao usar algo chamado de pletismógrafo peniano, uma manga mecânica que é inserida ao redor do pênis. Os pesquisadores monitoraram a excitação enquanto os homens assistiam a material pornográfico escolhido pelos pesquisadores. Pode-se imaginar o quanto estar em um laboratório de pesquisa no qual é exibido um tipo de pornografia que não se pôde escolher enquanto esse objeto está preso nos genitais pode ser uma situação, digamos, deveras *não natural*. Mas os pesquisadores estavam satisfeitos, porque descobriram que os homens que disseram que eram bissexuais, de fato, tiveram ereções com ambas as pornografias "*gay*" e "hétero". Isso, escreveram os pesquisadores, *finalmente* provava que homens bi existiam. Esse artigo deixou muitas pessoas enfurecidas. Inclusive a mim.

Junto com outros dois pesquisadores da bissexualidade, Jacob Engelberg e Samuel Lawton, publiquei uma crítica mordaz a esse artigo em 2021.[9] Argumentamos que, na maioria das disciplinas acadêmicas que estudam a sexualidade, a bissexualidade é tratada como uma identidade que não precisa de qualquer tipo de resposta fisiológica. Também é assim que a bissexualidade está consagrada nas leis antidiscriminação em países como Reino Unido, Canadá, Alemanha e Estados Unidos. Portanto, nenhuma identidade sexual pode, ou deve, ser mensurada fisiologicamente.

Pior ainda, a história nos tem mostrado que as situações, nas quais as pessoas presumem que há um modo de mensurar fisiologicamente a sexualidade, costumam ser desastrosas. Houve muitas tentativas de encontrar a "prova" fisiológica das tendências sexuais "desviantes", mais notavelmente por regimes opressores que estão tentando aniquilar ou regular o comportamento homossexual. Um estudo declarando que o pletismógrafo peniano funciona para identificar homens bissexuais legitima seu uso e é uma receita para o abuso nas mãos daqueles que buscam perseguir homens *queer*. Com altas taxas de erro e falhas teóricas graves, ferramentas como essa provavelmente vão levar homens *queer* e heterossexuais para a cadeia, ou pior. Nas décadas seguintes ao seu desenvolvimento pelo sexólogo Kurt Freund, o pletismógrafo peniano tem sido utilizado para facilitar numerosos atos de violência contra homens sobre os quais se pensava que tinham tendências homossexuais, levando a preocupações acerca da conexão do aparelho com abusos dos direitos humanos.[10]

Mensurar os genitais das pessoas como prova da sexualidade delas é um entendimento tão superficial do conceito que é difícil acreditar que esse estudo foi publicado. Felizmente, essa também é uma metodologia incomum. A maioria dos pesquisadores aceita que a sexualidade é movida por fatores subjetivos, então eles fazem perguntas às pessoas sobre seus desejos, comportamentos, pensamentos e identidade sexuais, em vez de colocar ferramentas invasivas de mensuração nos seus genitais. É sobre essas questões que nos debruçamos agora.

Perguntas diretas

Você já respondeu um questionário sobre sexualidade *on-line*? Se sim, então você provavelmente utilizou uma versão digital de uma ferramenta que foi desenvolvida há mais de meio século: a Escala de Kinsey.

Em 2011, a historiadora Donna Drucker examinou 29 questionários de sexualidade em fóruns, *blogs* ou outros *sites*, incluindo páginas em inglês, francês, alemão, espanhol e norueguês[11]. Drucker descobriu que os questionários eram "uma poderosa ferramenta para o entendimento sexual, a autoavaliação e a compaixão acolhedora com pessoas diferentes". Ela também descobriu que "selecionar um lugar na escala, mesmo que no curto prazo, fornece à maioria dos respondentes do questionário e comentadores algum sentimento de poder e controle sobre escolher um lugar no mundo sexual". E, apesar de alguns não terem encontrado seu lugar na escala, a maioria encontrou. As escalas *on-line* ajudaram as pessoas a se sentirem menos sozinhas enquanto navegavam o mundo complexo de seus próprios comportamentos, desejos e formação da identidade.

Talvez a escala de sexualidade inventada por Alfred Kinsey seja a mais popular até hoje. De fato, *todos* os questionários que Drucker examinou eram versões *on-line* da Escala de Kinsey.

Nos anos 1930, Alfred Kinsey era um biólogo com doutorado em Harvard conhecido por seus trabalhos com insetos, especificamente com as vespas-das-galhas[12]. O historiador e sexólogo Vern Bullough descreve a mudança de Kinsey das vespas-das-galhas assexuais para os humanos sexuais como "acidental". Foi o resultado de uma enorme quantidade de dinheiro disponível para a pesquisa sobre sexualidade na época combinado com o fato de que Kinsey havia assumido a liderança em um curso sobre casamento e família por meio do qual ele se tornou interessado na sexualidade humana, porque achou que a falta de pesquisa sobre o tópico era incrivelmente frustrante. Os astros se alinharam e ele deslizou para a área da pesquisa sexual que o faria famoso no mundo.

Talvez a coisa mais notável sobre Kinsey é que durante todo o seu trabalho ele era taxonomista. Seja com vespas-das-galhas ou com humanos, tudo que ele queria era classificar e descrever o mundo como um cientista. Isso também significa que ele se recusava a enxergar seus estudos em termos morais ou políticos e, em vez disso, escreveu longamente em seus relatórios sobre o "histórico mamífero" dos humanos e amarrou suas ideias a conceitos biológicos[13]. Isso era radicalmente diferente de alguns de seus colegas, que pensavam que a abordagem de Kinsey ao sexo era ultrajante. E, sendo justa com os céticos dele, algumas de suas primeiras abordagens no estudo do sexo eram... *diretas*.

Por exemplo, ele era conhecido por perguntar aos estudantes com que idade haviam feito sexo pela primeira vez, com que frequência faziam sexo e quantos parceiros tinham. Ele também estava, de acordo com a fofoca entre os colegas da época, perguntando às estudantes sobre o comprimento de seus clitóris, notavelmente *não* em ambientes de pesquisa. Se um professor me abordasse depois de uma aula para perguntar de maneira espontânea sobre o comprimento do meu clitóris, eu também ficaria surpresa, ou possivelmente o denunciaria para a polícia do *campus*. Felizmente para Kinsey, ele era amigo do presidente da universidade, então seu início não ortodoxo na pesquisa da sexualidade não lhe custou o emprego. Em vez disso, recebeu uma carga menor de trabalho, e pediram que ele parasse de fazer perguntas indecentes quando estivesse em *companhia educada* e, em vez disso, fizesse esse tipo de pergunta em um ambiente estruturado de pesquisa. Foi assim que ele chegou a conduzir os famosos estudos Kinsey.

Kinsey acabou completando entrevistas com mais de 8 mil participantes por conta própria, além de treinar seus assistentes de pesquisa para entrevistar mais 10 mil. Porque Kinsey acreditava com veemência que as pessoas nem sempre seriam honestas sobre suas atividades sexuais, ele trabalhou com base na premissa de que o único modo de identificar e lidar com as mentiras era por meio de entrevistas pessoais nas quais as respostas contraditórias poderiam ser questionadas. Se houvesse contradições que as pessoas não conseguissem explicar, as respostas dos participantes seriam descartadas.

Ele conduziu sua pesquisa mais famosa nos anos 1940 e 1950, usando a Escala de Kinsey para medir a sexualidade de 0 a 6 (incluindo decimais), desde comportamento e desejo completamente heterossexua até completamente homossexuais. A escala, pouco notada, representava o último passo nas suas entrevistas. Aqui está ela.

Figura 1. *Escala de classificação heterossexual-homossexual*

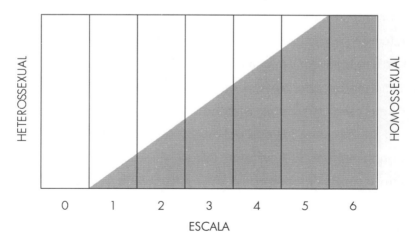

Com base em reações psicológicas e experiências, indivíduos são classificados da seguinte maneira:

0. Exclusivamente heterossexual, sem desejo homossexual
1. Predominantemente heterossexual, apenas eventualmente homossexual
2. Predominantemente heterossexual, embora homossexual com frequência
3. Igualmente heterossexual e homossexual
4. Predominantemente homossexual, embora heterossexual com frequência
5. Predominantemente homossexual, apenas eventualmente heterossexual
6. Exclusivamente homossexual

A escala está reproduzida aqui exatamente como foi publicada pela primeira vez no famoso artigo de Kinsey intitulado "Sexual Behavior in the Human Male" [Comportamento Sexual no Homem Humano] em 1948.[14] O artigo diz que cada número é "baseado em reações psicológicas e experiência evidente". Um termo que exige alguma explicação é o uso de Kinsey para "eventualmente" homossexual ou heterossexual, o que eu entendo significar que alguém teve experiências sexuais eventuais ou não planejadas movidas por curiosidade, ou ficaram excitados com alguém. Note também que sem explicitamente chamar nenhuma dessas categorias de bissexual, cinco das sete opções se encaixam no universo bissexual.

Nos contextos de pesquisa, o entrevistador decidiu, por fim, onde o participante se encaixava na Escala de Kinsey, mas a decisão dos próprios participantes foi considerada. Isso faz sentido para mim. Amigos podem me contar que são – para usar o termo de Kinsey – "exclusivamente heterossexuais", mas, sabendo da história sexual ou romântica deles, posso classificá-los como 1 ou 2 na escala. De certa maneira, o que estou fazendo é traduzir o que eles estão dizendo *ser* o rótulo deles para o que o rótulo deles *significa* quando colocado no contexto de outras pessoas que se comportam como eles.

Diferente de outros pesquisadores que, na época, classificaram qualquer pessoa que não era heterossexual como patológica, a Escala de

Kinsey apresentou todos os números como igualmente bons e saudáveis. Não importa se alguém se encaixava como um 0, um 1,5, um 3,2 ou um 6, Kinsey não teria considerado ninguém automaticamente mais ou menos depravado do que outra pessoa. Ele também incluiu uma categoria "X" para aqueles que não tinham sentimentos sexuais ou não participavam de comportamentos sexuais (salvo para nossos amigos assexuais). Depois de uma longa história de rótulos críticos para a sexualidade, isso apresentou um bem-vindo indulto. Kinsey queria apenas descrever a sexualidade, não a julgar.

Isso também se refletiu nos artigos que ele escreveu na época. Por exemplo, em um artigo publicado em 1941, Kinsey repreendeu abertamente outros cientistas sobre as suas suposições e linguagem inerentemente crítica.[15] Em uma dessas críticas, ele desmantelou pesquisas que haviam concluído que os níveis hormonais de heterossexuais e homossexuais eram significativamente diferentes. Uma das melhores seções é a em que ele escreve: "Mais básico do que qualquer erro demonstrado na análise [...] é a suposição de que a homossexualidade e a heterossexualidade são dois fenômenos mutuamente exclusivos emanando de tipos fundamentalmente e, pelo menos em alguns casos, inerentemente diferentes de indivíduos". Em outras palavras, ele achava que era ridículo pensar que as pessoas eram *gays ou* héteros. O binário heterosexual-homossexual não descreve — nas palavras de Kinsey — o "comportamento como ele ocorre de verdade no ser humano", em vez disso, "a imagem é uma das intergradações sem fim entre todas as combinações de homossexualidade e heterossexualidade".

Kinsey desenvolveu essas ideias a partir de sua própria pesquisa. Em "Sexual Behavior in the Human Male" [Comportamento Sexual no Homem Humano], Kinsey escreveu que quase metade dos homens em sua amostra relatou ter algum desejo ou experiência com o mesmo sexo, fazendo com que se encaixassem entre 1 e 6 na escala. Em 1953, ele publicou "Sexual Behavior in the Human Female" [Comportamento Sexual na Mulher Humana], em que descobriu que de 11% a 20% das mulheres não casadas e 8% a 10% das mulheres casadas em sua amostra relataram ter pelo menos algum tipo de desejo ou experiência com o mesmo sexo em *cada um dos anos* entre as idades de 20 e 35, então elas também foram classificadas entre 1 e 6 na Escala de Kinsey.

De acordo com isso, ele escreve no artigo de 1941 uma crítica da divisão dicotômica entre pessoas heterossexuais e homossexuais: "A homossexualidade não é o fenômeno raro que comumente se considera ser [...]. Qualquer uso dos chamados normais como controle [...] deveria permitir a possibilidade de que de um quarto até metade desses 'normais' podem, na verdade, ter experiências homossexuais em algum momento de suas vidas [...], do mesmo modo deve ser reconhecido que há bem poucos 'homossexuais' que não tiveram pelo menos alguma, e em alguns casos várias, experiência heterossexual". É esse trabalho e os estudos subsequentes de Kinsey sobre a sexualidade humana que continuam a influenciar como as pessoas pensam sobre a bissexualidade. Hoje em dia, o trabalho dele ecoa na cabeça das pessoas e se materializa quando dizem *Não somos todos um pouco bi?*

Kinsey virou as normas sexuais de ponta-cabeça; em vez de a heterossexualidade ser o padrão, ele pensou que a bissexualidade era. Como a acadêmica de gênero e estudos culturais Jennifer Germon escreveu, Kinsey introduziu a "bissexualidade como a norma fundamental a partir da qual a monossexualidade foi derivada".[16] A abordagem dele mudou a conversa sobre a sexualidade, e a importância dessa mudança não passou despercebida. Quando ele desenvolveu a escala pela primeira vez, até o próprio Kinsey a chamou, imodestamente, de "talvez a coisa mais significativa já disponível no cenário heterossexual-homossexual" em uma carta a um colega.¹⁷ Modéstia à parte, ele estava certo. Como o autor do estudo *on-line* da Escala de Kinsey escreveu em 2011: "Mais de sessenta anos depois de a escala ser publicada pela primeira vez em 'Sexual Behavior in the Human Male' (1948), a escala de 0 a 6 permanece um modo potente e popular de marcar como o comportamento, os desejos e autoidentificação de uma pessoa tomados juntos são marcadores da identidade sexual".¹⁸

De muitas maneiras, a Escala de Kinsey é o avô de todos os testes que vieram depois. Mas embora haja beleza na sua simplicidade, muitos acharam que essa escala não representa a complexidade da sexualidade, incluindo o pesquisador Fritz Klein. Para lidar com isso, e para representar de modo mais satisfatório a complexidade da experiência sexual humana, outra medida foi criada: a Grade de Klein.

A grade de Klein

Certo dia, nos anos 1960, um homem bissexual em Nova York chamado Fritz Klein publicou um anúncio no *Village Voice*, o jornal alternativo que, na época, tinha a sede há apenas alguns metros do famoso Stonewall Inn. O anúncio era voltado para pessoas interessadas em bissexualidade.¹⁹

Klein era um psiquiatra, com consultório particular, especializado em orientação sexual e problemas de relacionamentos, e queria aprender mais sobre a bissexualidade. Como se recordou em uma entrevista, "Jovens bissexuais iam até meu consultório toda semana para discutir a própria bissexualidade, assim como a bissexualidade em geral [...]. Nós nos reuníamos semanalmente para discutir sobre o assunto, e isso rapidamente se tornou um grupo de apoio. Em torno de 15 a 20 pessoas apareciam toda semana". Foi durante essa época que Klein escreveu o seu famoso livro, *The Bisexual Option*, no qual ele apresentou a Grade de Klein.[20]

De acordo com uma colega de Klein, Regina Reinhardt, "quando o dr. Fritz Klein resolveu escrever *The Bisexual Option*, nem a Biblioteca Pública de Nova York nem o Index Medicus continham qualquer referência à literatura sobre bissexualidade". Pior ainda, ela continua, "O pouco material disponível negava, em grande parte, a existência da bissexualidade". Sendo ela mesma terapeuta, recomendou o livro para pacientes que estavam confusos com suas preferências sexuais e relatou que eles retornavam à terapia "sabendo que não estavam sozinhos e com questões mais nítidas sobre si mesmos".[21]

Enquanto a Escala de Kinsey foi criada para ajudar cientistas a classificarem o comportamento sexual para fins de pesquisa, a Grade de Klein foi criada para psicólogos e seus pacientes, ajudando a estruturar a conversa sobre sexualidade. Devido aos seus propósitos muito diferentes, não causa surpresa que essas duas ferramentas sejam tão distintas uma da outra. Talvez a diferença que mais se destaca de imediato é que a Grade de Klein é muito mais complicada. Aqui está ela, como foi apresentada no livro *The Bisexual Option* de Klein (mas com um minúsculo erro de impressão corrigido).

Figura 2. Grade de Orientação Sexual de Klein

Variável	Passado	Presente	Ideal
A. Atração Sexual			
B. Comportamento Sexual			
C. Fantasias Sexuais			
D. Preferência Emocional			
E. Preferência Social			
F. Estilo de Vida Hétero/Homo			
G. Autoidentificação			

As pessoas se classificam em uma escala de 7 pontos, de 1 a 7, da seguinte maneira:

Para variáveis de A a E
1. = Exclusivamente o outro sexo
2. = Predominantemente o outro sexo
3. = Eventualmente o outro sexo
4. = Ambos os sexos igualmente
5. = Eventualmente o mesmo sexo
6. = Predominantemente o mesmo sexo
7. = Exclusivamente o mesmo sexo

Para variáveis de F a G
1. = Exclusivamente hétero
2. = Predominantemente hétero
3. = Eventualmente mais hétero
4. = Igualmente Hétero/Gay-Lésbica
5. = Eventualmente Gay-Lésbica
6. = Predominantemente Gay-Lésbica
7. = Exclusivamente Gay-Lésbica

Essa grade nos ajuda a explorar vários aspectos da sexualidade de um jeito que a maioria de nós não costuma pensar – ou nunca pensa. Vou completar o primeiro item, "Atração Sexual", para mostrar como funciona. No passado, eu me sentia atraída igualmente por homens e mulheres, então eu coloco um 4 ali. No presente, me atraio um pouco mais por mulheres do que por homens, então sou um 5. Em teoria, eu me atrairia por todos os gêneros igualmente, então me classifico como um 4 no último espaço para esse item.

Agora é a sua vez. Eu quero que você pare e complete essa grade, porque isso será útil para pensar de modo mais complexo sobre a sua sexualidade, seja ela qual for. Aqui está um conselho para ajudá-lo:

Os itens A e B, atração sexual e comportamento sexual, são diferentes porque você pode se atrair por um sexo, mas apenas ter tido contato sexual com outro. Há muitos motivos pelos quais podemos fazer sexo com pessoas por quem não somos atraídos, por exemplo expectativas, regras ou crença religiosa. O item C, fantasias sexuais, é diferente de atração. Suas fantasias sexuais podem ser muito mais bissexuais ou homossexuais do que o seu comportamento ou a sua atração por pessoas na vida real. Isso pode se refletir na pornografia que você assiste, ou nos pensamentos que utiliza para se masturbar.

O item D, preferência emocional, tem a ver com quem você ama, ou por quem se sente emocionalmente atraído. Isso reflete o fato de que as atrações sexual e emocional, ou amor e sexo, podem ser separadas. É claro, elas também podem estar diretamente relacionadas, mas não precisam estar.

O item E, preferência social, pergunta com qual sexo você costuma se socializar mais. Isso pode ajudar a guiá-lo a pensar mais profundamente sobre o *porquê* de você talvez gostar de passar mais tempo com um sexo ou outro, ou se você gosta de passar tempo com todos os sexos igualmente.

O item F, estilo de vida hétero/homo, talvez seja a melhor pergunta que eu nunca me fiz até encontrar essa grade. De acordo com Klein, isso demanda "Em que grau uma pessoa vive no mundo social heterossexual? Ele ou ela tem amigos bissexuais ou homossexuais, frequenta bares ou casas noturnas *gay* e assim por diante?". Isso está tocando no círculo social que o influencia, e vice-versa. Se você se cerca apenas de pessoas hétero, provavelmente tem mais chances de se enxergar como hétero. Ou, talvez, se você for *queer* em um grupo social hétero, se sente isolado e não sabe com quem falar ou compartilhar os seus interesses sexuais. De qualquer maneira, acredito que refletir sobre com quem você se cerca e o impacto que isso tem na sua identidade e expressão sexuais é poderoso.

Por fim, o item G, autoidentificação. Assim como a Escala de Kinsey, isso posiciona a sexualidade em algum ponto entre exclusivamente homossexual e exclusivamente heterossexual. Uma coisa que eu gosto nesse item é que ele me fez pensar, pela primeira vez, sobre a minha autoidentificação "ideal". Eu nunca havia considerado a minha sexualidade como algo que eu poderia escolher, então não me ocorreu que eu poderia ter pensamentos sobre o que eu queria ser. Para mim, isso ajudou a cristalizar que o meu ideal é igual à minha realidade.

Suas experiências, suas fantasias e seus pensamentos estão alinhados com o que você classificaria ser o "ideal", ou são muito diferentes? Seu comportamento passado é o mesmo que você deseja para seu futuro? O modo como você se identifica está alinhado com o seu comportamento? Esse tipo de pergunta pode ajudá-lo a identificar coisas que podem deixá-lo infeliz ou insatisfeito com a sua sexualidade.

Para a bissexualidade, Klein especificamente usou o termo "bissexual saudável" para aqueles cujos comportamentos, identidades e outros fatores estão alinhados. Porém, muitos de seus pacientes especificamente o procuraram porque estavam preocupados com seus comportamentos ou fantasias, sentiam que não se conheciam de verdade, ou achavam que tinha algo de errado com eles. Muitos desses sentimentos de inadequação, vergonha ou incômodo em geral emergiram de conflitos entre a identidade heterossexual de uma pessoa e o seu comportamento bissexual. A difusão de valores heterossexuais nas sociedades ao redor do mundo significa que esse é um problema que muitas pessoas enfrentam. Klein chamou esses indivíduos de bissexuais "perturbados". Vamos retornar a essa questão em um capítulo futuro quando discutirmos saúde mental.

A definição da bissexualidade continua sendo um tópico de discussão e discordância. Em 2009, o renomado pesquisador da sexualidade David Halperin conduziu uma revisão da literatura sobre bissexualidade e descobriu que esse ainda era um "termo incessantemente disputado".[22] Essa briga algumas vezes levou a reivindicações de algumas pessoas para abandonar rótulos sexuais de vez, ao que ele responde: "Outra solução, ou não solução, seria tratar a crise perpétua da definição bissexual como útil para dramatizar a crise maior na definição sexual contemporânea, enxergar isso como uma testemunha para um mundo no qual não podemos fazer nossos conceitos sexuais realizarem todo o trabalho analítico e descritivo que precisamos que sejam realizados". Em outras palavras, não é prático para a maioria de nós nos livrar de rótulos por completo, mas também não devemos atribuir poder ou elegância demais a eles.

Isso se relaciona a um debate maior, algumas vezes chamado de "guerra de rótulos". O mais pernicioso deles argumenta que a bissexualidade é transexclusiva e reforça o binário de gênero. Isso levou algumas pessoas a rejeitar o termo bissexual e usar o termo pansexual. Então, há algo nisso? As pessoas que se definem como pansexuais são diferentes das que se chamam bissexuais? Uma pesquisa da psicóloga Corey Flanders e colegas publicada em 2017 descobriu que, em uma pequena amostra de pessoas de 18 a 30 anos que se identificavam como bissexuais ou pansexuais, a bissexualidade era considerada um termo guarda-chuva abrangendo todas as "identidades e pessoas não monossexuais".[23] Mais notavelmente, pessoas bissexuais não endossaram um binário de gênero mais do que as pansexuais – o modo como tanto as bissexuais quanto as pansexuais definiram sua sexualidade foi o mesmo.

Essa também tem sido a minha experiência. Eu costumo usar a palavra bissexual para mim mesma, mas não porque acho que poderia me sentir atraída apenas, ou me apaixonar apenas, por homens e mulheres. Eu me atraio pela pessoa independentemente do gênero dela. Gosto de como a ativista bissexual norte-americana Robyn Ochs descreveu isso com eloquência em 2009: "[A bissexualidade é] o potencial para se atrair, romanticamente e/ou sexualmente, por pessoas de mais de um [gênero], não necessariamente ao mesmo tempo, não necessariamente do mesmo jeito, e não necessariamente no mesmo grau".[24] Em uma pesquisa de vinte pesquisadores da bissexualidade que conduzi em 2021, descobri que por "atração a múltiplos gêneros" foi a definição mais popular, seguida pela definição dada por Robyn Ochs.

Então, eu uso "bissexual", ou "bi", como um termo guarda-chuva que inclui aqueles que se identificam como bissexuais, pansexuais, plurissexuais, polissexuais, sexualmente fluidos, bi-curiosos e em questionamento. Às vezes eu uso o termo "comportamento bissexual" para descrever pessoas que têm relações sexuais ou românticas com pessoas de vários gêneros, mas não se identificam como bissexuais ou cuja identidade sexual é desconhecida.

A essa altura estou confiante de que você entende por que a resposta à questão *O que é a bissexualidade?* é multifacetada, o que também faz com que a resposta à pergunta *Quantas pessoas são bissexuais?* seja complicada. Mas a complicação não impediu os pesquisadores de tentar respondê-la.

Meio-termo

Quantas pessoas você acha que se identificam como bissexuais atualmente? Dependendo de a quem você perguntar, e como a pessoa passa o tempo, você provavelmente vai receber respostas muito diferentes. Eu preciso me lembrar com regularidade de que menos pessoas são bi do que eu intuitivamente acho, porque os meus *feeds* das redes sociais fazem com que seja fácil esquecer que a bissexualidade não é o padrão. Todos nós vivemos em bolhas, e a minha é uma adorável bolha bi.

É muito difícil ter estimativas regulares ou precisas de populações LGBT+ na maioria dos países, especialmente em países onde o comportamento homossexual é criminalizado. É ainda mais difícil conseguir informações especificamente sobre a bissexualidade. Ainda assim, existem alguns poucos estudos que podemos analisar. Em um resumo de onze estudos conduzidos entre 2004 e 2010, incluindo amostras dos Estados

Unidos, do Reino Unido, do Canadá, da Austrália e da Noruega, entre 0,5% e 3,1% dos participantes se identificaram como bissexuais.[25] Nesse resumo também se descobriu que, entre os adultos que se identificam como LGBT+, as pessoas bissexuais são uma maioria trivial. Também foi descoberto que muito mais pessoas reconhecem pelo menos alguma atração pelo mesmo sexo, entre 1,8% e 11% em todos os estudos. Esse é um dos poucos estudos que nos fornece uma noção de comparação internacional.

Outros estudos podem nos dar uma noção se a identificação como bi aumentou ao longo do tempo. O Escritório de Estatísticas Nacionais do Reino Unido estimou em 2017 que 2,3% das pessoas de 16 a 24 anos se identificam como bissexuais, enquanto uma pesquisa nacional conduzida pelo Centro de Controle e Prevenção de Doenças dos Estados Unidos em 2016 encontrou uma taxa de 5,5% nas mulheres e 2% nos homens. Ambas as pesquisas relataram aumentos nas taxas de pessoas que se identificam como bissexuais e que, nos grupos mais jovens, mais pessoas se identificavam como bissexuais do que como *gays* ou lésbicas. Esses achados também são consistentes com a pesquisa que descobriu que mais mulheres jovens não brancas estão se identificando como bissexuais hoje em dia do que no passado.[26] Porém, esses estudos apenas representam pessoas que se *identificam* como bissexuais.

Estudos tentaram lidar com essa falha ao perguntar às pessoas no Reino Unido sobre a sua sexualidade usando a Escala de Kinsey e uma série de perguntas de acompanhamento. Usar essa escala é inteligente, porque, se perguntarmos diretamente às pessoas se elas são bissexuais ou homossexuais, muitas respondem que não porque se identificam como heterossexuais ou porque se identificam fora desses rótulos (por exemplo, pansexual, fluido ou sem rótulos).

De acordo com os pesquisadores de um estudo publicado por YouGov em 2015, "A cada geração, as pessoas enxergam a sua sexualidade como algo cada vez menos fixo. Os resultados para o grupo de 18 a 24 anos de idade são particularmente impressionantes, com 43% se localizando na área não binária entre 1 e 5... classificados como bissexual em diferentes graus por Kinsey".[27] Note que "não binário" aqui significa não inteiramente homossexual ou heterossexual, em vez de pessoas cuja identidade de gênero é não binária. Essa mudança na direção de conceitualizações mais flexíveis da sexualidade é exemplificada por um estudo seguinte de pessoas que se identificam como bissexuais, conduzido por YouGov em 2019.[28] Em um resumo dos resultados, a pesquisadora escreve: "Quando pedimos às pessoas de 18 a 24 anos para escolher o que melhor descreve sua sexualidade em 2015, apenas uma dentre cinquenta (2%) disse que era bissexual. Nossos últimos dados... mostram que uma em seis (16%) agora escolhe essa opção – um aumento de oito vezes". Ela continua: "Mais pessoas do que nunca se identificam em algum lugar entre os extremos do espectro da sexualidade".

Reproduções da pesquisa de 2015 da YouGov foram conduzidas na Alemanha,[29] em Israel[30] e nos Estados Unidos.[31] Em todos os três países, pelo menos um terço dos jovens se identificou como nem exclusivamente homossexual nem exclusivamente heterossexual, se posicionando em algum lugar no espectro bissexual. Em todos os três, os jovens tinham muito mais chances do que as pessoas mais velhas de cair no espectro bi e de se identificar explicitamente como bissexual. E, em todos os três, algumas das pessoas que se posicionaram em uma escala sexual negaram que essa escala existe.

Esse é um aspecto que eu acho fascinante nesses estudos. Em um resumo dos resultados de 2015, os pesquisadores escreveram que "Pessoas de todas as gerações agora aceitam a ideia de que a orientação sexual existe em um *continuum* em vez de ser uma escolha binária", porque 60% dos heterossexuais e 73% dos homossexuais em seu estudo apoiam a ideia de que a sexualidade não é binária. Apesar de a maioria dos 1.632 participantes ter concordado que a "Sexualidade é uma escala – é possível estar em algum lugar no meio", 12% dos heterossexuais e 7% dos homossexuais escolheram a opção "não sei". Também havia uma terceira opção: "Não há meio-termo – você só pode ser heterossexual ou homossexual". Eu sei que não deveria me chocar, mas pelo menos um quinto das pessoas em ambos os grupos *não acreditava que a bissexualidade existia* – 28% dos heterossexuais e 20% dos homossexuais indicaram que "não há meio-termo" para a sexualidade.

O que é ainda mais impressionante para mim é que uma minoria substancial desses indivíduos não era inteiramente homossexual ou heterossexual: 11% daqueles que se identificaram como 3 na Escala de Kinsey e 27% daqueles que se identificaram como 4 escolheram essa terceira opção. Como você se coloca no meio da escala de sexualidade, e simultaneamente nega que as pessoas podem estar no meio de uma escala de sexualidade? Enquanto eu não posso contar a vocês por que esses participantes se envolveram em uma dissonância dessas, posso dizer quem eles tinham mais chances de ser. Enquanto 32% daqueles acima de 50 anos concordaram com essa declaração, isso caiu para 22% daqueles com idade entre 25 e 35 anos e 18% daqueles com idade entre 18 e 24 anos. Parece que gerações mais novas têm mais chances de se identificarem como bi e de aceitarem a bissexualidade como *uma ideia*.

Agradavelmente, apoiando ainda mais o conceito de que as pessoas estão se tornando mais apoiadoras dos bissexuais, o estudo de 2019 descobriu que "Se a pessoa certa aparecer na hora certa", cerca de 35% daqueles que se identificaram como heterossexuais indicaram que eles poderiam (i) se atrair por uma pessoa do mesmo sexo, (ii) ter uma experiência sexual com ela e (iii) ter um relacionamento com ela. Muitas pessoas hoje em dia no Reino Unido parecem estar abertas à ideia de que *poderiam* se atrair por pessoas de múltiplos gêneros, o que é uma coisa bela.

Enquanto é incerto se o comportamento bissexual está em ascensão, mais pessoas jovens do que nunca estão se identificando como bissexuais, e parece que muitas pessoas estão abertas a se apaixonar por alguém independentemente do seu gênero. A bissexualidade não é uma moda, ou algo "*chic*" ou "novo", em vez disso, esse rótulo de sexualidade parece ser mais acessível, potencializador e positivo atualmente do que já foi no passado.

Seja curioso quanto aos rótulos e complete a Grade de Klein, ou a Escala de Kinsey, ou até mesmo as suas próprias perguntas de tempos em tempos. Até mesmo se você encontrar um rótulo que se encaixa para você hoje, a sua sexualidade – e os rótulos disponíveis para se descrever – está em constante evolução.

Eu insisto que você se permita continuar a fazer perguntas sobre a sua sexualidade, e a abraçar aqueles que se encontram no meio-termo sexual.

Capítulo 2
Nossa História

SE VOCÊ JÁ foi à Parada LGBT+, certamente tem uma memória multicolorida e multissensorial dela que é difícil de esquecer.

Eu fui à minha primeira parada quando era adolescente na cidade de Colônia, na Alemanha, no fim dos anos 1990. Colônia é conhecida por ser o lar da catedral gótica mais alta do mundo, exibindo a longa história de fortes laços com a Igreja Católica. Também é lar de um Carnaval pecaminoso com duração de uma semana, em que a cidade inteira vira uma grande festa, no fim do qual queimamos uma efígie do "Bobo da Corte" para representar a limpeza dos pecados que foram cometidos. Apesar de a festa principal durar uma semana, tecnicamente o Carnaval se estende por cerca de quatro meses. Sabendo desse contexto, provavelmente não é surpresa alguma que Colônia, a cidade dos pecados, tem sido um eixo *queer* há muito tempo.

Devido à sua reputação positiva em relação a pessoas *queer*, e porque ela foi conhecida por hospedar essas festas de rua gigantescas, pessoas de toda a Europa vieram para participar do que é chamado a parada do Christopher Street Day [Dia da Rua Christopher]. Ela inclui uma parada enorme que atravessa a cidade, com todo tipo de roupas que desafiam gêneros, homens e mulheres de *drag* e várias pessoas cujo gênero é não binário ou lindamente indistinto. Acima de tudo, eu me lembro de como tudo era *exagerado*, uma festa colossal com purpurina, cores brilhantes e pessoas se beijando e se abraçando como se fosse o último – ou o primeiro – dia de suas vidas.

Na época eu não fazia ideia de que isso não era apenas uma festa, era um protesto. Eu nem sabia que o nome do evento era em comemoração ao que aconteceu na rua Christopher, no nº 53, em Nova York, no Stonewall Inn, em junho de 1969. Eu nunca havia ouvido falar do que algumas pessoas chamavam de a Rebelião de Stonewall e outras de Revoltas de Stonewall, uma série de protestos de membros da comunidade *queer* depois de a polícia ter mais uma vez invadido o Stonewall Inn e maltratado os clientes do bar.

Eu não sabia nada sobre a história LGBT+ porque ninguém nunca havia me ensinado sobre ela e eu nunca pensei em perguntar. Por que eu não perguntei? Um motivo provavelmente era porque, como uma pessoa bissexual, sempre parecia que a Parada, as bandeiras das identidades e as fabulosas comunidades *queer* não eram para mim. Eu sempre havia me sentido como uma aliada, não um membro da comunidade. Se eu conhecesse a história bi, teria pensado sobre isso de modo muito diferente. Saberia que havia espaço para mim, que isso não era só um evento inclusivo de pessoas bissexuais, mas que as pessoas bissexuais eram chave para a própria existência do evento. Pessoas bissexuais como Brenda Howard.

Se você nunca ouviu falar de Brenda Howard, então chegou a hora de ouvir. Ela costuma ser referida como a mãe da Parada. Com seus longos cabelos escuros e óculos, e sua ampla seleção de camisetas que costumavam ser adornadas com um distintivo circular rosa que dizia "Bi, Poli, Switch* – Eu sei o que eu quero", nos anos 1970, Howard foi às

---

* Uma pessoa "switch" é alguém que gosta de trocar de posições e/ou dinâmicas sexuais em contextos BDSM e *queer*. (N. do T.)

ruas regularmente para fazer campanha pelos direitos LGBT+. Ela foi essencial na organização de marchas em Nova York para comemorar a revolta de Stonewall. Como na Alemanha, os primeiros eventos foram nomeados como "Dia da Marcha Pela Liberação da Rua Christopher", desde então renomeado de maneira mais abrangente como "Orgulho", ou "Parada do Orgulho". É em grande parte por causa do trabalho dela que muitos países hoje celebram a semana, ou até mesmo o mês, de eventos do Orgulho em junho.

Howard morreu de câncer no cólon em 2005 aos 58 anos de idade. De modo poético, ela morreu no dia em que é comemorado o início da rebelião de Stonewall, o dia 28 de junho. Há um *site* de memorial *on-line* dedicado a ela que foi criado por seu parceiro de longa data, Lawrence Nelson, e parece ainda estar em seu estado original. De um ponto de vista de pesquisa histórica, essa é uma fonte primária, direto das pessoas que viveram na época sem quaisquer filtros. Modificado pela última vez em 2005, o *site* permite que vislumbremos o círculo íntimo de Howard, como se fôssemos capazes de viajar no tempo e nos sentar com um grupo de amigos dela enquanto conversam sobre Howard.[1] O memorial é deliciosamente retrô e pessoal, com um fundo de cor lavanda, pixelado, com bandeiras bi tremulando, e uma foto de Howard e Nelson sobrepostas em uma imagem da Terra e da lua no espaço sideral. O apelido dela era "Earthgirl" [Garota da Terra], e é por isso que "SpaceAlien loves Earthgirl" ["Alien do Espaço ama a Garota da Terra] é a primeira coisa que você vê. Como Nelson escreve em seu elogio: "Quando alguma coisa era difícil para ela fazer, ela dizia que era apenas uma 'pequena garota (da Terra)'... e precisava de um grande alien do espaço para ajudá-la".[2] Ele também tem um nível de positividade em relação ao sexo que eu nunca vi antes em um elogio, conforme ele descreve numerosos cenários íntimos de *role-play*.

Vários elogios menos picantes também agraciam o *site* e pintam uma imagem mais complexa de Howard como uma "presença astuta, cômica e animada", que "viveu uma vida profundamente judia", e era uma fã de "viver vestindo couro" – ela era parte da comunidade Leather e Kink. Ela também trabalhou fazendo "chamadas sexuais pagas", cujas histórias ela compartilhava com seus amigos. Dentre relatos curtos profundamente pessoais, duas ativistas bissexuais e escritoras, Lani Ka'ahumanu e Loraine Hutchins, também escreveram sobre ela em nome da rede de comunidade bi BiNet USA.[3] Aqui está um breve trecho desse elogio:

> Brenda Howard definitivamente foi uma das bissexuais rabugentas originais de nossa geração; uma daquelas lutadoras pela liberdade incrivelmente persistente/insistente que fazem a revolução e a transformação social acontecerem. Seu coração não permitiria que não fosse assim. Ela lutou e organizou e educou porque não aguentava a dor ou a afronta de ser silenciosa ou silenciada. Mas também lutou por nós porque tinha uma visão ENORME que sabia que o mundo precisava enxergar e ela NÃO estava disposta a deixar que a ignorância das pessoas em relação a essa visão, ou resistência a ela, não fossem contestadas [...]. Isso aconteceu em uma época quando a bifobia no movimento era incrivelmente forte e impenetrável.

De qual resistência elas estão falando? Além de vivenciar o que tem sido chamado de discriminação dupla – discriminação das comunidades heterossexual e homossexual –, ela enfrentou resistência legal. Howard foi presa pelo menos três vezes enquanto se engajava no ativismo LGBT+, incluindo quando ela lutou por pessoas com aids e quando protestou contra a discriminação com base em orientação sexual.

Brenda Howard é um estudo de caso no ativismo e na história bissexual, facilmente posicionada dentre alguns momentos-chave da história *queer* recente com os quais muitas pessoas se sentirão familiares. Stonewall e a crise da aids são bem conhecidos, assim como a luta pelos direitos LGBT+. Esses são marcos importantes na história, mas este capítulo vai dar a você uma perspectiva muito mais ampla, um modo inteiramente novo de entender a história bissexual. É um capítulo cheio do que eu considero ser conhecimento essencial para qualquer pessoa interessada na história da sexualidade.

Estamos aqui, somos *queer*!

Eu costumava odiar história. Foi uma das primeiras disciplinas que eu larguei na escola. Odeio listas de datas, nomes e conflitos ao lado de retratos maçantes de velhos homens brancos tentando parecer importantes, ou desenhos de cidades como imaginamos que elas eram. Mas a história *queer* é diferente. Até mesmo o nome é *sexy* – história *queer*.

"*Queer*" já foi usado no passado como um xingamento contra pessoas LGBT+. Porém, desde pelo menos os anos 1990 muitos têm trabalhado para reivindicar o termo do exílio da profanidade. Ou, como dizia o *slogan* popularizado pela Queer Nation [Nação Queer], uma organização de ativismo LGBT+ estabelecida em 1990: "Estamos aqui, somos *queer*, se acostumem!".

A "teoria *queer*" é um termo acadêmico que, como explicou a teórica *queer* Annamarie Jagose, se compromete a "demonstrar a impossibilidade de qualquer sexualidade natural". Em outras palavras, ela desafia a ideia de que qualquer sexualidade, mais notavelmente a heterossexualidade, é de algum modo melhor ou mais natural do que qualquer outra. Além disso, a única definição da teoria *queer* sobre a qual as pessoas podem concordar parece ser a de que ela não pode ser definida. Como Jagose escreve, "Parte de sua eficácia política depende da resistência à definição".[4] A principal coisa que a teoria *queer* faz é nos ajudar a questionar as coisas *queer*, estranhá-las, e analisar tópicos, como poder e dinâmicas sociais, que estão na base de nossas suposições sobre o mundo.

Assim como a memória, a história é um processo ativo em vez de passivo. Nós a interpretamos, reconstruímos e distorcemos. Isso é particularmente verdade na história *queer*. É difícil encontrar pessoas *queer* em arquivos históricos, e às vezes as únicas fontes estão em documentos legais relacionados a julgamentos criminais. Depender de registros criminais carrega muitos riscos, não só porque representa apenas as pessoas que foram pegas fazendo alguma coisa considerada indesejável na época, mas também por provavelmente distorcer e demonizar as consequências de desejos e comportamentos *queer*. Em outras palavras, se dependermos de documentos legais, enxergaremos apenas os lados ruim e punido de ser *queer* – ser encarcerado, ser socialmente banido, ser executado. No entanto, apesar de não ser a representação que a comunidade *queer* merece, esse ainda é um lugar para começar a procurar por pessoas *queer* na história.

Registros de tribunais, de experiências *queer*, costumam ser relacionados ao comportamento homossexual criminalizado em homens, incluindo crimes como *buggery**, que se relacionava predominantemente a sexo anal, sodomia, que era referido às vezes como qualquer tipo de sexo não procriativo, e indecência, que incluía muitos outros comportamentos, e foi o famoso crime pelo qual o cientista da computação, inglês e gênio, Alan Turing foi condenado em 1952.

Apesar de mais raro, também existem casos nos arquivos que envolvem relações homossexuais entre mulheres.[5] Por exemplo, existem

---

*   "Buggery" é algo como uma gíria vulgar para se referir de maneira pejorativa ao sexo anal. Em português, não tem uma tradução específica a não ser "sodomia", que é mencionada em seguida. (N. do T.)

documentos legais de casos envolvendo fraude matrimonial quando se alega que uma mulher fingiu ser um homem e "enganou" outra mulher para se casar. Às vezes esses casos de "maridos mulheres" envolviam pessoas que hoje em dia poderiam se identificar como homens trans, outras vezes se relacionavam ao que chamaríamos de relacionamentos lésbicos, no qual uma mulher fingia ser um homem não porque sentia que *era* um homem, mas para conseguir fazer coisas como trabalhar, se movimentar livremente em espaços públicos, ser capaz de comprar propriedades, ou apenas viver em segurança com sua parceira de escolha. Também é provável que alguns (ou talvez a maioria) desses casos eram processados não porque uma das parceiras sentia que havia sido "enganada" pela outra, mas simplesmente porque o relacionamento era revelado por um vizinho intrometido. Hoje em dia, na maioria dos casos, nós simplesmente não sabemos como as pessoas envolvidas nesses processos criminais se sentiam, ou como poderiam ter se identificado.

Nunca podemos conhecer realmente o passado, podemos apenas revisar as provas e tentar o melhor que pudermos para montar uma história plausível e relacioná-la ao nosso presente, fazê-la significativa. Historiadores adoram citar uma frase do romance *The Go-Between* [*O Mensageiro*, na tradução brasileira], de L. P. Hartley, publicado em 1953: "O passado é um país estrangeiro: eles fazem as coisas de um jeito diferente por lá".[6] Apesar de todas essas dificuldades, a história ainda é uma busca que vale a pena, é claro. A história *queer* é particularmente importante porque pode ajudar a normalizar as identidades e vidas *queer*. Pode nos ajudar a sentir que *nós sempre estivemos aqui*, ou pelo menos temos ancestrais que eram como nós, o que é sustentado em um nível pessoal e pode ajudar na luta contra a discriminação.

Mas é possível existir uma história da sexualidade? Foi sobre essa questão que o historiador David Halperin escreveu em 1989.[7] Seus artigos, amplamente citados, incluem um dos mantras mais repetidos sobre a história *queer*: "Sexo não tem história... a sexualidade, porém, tem". O que ele quer dizer é que o sexo é um fato biológico e as pessoas o têm *praticado* de tantas maneiras quanto se pode imaginar desde sempre. Mas a sexualidade como uma identidade, as preferências sexuais como algo que *somos* em vez de algo que fazemos, é uma construção cultural, e é por isso que Halperin, junto com o filósofo Michel Foucault[8] e o historiador e sociólogo Jeffrey Weeks[9] declararam que a história da sexualidade é unicamente moderna.[10] Agora, isso pode ser lido como um entendimento empobrecido da história do sexo, já que alguns historiadores certamente discutiriam que atos sexuais específicos têm a sua própria história. Mas isso não vem ao caso.

Complicando ainda mais as coisas, a heterossexualidade compulsória, por boa parte da nossa história, significou que a maioria das pessoas com desejos homossexuais foram forçadas, por circunstâncias históricas ativamente impostas, a viver vidas que incluíam sexo e relacionamentos heterossexuais. Na busca por vidas *queer* no passado, um modo pelo qual acadêmicos lidaram com isso é presumir que as pessoas que tiveram qualquer tipo de desejo ou sexo com o mesmo gênero devem ter sido *gays* ou lésbicas, mesmo se elas estivessem também em relacionamentos heterossexuais. Em parte, por causa disso, o termo bissexual costuma estar inteiramente ausente dos escritos dos historiadores. Isso é um problema enorme – ao fazer isso, estamos sistematicamente categorizando errado as pessoas que se atraíam por múltiplos gêneros.

Não são apenas historiadores que se comportam assim. Recentemente estive em um jantar no qual uma discussão começou sobre uma amiga da família que havia acabado de se divorciar do marido. Ela agora namora uma mulher. Um consenso inquestionável e benevolente ao redor da mesa era: *Bom, ela obviamente é lésbica e finalmente pode ser ela mesma*. De modo não surpreendente, minha contribuição para a discussão foi que talvez ela fosse bissexual e simplesmente se apaixonou primeiro pelo marido e mais tarde por uma mulher. Sem tê-la na sala e perguntar a ela, não seríamos capazes de descobrir. Mas é possível ver o quão rápido em situações assim as pessoas apagam, ou nunca sequer consideram, a bissexualidade.

Publicações de historiadores familiarizados com a história da bissexualidade são escassas, mas existem vários relatos valiosos escritos por sexólogos, cientistas sociais, profissionais da medicina e cientistas políticos. Apesar de o diálogo direto entre esses estudiosos não ser frequente, podemos ver o cruzamento de ideias direto e indireto. É claro, também podemos ver a diferença entre eles. Uma das diferenças marcantes é a resposta que se recebe quando perguntamos aos estudiosos quando a história da bissexualidade começou.

A classicista italiana Eva Cantarella escreve que podemos rastrear a bissexualidade até o mundo antigo, argumentando que, além do comportamento bissexual conhecido na Grécia e Roma antigas, "O mundo pagão considerava relações sexuais entre homens uma parte integral de uma sexualidade que não só não descartava relacionamentos com mulheres, mas os considerava necessários e respeitáveis (assim como desejáveis)".[11] Outros, como o pesquisador cultural Lachlan MacDowall, argumentam que ela começou depois da invenção do termo bissexual: "A bissexualidade contemporânea tem uma história moderna distinta que se inicia em meados do século XIX".[12] E então há Steven Angelides, que variadamente argumenta, como MacDowall, que a bissexualidade foi inventada junto da sexualidade como um conceito nos anos 1800, mas que também não era "nem um ato ou uma identidade palpável – pelo menos até o fim dos anos 1960", e em alguns textos ele até a localiza nos anos 1970.[13] O que eu li dessas diferenças é que historiadores como

Cantarella estão mais interessados em atos bissexuais, enquanto historiadores como MacDowall e Angelides estão interessados na identidade bissexual, por isso as datas de início diferentes. Essa discussão de atos *versus* identidades tem sido uma característica nos debates sobre a história *queer* há muito tempo.

Agora que você está equipado com algum embasamento nos tópicos que abordamos quando estudamos a história *queer*, deixe-me introduzi-lo à pessoa que costuma ser considerada a primeira a ter escrito um livro acadêmico médico em inglês sobre a homossexualidade e a bissexualidade. O livro *Sexual Inversion* (*Inversão Sexual*) se tornaria parte de uma série de volumes publicados sob o título genérico *Studies in the Psychology of Sex*. Seu trabalho demonstra alguns dos desafios e dificuldades em escrever sobre sexualidade e enfraquece a ideia explorada no Capítulo 1 de que a bissexualidade é de algum modo nova.

O livro obsceno

Havelock Ellis é o pesquisador da sexualidade mais importante sobre o qual você nunca ouviu falar. Mesmo que você tenha ouvido falar dele, tenho certeza de que não ouviu a história inteira. O que é uma pena, de verdade, porque ele é incrível. Honestamente, é uma *loucura*.

Acho que devemos começar pelo nascimento dele, em 1859, em Croydon, na Inglaterra. "Eu nasci da água e do vento, exatamente os elementos que se agitavam furiosamente na noite em que cheguei ao mundo", escreve ele em sua biografia, publicada em 1939, o ano de sua morte.[14] Ele está se referindo aos seus ancestrais, que, como seu pai, eram homens do mar. Quando Ellis tinha 7 anos, ele acompanhou o pai capitão do mar em uma viagem ao redor do mundo. Já adulto – depois de trabalhar como professor em Sydney, na Austrália – retornou para o

Reino Unido e estudou medicina em Londres. Foi aqui que o seu trabalho sobre o sexo começou.

Como ele escreve em sua autobiografia, o motivo pelo qual Ellis se tornou interessado pelo comportamento homossexual era que alguns de seus amigos e a sua própria esposa, Edith Lees, eram *queer*. Edith era uma ativista pelos direitos da mulher que ele chamava de "grandemente homossexual", porque ela teve vários relacionamentos sexuais e românticos com mulheres. Está implícito que Ellis e sua esposa tinham algumas relações sexuais um com o outro, mas na maioria do tempo os dois viviam um casamento aberto. Sim, um *casamento aberto*, no fim dos anos 1800.

Sabemos disso em parte porque eles escreveram um para o outro sobre suas vidas amorosas, e algumas das cartas foram reproduzidas na biografia dele. A partir delas, fica claro que Edith passava boa parte do tempo com uma mulher apelidada de "Clair", enquanto Ellis escreveu em sua autobiografia que ele não se interessava muito por sexo, mas tinha relações ocasionais com outras mulheres. Isso não significava que o casamento deles era uma farsa. Em vez disso, Ellis descreve em detalhes como eles se amaram até a morte de Edith e que o relacionamento foi definido pelo "triunfo de um amor apaixonado mais profundo do que a paixão física". As cartas demonstram um amor tão profundo que representa uma honestidade e conexão que muitos parceiros só poderiam sonhar em ter.

Como Ellis chegou a escrever seu livro *Inversão Sexual*? Uma epifania? Não, de acordo com Ellis foi mais por sorte. Como ele confessa,

> A homossexualidade era um aspecto do sexo que até alguns anos atrás havia me interessado menos do que qualquer outro, e eu sabia muito pouco sobre isso. Mas durante aqueles primeiros anos eu fiquei interessado no

assunto. Em parte, eu havia descoberto que alguns dos meus amigos mais queridos eram mais ou menos homossexuais (como Edward Carpenter, para não mencionar Edith), e em parte eu havia entrado em contato por meio de correspondências com John Addington Symonds.

Symonds era conhecido por ser homossexual e havia contatado Ellis para escrever um livro, mas ele morreu inesperadamente de *influenza* antes de que ele e Ellis pudessem fazer qualquer progresso real ou até mesmo se encontrar pessoalmente. Symonds já havia enviado a ele anotações para a sua seção do livro, mas aparentemente elas eram confusas e nebulosas. Apesar disso, Ellis seguiu em frente e declarou o seu coautor falecido na folha de rosto. O que acabou sendo um erro.

Quando Havelock Ellis adentrou a cena da sexualidade, acadêmicos na França, na Itália e na Alemanha já estavam seriamente interessados no assunto há algumas décadas. Como eles, Ellis estava interessado nas bases genéticas do que os acadêmicos franceses haviam chamado desde os anos 1850 de "inversão sexual" – "inversão" porque se pensava que era uma reversão de características de gênero, por exemplo, homens que se vestiam como mulheres, se comportavam como mulheres, ou que se sentiam sexualmente atraídos por outros homens.

Mas Ellis não era como a maioria de seus colegas. Ele também estava interessado nas perspectivas social e psicológica das pessoas *queer*. Os livros dele não castigavam pessoas *queer*, mas, em vez disso, tratavam a inversão sexual como uma variedade curiosa e não ameaçadora da sexualidade humana – o que fez com que o livro de Ellis fosse escandaloso na época. *Inversão Sexual* foi o produto de pelo menos quatro anos de pesquisa, incluindo uma coleção de 33 histórias de homens e mulheres *queer*. O número de entrevistas e histórias que Ellis reuniu aumentou em edições posteriores, mas, desde o início, como o historiador Ivan Crozier escreveu em uma reedição crítica do livro, "Argumentando que a homossexualidade deveria ser tratada como um fenômeno natural e não como um pecado ou doença, os relatos incluídos em *Inversão Sexual*, que representam uma parte fundamental deste trabalho, buscam representar invertidos sexuais como indivíduos normais e não como degenerados".[15]

Apesar de o livro ter sido publicado com sucesso em uma tradução alemã com Symonds como coautor, Ellis explica: "Nunca foi publicado em inglês, porque no último momento, quando a edição em inglês já estava encadernada e próxima de ser publicada, a família de Symonds parece ter se alarmado". A família conseguiu comprar todas as cópias da edição. Presumivelmente eles temiam que o nome da família fosse cair em descrédito por ser associado a um livro tão escandaloso.

Aos olhos de Ellis, sua primeira tentativa de publicar o livro havia fracassado. Então ele o apresentou a uma nova editora, que enviou o manuscrito para ser revisado por pares. Apesar de o revisor ser um amigo de Ellis, o manuscrito foi rejeitado por medo de que "exerceria uma influência desmoralizante" na sociedade.

Para onde Ellis poderia ir? Ele ficou sabendo de um "homem de certa riqueza" que estava montando uma pequena editora. Ele se encontrou com o suposto agente desse homem rico em Londres. O nome do agente era Roland de Villiers, "um homem grande, parrudo e gentil com alguma coisa do aspecto e do passo furtivo de um gato". Ellis achou a editora suspeita, mas o adiantamento do livro foi pago e dessa vez Ellis se certificou de que o livro fosse "divulgado silenciosamente", enviando informações sobre ele apenas para médicos e alguns periódicos científicos e de medicina. Foi nessa hora que "de repente as coisas pararam de ser como eu esperava ou desejava que fossem". O que é, no clássico estilo inglês, um eufemismo gigantesco.

O livro passou a ser associado com a Legitimation League [Liga da Legitimação], uma organização que estava trabalhando pela aceitação de estruturas familiares que eram incomuns na época, como permitir parcerias em vez de casamentos, e lutando por um melhor tratamento de crianças ilegítimas. A organização foi vista pela polícia como indesejável porque estava associada a anarquistas, que eram vistos como uma enorme ameaça na época. O livro de Ellis sofreu ataques porque foi vendido em um dos escritórios da Liga, e o secretário da organização, George Bedborough, foi condenado pela publicação e distribuição de material "lascivo, perverso, indecente, escandaloso e obsceno". De modo extremamente doloroso para Ellis, ninguém da comunidade científica ou médica concordou em defender o livro perante o tribunal, e a imprensa mais tarde retalhou a obra por ser "suja" e não científica. O jornal *Observer* o chamou de "inútil como ciência mesmo se a ciência que diz avançar valesse o estudo", uma declaração que agora tem certa graça dado o impacto gigantesco que o livro eventualmente teria.

Lembra da editora estranha? Ellis chamou De Villiers de uma "massa de mistificação" e começou a suspeitar de que ele estava mentindo sobre várias coisas. O que se revelou correto. O nome verdadeiro De Villiers era Georg Ferdinand Springmuhl von Weissenfeld, um fraudador, que junto de sua esposa assumia vários nomes e contas de banco diferentes. Aparentemente, até mesmo as empregadas dele participavam de seus esquemas e posavam "trajadas em vestidos excessivamente elegantes, como esposas e filhas de homens de Estado, embaixadores e outras celebridades". A polícia estava procurando por De Villiers pela publicação do livro de Ellis e por fim o encontraram em uma mansão em Cambridge, em um de seus muitos esconderijos na casa, com um revólver na mão. "De Villiers" então pediu um copo de água a uma empregada e aparentemente ingeriu um veneno que estava escondido atrás do selo em seu anel. Ele morreu naquele dia. Como Ellis escreve: "Esse foi o fim trágico do primeiro editor dos meus *Estudos* e da própria primeira edição".

Eu falei que essa história era uma loucura.

Apesar de tudo isso, e das consequências pesadas no bem-estar de Ellis, ele tentou publicar *Inversão Sexual* de novo. Dessa vez, o livro causaria repercussões internacionais e se tornaria uma parte definitiva de sua carreira.

A história da publicação de Ellis de *Inversão Sexual* é um excelente estudo de caso da história *queer*. Uma pessoa com menos determinação e bravura poderia nunca ter assumido a tarefa de pesquisar pessoas *queer* ou teria desistido depois do primeiro ou do segundo fracasso em publicar. Nós vemos como a pesquisa e a escrita que tentam humanizar pessoas que se desviam da norma sexual costumam ser recebidas com criminalização, punição dos pares e calúnia na imprensa. Nós vemos como o medo de danos à reputação, o medo da corrupção social e o medo em geral do desconhecido empurra as histórias *queer* para o submundo. Nós vemos o impacto que o contato e o apoio de amigos abertamente *queer*, da família e de colegas podem ter na vontade de uma pessoa de lutar pela desestigmatização das vidas *queer*. E, talvez o mais importante, nós vemos que essa luta pode ser vencida e um livro pode transcender o tempo e influenciar as pessoas mais de um século depois.

Ah, e é claro que eu gosto dele porque escreveu explicitamente sobre a bissexualidade em uma época na qual isso era ausente da maioria das conversas sobre sexualidade. Ellis lançaria muitas edições de *Inversão Sexual*, e são essas versões posteriores que tiveram uma maior circulação e que ainda podemos encontrar em sebos. A terceira versão foi publicada em 1927, e é uma das mais divulgadas.

Invertidos sexuais

Já na introdução da edição de 1927, Ellis menciona o termo bissexualidade e explica: "Aquelas pessoas que se sentem atraídas por ambos os sexos agora são chamadas de 'bissexuais', um termo mais conveniente do que 'hermafrodita psicossexual', que era usado anteriormente".[16] Não é difícil entender por que "hermafrodita psicossexual" não colou – não é muito agradável de se dizer. Perceba também que Ellis escreve "ambos os sexos". Nessa época, na Europa e nos Estados Unidos, muitos pesquisadores e médicos enxergavam o sexo a e sexualidade como uma interação entre características masculinas e femininas, que se pensava existir em todo mundo até certo nível, e termos como "gênero *queer*" ou "não binário" não eram parte da discussão acadêmica até recentemente.

Ellis continua: "[Há] um agrupamento amplo e simples de todas as pessoas sexualmente funcionais em três divisões abrangentes: a heterossexual, a bissexual e a homossexual". Essa classificação é primitiva e talvez não científica, ele diz, mais notavelmente porque "descobre-se que o grupo bissexual introduz incerteza e dúvida" na classificação sexual.

> Não só uma grande proporção de pessoas que podem ser consideradas normalmente heterossexuais tiveram, em algum momento de suas vidas, um sentimento que pode ser entendido como sexual por indivíduos do próprio sexo, mas uma proporção enorme de pessoas que são definitiva e marcadamente homossexuais sentiram atração sexual por, e tiveram relacionamentos com, pessoas do sexo oposto.

Estou impressionada que Ellis reconhece isso décadas antes de Alfred Kinsey fazer a mesma coisa.

Como Ellis pensava que eram as pessoas bissexuais? Por um lado, ele pensou que elas eram desviantes e que, em linha com seu contemporâneo Krafft-Ebing, "A bissexualidade é uma característica radical de um grande número de criminosos". Por outro lado, ele atribuiu o sucesso de grandes líderes e artistas à bissexualidade. Em uma análise de artistas e acadêmicos famosos em *Inversão Sexual*, ele escreve extensivamente sobre muitas figuras históricas e sua sexualidade, e cita Edward Carpenter dizendo que alguns eram "bissexuais em temperamento, e que era em grande parte devido a esse fato que eles eram dotados de poderes de longo alcance e se tornaram líderes da humanidade". Isso ele credita à "atitude inerentemente democrática" das pessoas bissexuais em ver além de casta e posição social. Quanto às mulheres bissexuais especificamente, ele argumentou que elas eram "grandes líderes religiosas e morais" e que algumas eram altamente inteligentes e aventureiras. Eu tenho que me perguntar se ele teria pensado dessa maneira sem a influência de sua mulher *queer*, a quem ele admirava profundamente. De qualquer forma, isso demonstra que as atitudes em relação à bissexualidade já eram complexas no início do século XX, e algumas eram decididamente positivas.

Também podemos ver que Ellis acreditava que, assim como a homossexualidade, a bissexualidade é congênita ou determinada biologicamente. Em outras palavras, ele achava que as pessoas nascem bi. Isso não é surpreendente porque durante muitos anos Ellis foi um eugenista, e até mesmo serviu o cargo de vice-presidente da Sociedade de Eugenia em determinado ponto. A única menção à eugenia na edição de 1927 de *Inversão Sexual* é em relação a outro sexólogo chamado Magnus Hirschfeld. Então, quando soube pela primeira vez que Ellis era um eugenista, meu coração se partiu. Eugenia é uma doutrina pseudocientífica baseada na falsa interpretação das leis da hereditariedade e sustentada pela suposição de que podemos e devemos controlar quais humanos podem se reproduzir, para criar uma raça humana geneticamente superior. No século XX, proponentes da eugenia argumentaram a favor da esterilização de pessoas consideradas indesejáveis em países como os Estados Unidos, o Japão, o Canadá, o México e na Alemanha Nazista.[17] Ellis foi abertamente oposto à esterilização forçada, mas ele tinha a visão de que pessoas pobres ou que eram psicologica ou fisicamente doentes ou frágeis não deveriam se reproduzir. Ele próprio vivia de acordo com essas crenças. Em sua autobiografia, ele escreve que, seguindo o conselho de um médico, ele e sua esposa voluntariamente não tinham filhos para não passar adiante a fragilidade psicológica da sua esposa.

Falando sobre figuras históricas com visões problemáticas, o psicanalista Sigmund Freud também influenciou o trabalho de Ellis. Ellis chamou Freud de gênio, mas também criticou os "psicanalistas dogmáticos" que seguiram ele e moldaram suas concepções sobre a psicologia e a sexualidade humanas em "formas inflexíveis". Tendências tão dogmáticas ainda podem ser observadas na psicanálise atualmente, e as visões de Freud sobre a sexualidade eram questionáveis. Por exemplo, eu costumo ouvir das pessoas que Freud achava que todo mundo era bissexual. Isso em parte é verdadeiro, mas não da maneira positiva que essa declaração costuma ser apresentada.

Freud escreveu sobre a bissexualidade, mas usou a palavra de uma maneira que não se alinha com o modo pelo qual nós a definimos hoje. De acordo com a psicóloga clínica e psicanalista Esther Rapoport, ele estava em grande parte "confundindo sexo biológico, orientação sexual e identidade de gênero".[18] Em outras palavras, ele acreditava que todos nós nascemos com corpos e cérebros masculinos e femininos, e foi isso que ele chamou vagamente de bissexualidade. Essas partes masculinas e femininas de todos estando em conflito, ele presumiu, era a chave para entender a psicologia humana. Relacionado a essa ideia, Freud considerava que a bissexualidade era um estado primordial do ser que as pessoas deveriam superar, conforme resolvem os movimentos das forças masculina e feminina dentro de si. Isso significa que ele acreditava que todos nós somos bissexuais quando crianças e, portanto, a bissexualidade é uma sexualidade infantil e imatura. Freud também considerava que desejos bissexuais na vida adulta eram fantásticos ou impossíveis e ligava a bissexualidade à histeria. Nem um pouco legal, Freud. *Nem um pouco.*

De volta a Havelock Ellis. Ellis foi um dos primeiros profissionais de medicina a tentar e sistematicamente entender como as pessoas bissexuais *pensavam* e como elas eram. Ainda assim, os pensamentos dele tendiam para estereótipos, e nem todos eles são tão positivos como pensar em pessoas bissexuais como as "líderes da humanidade". Por exemplo, ele achava que pessoas bissexuais eram hipersexuais, obtinham mais satisfação sexual do sexo homossexual do que do sexo heterossexual e tinham um complexo de inferioridade que as levava a serem artísticas. Eu acho que esse último estereótipo é particularmente curioso e revelador das influências de Freud. Ele também costumava contrastar toda a inversão sexual, incluindo a bissexualidade, com desejos heterossexuais "normais".

Apesar desses estereótipos, a escrita e o engajamento de Ellis com a bissexualidade ainda são extraordinários para a época, de fato para qualquer época. Ele nos demonstrou que muitas das ideias que temos sobre a bissexualidade não são novidade e que elas já estavam sendo debatidas no início das discussões científicas sobre a sexualidade humana. Em vez de se agarrar à dicotomia simplista de homossexual e heterossexual, Ellis sabia que, sem a discussão sobre a bissexualidade, uma discussão sobre a sexualidade humana estava incompleta.

Infelizmente, parece que em algum ponto do caminho essa mensagem se perdeu.

Tenho uma forte sensação de que o *algum ponto* foi um *algum momento*. Dois meses depois da morte de Ellis, a Segunda Guerra Mundial começou.

Anjo decapitado

Em Frankfurt, na Alemanha, ergue-se um anjo gótico com asas amplas, segurando um pergaminho. A escultura é de cor cinza escuro, com danos de um verde vívido causados pela água que expõem a fundação metálica. Parece uma escultura religiosa clássica, então é fácil não achar grande coisa. Mas isso seria um erro.

Em vez disso, você deveria se aproximar, olhar direto para ela. Há algo muito incomum nesse anjo. Essa estátua discretamente chocante foi criada pela artista Rosemarie Trockel e erigida em 1994 para lembrar as pessoas do assassinato e da perseguição de homossexuais sob o Socialismo Nacional. O anjo é modelado com base em outra estátua que um dia foi parte da Catedral de Colônia, mas a artista a alterou um pouco. Trockel cortou a cabeça do anjo e a reanexou com um leve ângulo para que o ponto da fratura ficasse visível e a cabeça não se encaixasse direito no corpo do anjo. A modificação representa o dano irreparável causado pela perseguição nazista e o tratamento horrível aos sobreviventes *queer* depois da guerra quando os atos homossexuais entre homens continuaram a ser criminalizados. O anjo é um mensageiro com uma placa para nos lembrar de que "homens que amam homens e mulheres que amam mulheres sempre podem ser perseguidos".[19]

Os nazistas particularmente visavam pessoas que se identificavam como homens que se envolviam em atividade homossexual, o que era uma categoria ampla e incluía homens *gays*, bi e mulheres transgênero. Alguns eram enviados a campos de concentração, onde um triângulo rosa de tecido virado para baixo era costurado no traje para identificá-los como homossexuais. Estima-se que um total de 10 mil homens foram detidos em campos de concentração nazista porque eram considerados homossexuais. Muitos não sobreviveram.[20] Aqueles que sobreviveram costumavam ser colocados em outras prisões porque a atividade homossexual permaneceu sendo um crime na Alemanha até uma revogação parcial da lei em 1969 e sua abolição em 1994. Também existiam mulheres e pessoas não binárias que eram perseguidas sob o nazismo, mas esses números não são nada em comparação aos dos homens. Elas costumavam ser forçadas a vestir triângulos pretos para simbolizar que eram "associais", uma categoria que também incluía pedintes, alcoólatras, trabalhadores do sexo e pacifistas.[21]

Você vai notar que o triângulo rosa há muito tempo foi reapropriado por partes da comunidade *queer* como um símbolo de resistência, particularmente fora da Alemanha. Por exemplo, algumas livrarias *queer* famosas usam o triângulo em seus logos, incluindo a Gay's the Word em Londres, a Category Is Books em Glasgow e a Glad Day em Toronto. Também há um símbolo bissexual que faz referência ao triângulo rosa, chamado de "biângulos", feito com triângulos invertidos rosa e azul que se interseccionam para criar uma seção roxa. A diferença na compreensão do triângulo rosa em países e comunidades ao redor do mundo demonstra como símbolos que são vistos por uns como revolucionários podem ser associados fortemente com opressão e dor em outros.

Apesar da criminalização continuada do comportamento homossexual em muitos países depois da Segunda Guerra Mundial, o período pós-guerra de 1946 a 1972 foi terreno fértil para a emergência da identidade bissexual. Alguns historiadores *queer* enxergam a guerra como um momento crítico, quando pessoas *queer* escaparam de famílias e vigilância da comunidade para finalmente explorar sua sexualidade. Eles atribuem a explosão do ativismo pós-guerra em parte devido às conexões feitas durante a guerra.

Porém, o que essa identidade bissexual era, e se ela era bem-vinda, mudou ao longo do tempo. Vamos dar uma olhada em um país que hoje costuma ser tratado como um farol reluzente da liberação LGBT+, a Holanda. A homossexualidade foi descriminalizada por lá em 1811, esse foi o primeiro país do mundo a legalizar o casamento *gay*. Quando o assunto é bissexualidade, ele também estava avançado no jogo. A acadêmica holandesa e coordenadora da Rede Transgênero da Holanda, Elise van Alphen, examinou a emergência da bissexualidade e descobriu que a bissexualidade como uma identidade já era parte central do movimento homossexual holandês no período pós-guerra. Van Alphen estava especialmente interessada no tratamento da bissexualidade pela organização holandesa COC, fundada em 1946 e possivelmente a organização LGBT+, em atividade, mais antiga do mundo.[22]

A sigla COC originalmente significava *Cultuur en Ontspanningscentrum*, o Centro da Cultura e do Lazer, efetivamente um nome de fachada para que a organização pudesse lutar pelos direitos das pessoas com desejos pelo mesmo sexo de maneira discreta. É um bom exemplo de como organizações *queer* e sistemas de apoio existem há muito tempo de modo camuflado à vista de todos. Atualmente, o COC ainda luta pelos direitos das pessoas *queer* ao redor do mundo.

Nos primeiros anos, o COC estava focado em apresentar a homossexualidade como natural e normal, e a bissexualidade estava ao lado da homossexualidade como outra variação normal. Apesar de isso significar que a bissexualidade era visível, às vezes ela ainda era recebida com tensão. De acordo com van Alphen, alguns ativistas *queer* acusavam pessoas bissexuais de "having their cake and eating it too* – em outras palavras, parecer heterossexual de dia e homossexual à noite".[23] Pensava-se que pessoas bissexuais eram capazes de tirar vantagem da "camuflagem se-

---

* Expressão que pode significar "fazer duas coisas boas ao mesmo tempo" ou "acusar pessoas bissexuais de serem gulosas e aproveitadoras". (N. do T.)

xual" (termo usado pelo pesquisador bi Samuel Lawton), misturando-se em espaços homossexuais e heterossexuais. Para aqueles em relacionamentos que parecem heterossexuais, particularmente em casamentos, isso transformou no final dos anos 1960 a ideia da camuflagem bissexual numa figura lamentável presa em um casamento heterossexual. Isso tem sido referido como uma forma de "essencialismo estratégico", que envolve dizer que as pessoas bissexuais *na verdade* são homossexuais porque é uma estratégia política útil.

Mas estratégia política não é o suficiente para explicar o apagamento bi que estava acontecendo dentro de algumas organizações LGBT+ na época. Organizações da Frente de Libertação Gay surgiram depois da rebelião de Stonewall em 1969 e costumam ser apresentadas em textos históricos como radicalmente inclusivas, o que é consistente com a imagem que elas apresentavam ao orgulhosamente ter uma filosofia arco-íris. A historiadora inglesa Martha Robinson Rhodes escreveu sobre a política da libertação *gay* no Reino Unido nos anos 1970, criticando historiadores por prestar atenção demais na Frente da Libertação Gay barulhenta e animada, excluindo muitas outras organizações.[24] Mais importante, a GLF não cumpriu sua imagem arco-íris, especialmente em relação às pessoas bissexuais. Robinson Rhodes argumenta que a política da GLF "dependia de uma divisão binária entre '*gay*' e 'hétero' que associava a atração por um gênero diferente como política regressiva". Isso significa que a bissexualidade "costumava ser igualada à heterossexualidade e à política 'hétero' e, portanto, era descartada". Nesse caso as pessoas bissexuais estavam sendo empurradas para fora da organização ao invés de serem absorvidas por ela. Pessoas bissexuais eram vistas como dormindo com o inimigo.

De onde as pessoas tiraram a ideia de que pessoas bissexuais são em parte heterossexuais? Bom, duas décadas antes, Kinsey havia publicado a sua Escala de Kinsey, o que encorajou exatamente esse tipo de pensamento. Dizer às pessoas para escolher um número entre "0 – Exclusivamente heterossexual" e "6 – Exclusivamente homossexual" teve um impacto profundo em como acadêmicos e as próprias pessoas *queer* falavam sobre a sexualidade.[25] Suponho que Kinsey não tenha considerado que isso poderia ser utilizado como arma política contra as pessoas que se encontravam no meio da escala, mas foi exatamente isso que aconteceu. Conforme Robinson Rhodes escreve, essa ideia foi parte do que abasteceu o incêndio contra as pessoas bissexuais: "Quando a bissexualidade era vista como 'parcialmente hétero', ela podia ser associada com os problemas que *gays* liberacionistas ligavam à heterossexualidade".[26] Conceitualizações da sexualidade nunca existem em um vácuo, e pesquisadores nunca sabem como suas ideias podem, um dia, ser apropriadas.

Apesar de as pessoas bissexuais não terem sido sempre bem-vindas em espaços *queer*, países na Europa central, no Reino Unido e nos Estados Unidos alcançaram grandes conquistas nos direitos *gays* entre os anos 1940 e o início dos anos 1980. Mas então a comunidade *queer* foi atingida por um enorme e devastador golpe inesperado no meio dos anos 1980, a aids.

O visitante indesejado

Eu nasci em 1987, então, apesar de me lembrar um pouco do pânico da aids, quando cheguei à maturidade sexual, a doença não era mais uma sentença de morte. E até recentemente eu não sabia o quanto ela dizimava vorazmente comunidades *queer* e as cicatrizes emocionais profundas que deixava. Como um amigo meu, um homem negro e *gay* de sessenta e poucos anos, me contou recentemente quando estávamos discutindo a vida dele durante a crise da aids: "Eu tenho listas telefônicas inteiras de pessoas que perdi". Ele disse isso com naturalidade. Toda vez que penso nesse momento, uma tristeza profunda se apodera de mim. A injustiça de tudo isso, a tragédia.

Quando conheço pessoas *gays* hoje em dia, e especificamente homens *gays* que têm idade suficiente para terem sido adolescentes ou adultos durante os anos 1980 e 1990, tenho uma sensação imediata de respeito. É possível que esse seja um sentimento parecido ao que outras pessoas sentem quando conhecem um veterano de guerra. Muitas pessoas *queer* mais velhas lutaram por suas vidas, e pelos nossos direitos, e apenas algumas sobreviveram para contar a história.

Pelo mesmo motivo que só recentemente eu aprendi sobre a extensão completa da epidemia de aids, eu também nunca havia pensado sobre a relação entre aids e bissexualidade. O que eu aprendi coloca algumas coisas sob uma nova perspectiva – incluindo como esse fator inesperado dividiu profundamente a experiência de membros da comunidade bi. Dividiu particularmente a comunidade de acordo com o gênero.

Com a investida da epidemia de aids, homens bissexuais eram (e ainda são) estigmatizados como pontes ou vetores de aids.[27] Houve medos arraigados de que homens bissexuais estavam pegando aids no mundo homossexual *pervertido* e trazendo-a para o mundo heterossexual *respeitável*. Homens bi eram vistos como uma conexão ameaçadora entre o sujo e o limpo, o mal e o bem, o *queer* e o hétero. Assim, homens bi eram vistos como uma ameaça aos heterossexuais por toda parte.

Para muitos homens, entre eles ainda mais gravemente para negros bissexuais, a aids compunha discriminações e estigmas existentes que levaram a um abandono tanto pelas comunidades heterossexuais quanto pelas homossexuais.[28] Para outros, o pânico moral da aids combinado à luta contínua por direitos iguais criou ou, melhor, exigiu uma ligação mais forte com a comunidade *queer* do que antes.

Enquanto isso, mulheres bissexuais tiveram uma experiência muito diferente. Bem menos mulheres morreram da doença, e a sensação de comunidade em tragédia que foi oferecida a alguns homens bissexuais não se traduziu para muitos espaços femininos *queer*. Em vez disso, havia algo muito diferente acontecendo durante esse período que afetava especialmente as mulheres, uma nova versão do feminismo. Isso significava que nos anos 1980, mulheres bissexuais não eram bem-vindas em muitos espaços lésbicos porque eram percebidas como uma ameaça à causa feminista.[29] A professora de sociologia Sharon Stone argumentou que esse pensamento era o resultado de visões prejudiciais de que mulheres bissexuais ficavam "em cima do muro" e eram "perigosamente não confiáveis por causa de suas associações com homens".[30] Mais uma vez, bissexuais eram vistos como dormindo com o inimigo. Mas nesse caso o inimigo não eram as pessoas hétero, o inimigo eram os homens.

Pessoas bissexuais foram sacrificadas socialmente de novo, dessa vez não na luta por direitos *gays*, mas na luta pelos direitos das mulheres. Essa guinada em direção a políticas mais excludentes coincidiu com um aumento na visibilidade de mulheres bissexuais e, conforme mais pessoas (incluindo pessoas que antes se identificavam como lésbicas) começaram a se identificar como bissexuais, algumas comunidades lésbicas apertaram suas fronteiras.[31] Pessoas bissexuais estavam sendo cada vez mais estigmatizadas como só querendo a experimentação sexual. Mulheres bissexuais eram vistas como lésbicas fracassadas no melhor dos casos e predadoras sexuais no pior.

Eu não pretendo fazer disso uma festa bissexual da autopiedade. Em certos momentos e por importantes organizações as pessoas bissexuais enfrentaram discriminação e exclusão, mas isso não significa que não havia espaço para elas em comunidades *queer*. Pessoas bissexuais como Brenda Howard sempre fizeram parte de organizações *queer*, e fomos celebradas por muitos membros dessas comunidades. Porém, elas costumavam ser marginalizadas. Isso foi difícil para muitas e levou a um sentimento geral que eu acho que persiste até hoje, de que espaços e eventos *queer* não são *para* pessoas bissexuais.

Isso criou a necessidade de pessoas bissexuais, particularmente mulheres bissexuais, reivindicar seu próprio território, e é por isso que eu acho que as primeiras organizações e conferências bi foram estabelecidas em torno desse período. Os Estados Unidos, em particular, se tornaram um centro para a ação. Antes da crise da aids, o único espaço dedicado que existia nos Estados Unidos era o San Francisco Bisexual Center, que abriu em 1976, mas fechou em 1984 porque muitos voluntários morreram devido às complicações associadas com a aids e porque o dinheiro acabou.[32]

Percebendo que pessoas bissexuais estavam morrendo e sendo ignoradas e estigmatizadas na luta contra a aids, ou "doença *gay*", o BiPOL foi iniciado em 1983 como o primeiro grupo de ação política bissexual dos Estados Unidos a lutar pela vida de pessoas bi. Logo em seguida, várias outras organizações da comunidade foram iniciadas e trabalharam incansavelmente para educar as pessoas bissexuais sobre a aids e criar espaços seguros para aprender sobre a bissexualidade. Uma das organizações que se envolveu foi a Rede Bissexual da Área da baía de São Francisco (hoje chamada de Bay Area Bi+ and Pan Network), que desde os anos 1980 até os dias de hoje tem feito uma quantidade enorme de trabalho apoiando e educando as pessoas sobre questões bissexuais. Como parte de seus esforços, eles publicaram a revista cômica da comunidade bi *Anything That Moves*, que, em sua primeira edição em 1991, continha um artigo no qual a fundadora e gerente editorial da época, Karla Rossi, escreveu no editorial de abertura:

> Parem de nos culpar pela disseminação da aids na sua comunidade quando vocês se recusam a ouvir nossos pe-

> didos de que bissexuais precisam receber financiamento para a educação e programas de prevenção da aids [...]. Há milhares de bissexuais que morreram de aids e milhares mais estão vivendo com o HIV. Homens bissexuais têm sido rotulados como um grupo de risco [...] mulheres bissexuais são completamente ignoradas.[33]

A frustração e a raiva são palpáveis. A essa altura, já haviam se passado anos de luta, anos de tentar ser ouvido, anos de tentar salvar vidas e ser ignorado. A aids e o HIV continuaram a ser um tema importante na comunidade bi por mais uma década, e obituários de ativistas e membros da comunidade eram destaques trágicos regulares na *Anything That Moves*.

Enquanto nos Estados Unidos nos anos 1970 existiam grupos estabelecidos em Nova York, Chicago e São Francisco que também lutavam por direitos bi, eles eram focados principalmente em liberação sexual. Os grupos estabelecidos nos anos 1980 eram focados no empoderamento das mulheres. Isso incluía o grupo de apoio a mulheres BiVocals, fundado em 1983,[34] e o Boston Bisexual Women's Network [Rede de Mulheres Bissexuais de Boston] o Boston Bisexual Men's Network [Rede de Homens Bissexuais de Boston], e o East Coast Bisexual Network [Rede Bissexual da Costa Leste], todos criados em 1985.[35] Na Europa, o BiNe foi estabelecido em 1992, evoluindo de um número de grupos de apoio bissexuais e reuniões bi organizadas na Alemanha em 1988.[36] No Reino Unido, as primeiras organizações bissexuais incluíam a London Bisexual Network [Rede Bissexual de Londres], estabelecida em 1984 e responsável por um dos eventos bissexuais mais consistentes até hoje, a BiCon.[37] Para novos membros da comunidade bissexual, pode ser uma surpresa completa que tais organizações bissexuais existam e existem desde os anos 1980.

A fundação dessas organizações criou um ponto de início otimista para a emergência de comunidades bissexuais nos anos 1980 e 1990, mas elas têm sido lentas para crescer e costumam ser desmanteladas depois de alguns anos após serem comandadas por voluntários. Ainda assim, no século XXI tem acontecido muita coisa para se celebrar quando o assunto é ativismo e visibilidade bissexuais. Houve um aumento em espaços e publicações acadêmicas bi apoiadores e uma maior visibilidade bi entre acadêmicos e celebridades. Nos últimos anos, a política bissexual tem se beneficiado do debate sobre indivíduos trans e não binários, o que tem ajudado a desestabilizar o gênero de uma maneira que é complementar a como a bissexualidade altera a generização da escolha sexual. Mas a bissexualidade não está completamente fora das sombras, e devemos estar conscientes do padrão histórico que indica um "vai e vem da bissexualidade como um foco da empreitada acadêmica e do interesse social".[38]

Acadêmicos e ativistas bissexuais não são uma ameaça para a história ou a política *queer*, eles são parte inerente a elas. Historiadores precisam identificar vidas bissexuais, ou pelo menos se abrir à possibilidade, em vez de interpretar errado todos os desejos homossexuais na história como pertencentes a pessoas *gays* e lésbicas. Afastar-se do rótulo "bissexual" dentro de textos históricos é uma prática inerentemente bifóbica que liberta as pessoas bissexuais de sua própria história.

Só quando identificamos, entendemos e reconhecemos o papel da bissexualidade é que podemos começar a compreender de verdade a bela complexidade da sexualidade humana ao longo do tempo.

Capítulo 3
Nada Além de Mamíferos

Quais você acha que foram os primeiros sinais da sua sexualidade?

Para mim, foi quando eu era criança e brincava de casinha. Não era só o fato de eu sempre escolher ser o pai que indicava a minha inclinação *queer*, mas que eu não tinha o menor problema com a ideia de ter um bebê com outra garota.

Tenho uma memória distinta em particular. Estou com uma de minhas amigas e tenho cerca de 7 anos. Estamos deitadas sobre um colchão no sótão, debaixo de um teto baixo e inclinado. Estamos de conchinhas em nossos pijamas, confortáveis em nosso aconchego. É tudo incrivelmente inocente, mas tem alguma coisa sobre como eu me lembro de cheirar o cabelo dela e pensar que aquilo era *bom*, que era *certo*. Não sou estranha à falta de confiabilidade da memória e os vieses de olhar para o passado, mas essa parece a minha primeira memória bissexual. Eu me lembro dela como a primeira vez em que percebi que poderia ter uma família que não consistia em um garoto e uma garota, mas que a sua *casa* era o que você fazia dela.

Essa memória abre várias questões. Eu já tinha essa predisposição antes de iniciar a brincadeira ou será que essas primeiras experiências positivas da infância me fizeram bissexual? Em outras palavras, eu nasci bissexual ou meu ambiente me fez assim? Ou talvez seja um pouco de ambos?

Em termos acadêmicos, isso toca em um longo debate entre essencialistas e construcionistas sociais. Essencialistas acreditam que a sexualidade é algo que você fundamentalmente *é*, não algo que você se torna. O essencialismo costuma estar ligado à ideia de que as pessoas nascem *queer*, que a sexualidade delas não pode mudar e que existe um eu sexual autêntico e verdadeiro. Em contrapartida, construcionistas sociais acreditam que a nossa sexualidade é algo que criamos junto com o mundo ao nosso redor. Acreditam que o modo pelo qual percebemos a realidade e o jeito como nos sentimos e nos comportamos sexualmente são influenciados em primeiro lugar por nossos ambientes sociais. As teorias da sexualidade do construcionismo social costumam destacar a importância das experiências sexuais da vida, rótulos de identidade sexual e educação sobre como as pessoas vivem e rotulam suas vidas sexuais. Na maioria das vezes, o debate vira uma briga de biologia e genética (essencialismo) *versus* sociologia e psicologia (construcionismo social). Este capítulo se concentra no essencialismo. E que ponto melhor para começar do que perguntando se a ideia de que "nascemos desse jeito" faz sentido?

Nascemos desse jeito?

Dean Hamer tem uma lista impressionante de conquistas. Ele se graduou na Escola de Medicina Harvard, é um geneticista famoso, seu livro *The God Gene* foi *best-seller* do ano do *New York Times*, e é vencedor de um Emmy pelo documentário *Out in the Silence*, sobre o casamento dele com outro homem e a controvérsia que isso acendeu em sua pequena cidade natal.

No começo dos anos 1990, Hamer estava estudando homens *gays* por meio de algo chamado "genealogia genética". Isso normalmente mostra os membros de uma família que têm uma característica genética específica e como eles estão relacionados uns com os outros. Pode nos mostrar se algo é provável de ser herdado e, portanto, se é provável de ser genético. Eles haviam descoberto que homens *gays* nos estudos de pesquisas tinham mais parentes masculinos *gays* no lado materno do que no lado paterno da família. De acordo com Hamer, "Esse é o padrão esperado para uma característica que é influenciada por gene no cromossomo X, que homens herdam apenas de suas mães".[1] Então eles procuraram por um padrão genético ao analisar o DNA de quarenta famílias, cada uma delas com dois irmãos *gays*.

Na revisão dos resultados, Hamer e sua equipe alegaram ter encontrado uma correlação entre a homossexualidade e variações genéticas específicas no cromossomo X para 64% dos irmãos *gays*. Orgulhosamente, a equipe alegou ter encontrado provas de um "gene *gay*" e deu a esse gene um nome que apenas geneticistas e fãs de ficção científica poderiam gostar: Xq28.[2] Como Hamer se recorda, no dia em que o artigo foi publicado no prestigiado periódico *Science* em 1993, "O telefone não parou de tocar com ligações de repórteres; havia operadores de câmera de TV alinhados do lado de fora do laboratório; as caixas do correio e do *e-mail* transbordavam... Raramente as pessoas haviam reagido com tanto barulho a algo tão pequeno".[3] Para muitos, incluindo a mim, a ideia de um gene *gay* pavimentou solidamente o caminho para erguer as minhas garras, porque eu nasci desse jeito, como a música de Lady Gaga nos diz.

Dois anos depois, em 1995, com um novo grupo de colegas, Hamer analisou a variante do gene em mulheres e não descobriu provas de um "gene lésbico" equivalente.[4] Talvez fosse relevante apenas para homens, ele argumentou. Então, quando outra equipe de pesquisa não conseguiu replicar os resultados de 1999, a hipótese do Xq28 sofreu ainda mais ataques. Hamer lidou com essa controvérsia sem reações emocionais. A primeira frase do artigo de refutação de Hamer em 1999 diz: "A orientação sexual é uma característica complexa que provavelmente é moldada por muitos fatores diferentes, incluindo múltiplos genes e influências biológicas, ambientais e socioculturais". Mas qual é exatamente a relação entre esses fatores e se faz sentido procurar por um único "gene *gay*"continuaram a ser questões importantes.

A busca de Hamer por um gene *gay* é efetivamente a mesma que pesquisadores da sexualidade estavam fazendo cem anos antes. Foi utilizada para lutar por direitos *gays* e desestigmatizar as pessoas? Às vezes. Alguns, que achavam que a sexualidade estava misturada à nossa biologia, argumentaram que isso deveria levar à simpatia e à desestigmatização das pessoas *queer*, à descriminalização de atos homossexuais e ao abandono do "tratamento" para curar as pessoas de desejos homossexuais. Mas a ideia também deu permissão para indivíduos justificarem o ódio e a discriminação usando linguagem científica, ao enxergar pessoas *queer* como biologicamente inferiores, uma regressão na evolução humana, vítimas de uma mutação indesejável. Grupos usaram essas ideias como armas, incluindo os nazistas, que utilizaram essas ideias biológicas essencialistas da homossexualidade como parte da sua justificativa para aprisionar e matar homens *gays* durante a guerra. Até os dias de hoje, ideias biológicas da homossexualidade são usadas tanto para oprimir as pessoas *queer* quanto para lutar por sua proteção e seus direitos, como vamos explorar mais à fundo no Capítulo 6.

Após o descontentamento com a ideia do gene *gay*, em agosto de 2019, a mesma publicação científica que havia nos trazido o "gene *gay*" o levou embora.[5] Isso é algo que eu amo na ciência – ela costuma se autocorrigir. Se uma hipótese não se sustenta com experimentos ao longo do tempo, ela normalmente é rejeitada. Isso pode ser o resultado de novas tecnologias ou metodologias melhores de pesquisa, e isso é parte do que aconteceu nesse caso. Entre 1995 e 2019, os pesquisadores fizeram um grande avanço em relação à pesquisa de DNA em larga escala. O estudo de 2019 analisou genomas de quase meio milhão de pessoas nos Estados Unidos, no Reino Unido e na Suécia que concordaram em participar da pesquisa e haviam enviado anteriormente o seu DNA para um de cinco bancos de dados genéticos, incluindo o da popular empresa de genética de consumo 23andMe.

No *site*, os pesquisadores se propuseram a explicar a sua pesquisa para o público leigo. Eles escreveram:

> Neste estudo, analisamos o "comportamento sexual com o mesmo sexo", que é definido como já ter feito sexo com alguém do mesmo sexo. "Comportamento sexual com o mesmo sexo" está relacionado a, mas não é o mesmo que orientação sexual e identidade. Indivíduos em nosso estudo podem ter se envolvido em "comportamento sexual com o mesmo sexo" e podem ter uma gama de identidades e motivos pessoais para terem se envolvido nesse comportamento. Enquanto o nosso estudo inclui muitos indivíduos *gays* e lésbicas, também pode incluir aqueles que se identificam sexualmente como bissexuais, pansexuais, héteros ou outra dentre muitas identidades.[6]

Eles também pediram aos participantes para dizer qual era a proporção de parceiros do mesmo sexo dentre o total de parceiros sexuais. Usando essa informação, não descobriram provas de um único gene que prediz qualquer sexualidade.

Mas encontraram uma receita *parcial* que explicou os 8% a 25% de comportamento sexual com o mesmo sexo no estudo. Eles descobriram cinco marcadores genéticos, chamados de SNPs (polimorfismos de nucleotídeo único), relacionados ao comportamento sexual. De acordo com a equipe, "Um dos marcadores que identificamos também está associado à calvície, sugerindo que a regulação de hormônios sexuais pode estar envolvida na biologia do comportamento sexual com o mesmo sexo. Outro está relacionado ao nosso olfato. Isso é interessante, porque enquanto os odores são importantes para a *atração* sexual, nós ainda não entendemos como isso pode estar relacionado ao *comportamento* sexual". Eles também descobriram que os genes relacionados ao comportamento sexual com o mesmo sexo se sobrepõem parcialmente àqueles para várias outras características, incluindo a abertura a novas experiências e o comportamento de risco. Apesar de isso parecer estar relacionado com a identidade *queer*, não seríamos capazes de identificar geneticamente alguém como *queer* só olhando para os genes da pessoa. De fato, os autores deixam claro que, apesar de eles estarem analisando a genética, fatores não genéticos como cultura, sociedade, família e experiências individuais também são importantes.

A complexidade desses achados genéticos põe em questão a precisão de medidas de um único *continuum* como a Escala de Kinsey. "A genética sugere que é uma simplificação presumir que, quanto mais alguém se atrai pelo mesmo sexo, menos essa pessoa se atrai pelo sexo oposto". Em outras palavras, sentir forte atração por homens não impede alguém de também sentir forte atração por mulheres. E isso significa que, para muitas pessoas, não faz sentido repartir seus desejos sexuais em partes de cem, de modo que, se elas têm três parceiros masculinos e sete parceiras femininas, elas são 30% atraídas por homens e 70% atraídas por mulheres. Isso pode se dar apenas devido a quem elas conheceram até então, ou outros fatores, e na realidade elas podem se atrair com a mesma intensidade por múltiplos gêneros.

Você se lembra que mencionei que o que eu amo na ciência é que ela se autocorrige? Bom, também acho que é valioso para humanos – incluindo cientistas – ser capaz de mudar nossa mente quando as provas mudam ou conforme adquirimos mais *expertise*. No meu último livro, *Making Evil*, escrevi uma seção sobre direitos LGBT+ e me assumi como bi. Também escrevi: "A homossexualidade é genética [...] as pessoas nascem *gays*". Depois dos estudos de 2019, essa não é mais a minha interpretação das provas. Assumo a correção. Da próxima vez que a música de Lady Gaga tocar, eu provavelmente ainda vou cantar bem alto, mas vou acrescentar, *"I'm on the right track, baby, I was 8 to 25 per cent born this waaaay"* [Estou no caminho certo, *baby*, eu nasci de 8% a 25% desse jeito].

Dado que não podemos aprender muito sobre o porquê de termos desejos pelo mesmo sexo com base na genética, talvez existam outras forças evolutivas no jogo se examinarmos o reino animal. Há algo no comportamento animal que nos dá pistas sobre o motivo da existência da bissexualidade?

Girafas gays

Conversas sobre a hereditariedade das sexualidades *queer* tomaram alguns caminhos bizarros, e os argumentos evolutivos mais fundamentais costumam se virar para os animais. No final de 2019, a parlamentar britânica Dawn Butler proferiu um discurso na cerimônia de um prêmio LGBT+. Com um tom leve, ela fez o comentário de que as pessoas acham que crianças podem ser "ensinadas a serem *gay*", mas que esse não é o caso para animais:

> Eles falam sobre ensinar as pessoas ou crianças a serem *gays*. Eles não querem que as pessoas sejam ensinadas a serem *gays*. Eu quero saber o seguinte, tá bom: se você

pode ensinar "gayness"* – se isso é mesmo uma palavra – se você pode ensinar *gayness*, quem fala girafês? Porque 90% das girafas são *gays* [...]. Então, se você pode ensinar, eu quero saber quem é que fala girafês? [...] Vamos só aceitar as pessoas por quem elas são e vivem como nossos eus autênticos e verdadeiros. Ser quem você é não é uma doença.[7]

Isso deflagrou "a grande confusão da girafa *gay*" – uma série bizarra de comentários feitos por políticos e outras pessoas sobre o comportamento homossexual nas girafas.[8] A alegação de que 90% das girafas são *gays* provavelmente é baseada em uma declaração feita no livro de 1999 do biólogo canadense Bruce Bagemihl, *Biological Exuberance: Animal Homosexuality and Natural Diversity*.[9] Esse livro forneceu provas de que o comportamento "polissexual" é comum no reino animal e alegou ter sido encontrado em mais de 450 espécies de mamíferos, pássaros, répteis, insetos e outros animais. Para humanos, o termo polissexual significa a atração por mais de um gênero e está sob o genérico bissexual. Em animais, ele se refere ao comportamento sexual de animais com mais de um sexo.

Bagemihl escreve acerca das girafas na Tanzânia que "94% de toda a atividade de montar observada era do mesmo sexo". Esse número foi calculado a partir dos achados de um estudo que descobriu "dezessete atos homossexuais de montar e um ato heterossexual de montar" em um ano. Partir disso para dizer que 94% das girafas são *gays* não é correto. No livro, ele deixa a questão em aberto – "Isso reflete a proporção real da atividade homossexual nas girafas?", e prossegue para efetivamente se criticar ao observar que vinte filhotes nasceram durante aquele período

---

* Por se tratar de uma citação direta de um discurso, preferi manter a palavra "gayness" em inglês, em vez de substituir por "ensinar a ser *gay*". (N. do T.)

em apenas uma população, então uma quantidade considerável de atos heterossexuais de montar estava acontecendo e os pesquisadores não viram. Porém, mais uma vez, eles provavelmente também não viram muitos atos homossexuais de montar. Em vez de dizer que "90% das girafas são *gays*", seria mais preciso dizer o que Bagemihl escreveu, que é "O comportamento polissexual entre girafas tem sido observado repetidas vezes".

Outra pessoa que criticou a estatística de 90% foi o assessor de política Lachlan Stuart, que tuitou que as girafas são o seu "animal favorito" e que o tema ao qual Butler se referia "não era comportamento *gay*" de verdade porque "não havia romance. Não havia cortejo. Não havia afeto. Não havia criação de laços entre o par".[10] Ele argumentou que a declaração de Butler era homofóbica porque esse comportamento nas girafas era simplesmente um exercício de dominação, então não era como o comportamento homossexual em homens humanos.

A ideia de que todo comportamento de mesmo sexo entre animais, particularmente entre machos, é uma exibição de dominação é popular. Quando estou andando na rua com o cão pastor de Shetland fofo da minha mãe e outro cachorro macho monta nele no parque de cachorros, sem hesitação as pessoas vão declarar que o outro cachorro está tentando dominá-lo. Eu aceito que muitos animais, incluindo humanos, às vezes usam o sexo e comportamentos sexuais de modo instrumental, como uma ferramenta para obter algo dos outros ou para intimidá-los. Mas presumir que esse é sempre o caso é presunçoso.

Usando as nossas girafas para analisar essa ideia, o ato homossexual de montar entre girafas macho é inteiramente um ato de dominação? A diretora da Fundação pela Conservação das Girafas na Namíbia deu uma declaração em resposta à confusão das girafas *gays*, dizendo que as girafas não são *gays* ou poli, mas, "às vezes elas montam de brincadeira, o que também é um comportamento de dominação".[11] Porém, as pessoas que têm estudado especificamente a sexualidade das girafas chegaram a uma visão diferente. Em um estudo de girafas macho em cativeiro, pesquisadores descobriram que "Todas as girafas tentaram montar pelo menos uma vez... nenhuma relação estatística estava aparente entre montar e dominar".[12] Isso era, porém, mais um estudo de caso, pois envolveu observar três girafas durante sessenta e dois dias. Um estudo muito maior na região selvagem ao norte da Tanzânia envolveu três mil, duzentas e sessenta e quatro horas de observação.[13] Esses pesquisadores declararam que viram atos "homossexuais" de montar, mas só no contexto de brincadeiras. Eles escrevem explicitamente: "Em nenhum desses comportamentos nós vimos qualquer indicação de dominação ou submissão".

Pessoas como Bruce Bagemihl argumentam que precisamos abandonar a ideia de que o comportamento homossexual é sempre forçado em outro animal. De modo similar, nem todo comportamento heterossexual é forçado em outro animal, a não ser que você tenha uma visão muito pessimista da sexualidade animal e presuma que todo acasalamento é estupro. É claro, não podemos saber ao certo por que os animais se comportam de certo jeito, mas parece prudente ir até a prova, em vez de até onde as suposições e os tabus sociais nos levem.

Como diferentes especialistas podem chegar a conclusões tão diferentes sobre o mesmo comportamento animal? De acordo com alguns biólogos, nosso entendimento e nossa interpretação do comportamento animal estão manchados por um viés heterossexual. É difícil para os pesquisadores deixar suas normas sociais e expectativas sobre o comportamento quando eles observam animais. Muitas pessoas, entre elas pesquisadores, interpretam o comportamento como sexual e normal se for entre uma fêmea e um macho. Aquilo que não se encaixa nessa narrativa é visto como não natural, divergente, inerentemente errado ou coercitivo, ou secreto. Nós ignoramos como não sexual, mesmo que todos os sinais estejam presentes.

Então, qual é a verdadeira explicação para o ato de montar entre animais do mesmo sexo? Bagemihl propõe que é a "exuberância biológica", um excesso de energia sexual e um modo criativo de encontrar alívio. Isso parece possível, mas me lembra de uma afirmação que costuma ser feita por biólogos homocríticos, que os animais se envolvem em comportamento homossexual quando não há parceiros adequados disponíveis. A ideia é que parceiros do mesmo sexo são um tipo de parceiro de reserva, quando a primeira escolha não está por perto.

Há uma suposição central nisso, perpetrada por biólogos evolutivos, que o sexo heterossexual é sempre o que os animais deveriam querer porque é o que pode levar a bebês. Siga o imperativo biológico para procriar e permita que seus genes sobrevivam. Mas será que essa suposição está correta?

Paradoxo darwiniano

Outra declaração de Kinsey de 1953 continua verdadeira: "Sabe-se que contatos sexuais entre indivíduos do mesmo sexo ocorrem em praticamente todas as espécies de mamíferos que têm sido estudados extensivamente". Desde a publicação de *Biological Exuberance*, ainda mais espécies foram registradas se envolvendo em comportamento sexual com o mesmo sexo, incluindo animais tão diversos como ouriços-do-mar, peixes raposa-voadora, lulas, cobras do gênero *Thamnophis*, gansos-das-neves, donzelinhas, o albatroz Laysan, grilos de campo e vacas domésticas.

Isso cria um problema crescente para biólogos evolutivos e é referido como "o paradoxo darwiniano". Como resumido por Julia Monk e colegas em 2019: "Como o comportamento sexual com o mesmo sexo evoluiu e persistiu se não é capaz de resultar na reprodução e, portanto, deve reduzir a aptidão de indivíduos e pode resultar na extinção da população se todos os indivíduos de uma população se envolverem apenas em comportamento sexual do mesmo sexo?".[14] Em outras palavras, já que o comportamento homossexual não pode fazer bebês, não é um desperdício de tempo e energia? Por que as tendências homossexuais não foram extintas?

Quando eu era estudante da graduação, eu me lembro de às vezes achar meio grosseiro como psicólogos evolutivos faziam conexões entre humanos e outros animais e como eles ficavam pulando entre a atualidade e os nossos ancestrais que ainda viviam em cavernas. Foi nessas aulas que ouvi que uma minoria da população humana ser *gay* era potencialmente adaptativo para as tribos ancestrais porque esses indivíduos poderiam ajudar a apoiar a comunidade em geral sem gastar energia com seus próprios filhos. Foi argumentado que eles eram uma ajudinha não reprodutiva, podemos dizer. Na mesma aula também discutimos a utilidade potencial de outros membros não reprodutivos da comunidade, como mulheres que passaram da menopausa ou pessoas que não poderiam ter filhos. Tais benefícios são chamados de benefícios de aptidão indireta – eles ajudam a sobrevivência de seus parentes genéticos, o que ajuda seus genes familiares a sobreviveram em geral. Eu cheguei a pensar em tais ideias como profundamente problemáticas e pelo menos parcialmente incorretas. Porque parece tão óbvio que esses argumentos evolutivos centram a heterossexualidade.

Julia Monk e seus colegas têm criticado a suposição básica que fundamenta o paradoxo darwiniano. Eles argumentam que isso "presume implicitamente que o comportamento sexual 'heterossexual', ou exclusivamente com o outro sexo, é a condição de base para animais, a partir do qual o comportamento sexual com o mesmo sexo evoluiu". A pesquisa inclui suposições não verificadas sobre os custos, benefícios e origens do comportamento homossexual. Especificamente, eles argumentam que a suposição de que o comportamento heterossexual é o estado ancestral e natural dos animais não tem sido examinada rigorosamente. De fato, essa suposição cria a necessidade de explicações complicadas e mecanismos genéticos para explicar a alta prevalência do comportamento homossexual ao longo das espécies.

A ideia não é completamente nova. Em 1953, Alfred Kinsey escreveu sobre a natureza mamífera dos humanos e como isso afeta a nossa sexualidade.[15] Ele especificamente criticou aqueles que "presumem que respostas heterossexuais são parte do equipamento instintivo e inato de um animal, e que todos os tipos de atividade sexual representam perversões dos instintos normais". Ele também escreveu: "Biólogos e psicólogos que aceitaram a doutrina de que a única função natural do sexo é a reprodução simplesmente ignoraram a existência da atividade sexual que não é reprodutiva". Então já nos anos 1950, as pessoas perceberam que nem todos os contatos sexuais animais tinham a ver com reprodução e que esse foco era – como escreveu Kinsey – "uma distorção do fato que parece ter se originado em uma filosofia criada pelo homem".

Partindo do ponto em que Kinsey parou décadas atrás, Julia Monk é apaixonada por combater vieses na pesquisa científica. O trabalho dela sobre a homossexualidade em animais é um ótimo exemplo disso. Monk e colegas propõem uma mudança de perguntar "Por que se envolver em comportamento homossexual?" para "Por que não?". Elas propõem que a condição ancestral mais provável dos animais envolve "comportamentos sexuais indiscriminados direcionados a todos os sexos", que inclui o comportamento sexual com o mesmo sexo e com o sexo diferente. Essa suposição significa que a bissexualidade comportamental seria o estado fundamental dos animais e que pressões ambientais e evolutivas então mudaram a quantidade em que essa característica continuou a existir na população. Até eu esbarrar com essa pesquisa, passei a vida pensando que era uma forasteira, provavelmente uma anomalia genética ou evolutiva. Agora não tenho tanta certeza.

Apoiando essa ideia está a pesquisa sobre criaturas que, de acordo com Monk e colegas, "têm características que provavelmente se assemelham a organismos ancestrais nos quais os comportamentos sexuais evoluíram".[16] Essas criaturas são equinodermos, uma família de animais marinhos que inclui as estrelas-do-mar. Essas estrelas-do-mar são bissexuais por comportamento. (Como uma nota, sinto que as estrelas-do-mar deveriam ser a mascote das identidades *queer*. Elas se envolvem em comportamento homossexual e heterossexual, elas podem se reproduzir de modo assexual e, enquanto a maioria das estrelas-do-mar são ou macho ou fêmea, algumas espécies podem mudar de sexo.) Talvez, em vez de o comportamento bissexual ser uma casualidade, é a base. Em vez de procurar por motivos evolutivos para justificar a existência do comportamento homossexual, devemos procurar justificar a existência do comportamento exclusivamente heterossexual.

Ser bissexual por comportamento aumenta o número de oportunidades de acasalamento em geral, enquanto ainda inclui parceiros que são viáveis para fazer bebês. E em relação à suposição original dos biólogos evolutivos de que o comportamento homossexual é custoso, especialmente se esses indivíduos ainda estão produzindo prole genética ou ajudando seus parentes genéticos a sobreviver, não há tanto custo de verdade para *também* se envolver em comportamento homossexual. Como escreve a autora, "O excesso de comportamentos sexuais não precisa reduzir a aptidão significativamente". E, em particular nas espécies em que é mais difícil diferenciar machos e fêmeas, ser exclusivamente heterossexual pode levar a oportunidades perdidas de acasalamento. É claro, nenhum animal está pensando sobre o seu sucesso reprodutivo. A maioria dos animais provavelmente sequer entende que o sexo leva à prole. O impulso motor é baseado em instinto, ou simplesmente a busca por satisfação. O que pode ser dito a respeito de outros comportamentos animais, como macacos que bebem álcool deixado por turistas em alguns *resorts* de férias para ficarem bêbados, ou outros animais que buscam frutinhas ou fungos para ficarem chapados. Às vezes nós só queremos brincar, não procriar.

Há, porém, um animal que tem apresentado um dilema evolutivo em particular para biólogos evolutivos – as ovelhas.

Ramificações

Imagine que você é um carneiro em busca do amor, mas está confinado em um curral. O que você faz? Não se desespere, vários aplicativos similares ao Tinder foram desenvolvidos para ajudá-lo na sua busca. Na Austrália, ele é chamado de Ram Select, na Islândia é o Ram Registry, e no Reino Unido há uma ferramenta meio satírica chamada Tudder. Não me surpreenderia se, seja lá onde for que você estiver no mundo, o seu setor agrotecnológico local tenha criado um aplicativo similar que pode ajudá-lo com todas as suas necessidades para fazer um carneirinho. Esses aplicativos ajudam fazendeiros a encontrar parceiras para seus carneiros e ovelhas para procriar animais fortes e lucrativos. Simplesmente traga o seu carneiro e a riqueza está à sua espera.

Mas diferentemente da maioria dos humanos que usa aplicativos, eles não podem escolher quem eles mesmos acham que é o parceiro mais *sexy*. Isso provavelmente não ajuda os carneiros, que são conhecidos na indústria como procriadores tímidos.[17] Quando colocados em um curral com uma ovelha, esses machos não demonstram interesse nela, o que leva ao problema reprodutivo com o nome mais fofo, "dificuldades de fazer ovelhas". Mas o maior problema de todos, de acordo com alguns criadores de ovelhas, é que muitos carneiros não têm interesse algum por ovelhas, eles gostam apenas de outros carneiros.

Acontece que, enquanto muitos animais são bissexuais por comportamento, isso não pode ser dito das ovelhas. De acordo com o neurocientista Simon LeVay, "A homossexualidade, no sentido de uma preferência durável por parceiros do mesmo sexo, não foi amplamente descrita dentre animais não humanos. Na verdade, existe apenas uma espécie na qual foi demonstrado que isso ocorre com alguma regularidade, e é na ovelha doméstica. Cerca de 8% dos carneiros, quando têm a chance de escolher entre carneiros ou ovelhas como parceiros sexuais, se acasalam preferencialmente com carneiros".[18]

Por que um neurocientista estaria escrevendo sobre sexo entre ovelhas? Porque o cérebro dessas ovelhas tem sido dissecado e examinado para tentar descobrir o que está acontecendo. Ovelhas homossexuais estão custando pilhas de dinheiro aos fazendeiros, então há muito incentivo para tentar descobrir como fazê-las não serem mais *gays*. Por esse motivo, há *muitos* estudos sobre comportamento homossexual entre carneiros. E pelo que consegui entender, isso não parece ser algo que pode ser selecionado para ser eliminado por procriação, dado que esses carneiros não estão se reproduzindo, e o fenômeno parece ser espontâneo. Então, entram os neurocientistas. Eles descobriram que uma parte do cérebro chamada de oSDN (núcleo dimórfico sexual ovino) pode exercer um papel no comportamento sexual dos carneiros.[19] De acordo com um artigo publicado em 2020, o oSDN é a melhor aposta para mudar o comportamento sexual, mas ainda não foi bem-sucedido. Além disso, "várias hipóteses foram propostas para explicar o desenvolvimento da preferência pelo mesmo sexo em carneiros. Elas incluem efeitos atribuídos à criação de animais do mesmo sexo, genes, resposta olfativa (cheiro) e diferenças no cérebro que são programadas por hormônios sexuais durante a vida do feto".[20] Tudo que temos são algumas poucas correlações e nenhum fator claro de causalidade.

Apesar de existir tanto dinheiro a ser feito, e tanta pesquisa que já foi realizada sobre o assunto, ninguém foi capaz de mudar a sexualidade desses carneiros. Talvez a homossexualidade esteja ligada a alguma outra coisa que criamos nessas ovelhas há milhares de anos e agora está tão profundamente enraizada que não podemos mais nos livrar dela. Ou talvez estejamos olhando no lugar errado, e a homossexualidade dos carneiros não tem nada a ver com biologia, mas está relacionada a outra coisa – um cheiro que não podemos perceber, intimidade psicológica que não notamos, ou os efeitos de um ambiente de cativeiro quando estamos brincando de formar pares de ovelhas.

Mas as ovelhas são a exceção e não a regra. E, enquanto os carneiros parecem não mudar o seu comportamento sexual em resposta às mudanças no número de parceiros disponíveis do mesmo sexo ou de sexo diferente, a maioria dos outros animais muda. As pesquisas têm demonstrado que a razão por sexo de uma população pode levar os animais que são do mesmo sexo a viver juntos como casais, incluindo em espécies que são tipicamente heterossexuais e monogâmicas. Formar uma aliança com outro animal costuma ser uma coisa boa mesmo se eles não puderem se reproduzir, já que eles ainda podem cooperar ao construir abrigos juntos, encontrar comida e se defender de predadores.

Por exemplo, na pesquisa sobre pombos selvagens, quando os machos são removidos do grupo, as pombas se unem como casais estáveis do mesmo sexo. Os machos removidos também eram mais propensos a formar casais, mas pareciam menos cooperativos em seus pares de macho com macho. Outro estudo, sobre um bando cativo de tentilhões machos que não tinham acesso a fêmeas, descobriu que seis dentre dez machos se envolviam em sexo homossexual nessas circunstâncias, o que é muito mais do que parece ser o comum para essa espécie.[21] E em uma população extremamente desigual de tartarugas que incluía apenas cinquenta fêmeas e mais de mil machos, os machos cortejavam e montavam outros machos com mais frequência do que faziam com as fêmeas.[22]

Os autores de todos esses três estudos usam o termo "efeito de prisão" para descrever suas descobertas, que acontece quando a razão entre os sexos está desigual, com predominância de machos. Isso está relacionado a uma hipótese popular mais ampla da "privação heterossexual", que explica o comportamento sexual com o mesmo sexo como resultado da indisponibilidade de um parceiro do sexo oposto. Como o nome sugere, isso também parece cair na armadilha de supor que o comportamento heterossexual é a preferência natural dos animais e que o comportamento com o mesmo sexo é simplesmente uma estratégia adaptativa. A hipótese da privação heterossexual é como dizer que quando alguém está com muita fome e um pedação de bife é a única opção, até mesmo um vegetariano está muito mais propenso a cair de boca.

Grades tortas

Há muito tempo eu presumi que as pessoas que se identificam como heterossexuais têm mais probabilidade de se envolver em comportamento homossexual na prisão. Ouvi sobre pares homossexuais na prisão em que um homem é referido como a "esposa de prisão", e é claro que existem as piadas sem graça e desumanizadoras sobre "não deixar cair o sabonete" para se referir ao estupro.

Também há bastante representação na TV, incluindo o popular seriado *Orange Is The New Black* sobre uma prisão feminina nos Estados Unidos. Na obra, vemos uma variedade de modos nos quais as mulheres se envolvem em sexo e formam relações românticas com outras mulheres. Enquanto há algumas personagens lésbicas, a maioria é o que o seriado chama de "gay for the stay" [*gay* por enquanto ou *gay* enquanto durar a estadia].[23] A série mostra sexo consensual na prisão de um modo complexo, mas, como boa parte da representação na mídia, ainda fica dando voltas para não dizer o termo "bissexual". A protagonista, Piper, diz: "Eu gosto de garotas gostosas. Eu gosto de caras gostosos. Eu gosto de gente gostosa", enquanto uma mulher chamada Soso diz: "Eu gosto de pessoas, não de gêneros", e a parceira dela concorda, dizendo que o rótulo de sexualidade delas deveria ser apenas "feliz".[24] A palavra bissexual só é usada a partir do episódio 89, apesar da abundância de personagens que parecem ser claramente bissexuais.[25] Não é uma palavra suja, e eu gostaria que as pessoas que trabalham na mídia parassem de tratá-la como se fosse. Mas estou divagando.

A questão é esta: As pessoas mudam o comportamento sexual quando são encarceradas e, se sim, por quê? Na pesquisa, o termo usado para descrever homens que fazem sexo com homens em prisões é "homossexual". Mas a maioria desses homens não se identifica como *gay*, seu comportamento homossexual normalmente é limitado por um período, e a maioria tem relações predominante ou exclusivamente heterossexuais fora da prisão. Em relação ao tema da bissexualidade em prisões, eu falei com Elizabeth Deehan, que trabalha como Facilitadora do Programa de Comportamento Criminoso em uma prisão masculina da Categoria B no Reino Unido. Prisões de Categoria B abrigam prisioneiros de alto risco, longas sentenças, e são de alta segurança, incluindo aqueles cumprindo penas por crimes envolvendo a ameaça à vida ou violência, roubo, drogas, crimes sexuais ou com armas de fogo. A prisão na qual ela trabalha tem cerca de oitocentos prisioneiros, incluindo um número de membros de gangues, e muitos estão lá há dez anos ou mais. Deehan organiza o grupo GBT+ da prisão, que até o momento em que conversei com ela tinha dois membros. "Eram três, mas um foi dispensado na semana passada", ela me contou. Existem, é claro, mais pessoas *queer* na prisão. Um motivo pelo qual ela sabe disso são as entrevistas com os presos, que às vezes inclui perguntar sobre a sexualidade deles.

"Tudo se resume a como as perguntas são feitas", ela me contou. "Se você manda um homem grande e parrudo perguntar sobre a sexualidade de um preso, o preso provavelmente vai reagir de modo defensivo... tipo, *o que você está tentando dizer?*" Ser uma mulher e perguntar sobre o comportamento em vez da identidade pode fazer com que seja mais fácil para os prisioneiros se abrirem, mas até ela recebe reações defensivas. Enquanto parte disso está relacionada à cultura machista e à homofobia internalizada, Deehan destacou para mim que o principal motivo da negação de identidades e comportamento *queer* atrás das grades é a segurança. Presos têm medo da ameaça real e persistente de agressão, tanto sexual quanto de outros tipos. Não há para onde escapar se um preso ganha uma "reputação", ser transferido para as seções de maior segurança não costuma ser desejável e ser transferido para outra prisão não necessariamente oferece segurança. "É incrível como, até mesmo quando são transferidos, os problemas deles os seguem", Deehan diz sobre os prisioneiros.

Mantenho com firmeza a opinião de que o encarceramento não deveria significar desumanização. E parte da humanidade das pessoas é a sua sexualidade. Ainda assim, de acordo com uma organização chamada Bent Bars [Barras Tortas], "Apesar de existirem muitos grupos LGBTQ comunitários na Grã-Bretanha, a maioria não lida especificamente com a questão dos prisioneiros LGBTQ. Da mesma forma, muitos grupos de apoio de prisioneiros não abordam as questões específicas enfrentadas pelas pessoas LGBTQ atrás das grades".[26] A organização conecta pessoas LGBTQ dentro e fora da prisão por meio de um sistema de amizade por correspondência, em que as pessoas podem escrever cartas umas para as outras. Isso é importante, porque pessoas *queer* buscando ajuda para assuntos relacionados às suas identidades pode deixá-las correndo risco, mas não buscar ajuda é segregante e apresenta riscos para a saúde mental. Em outras palavras, ambas as opções são arriscadas. Talvez não seja uma surpresa que Deehan tenha apenas dois membros em seu grupo de apoio *queer*, já que o mero ato de comparecer pode ser arriscado. Portanto a necessidade por um apoio mais discreto, como a amizade por correspondência.

Naturalmente, não é só no Reino Unido que ocorrem esses problemas, na maioria dos países é muito pior. O medo associado a ser *queer* na prisão é exemplificado por um caso de um estoniano no Reino Unido, que foi extraditado para a Estônia por acusações de invasão de propriedade, danos criminais e incêndio criminoso.[27] No recurso contra a extradição em 2009, o homem declarou:

> Estou com medo de voltar à Estônia porque sou bissexual e eu seria espancado ou esfaqueado na prisão de lá. Invariavelmente há seis ou oito pessoas por cela na Estônia e seria impossível esconder a minha sexualidade. Se/quando meus colegas de cela descobrirem que sou bissexual, eles vão me atacar. A prisão ou o Estado não farão nada para me proteger porque homens homossexuais e bissexuais são discriminados por estonianos e pelo Estado estoniano [...]. Eu seria tratado do mesmo modo que um pedófilo ou um estuprador, ou seja, eu seria espancado e esfaqueado.

Quer isso seja ou não uma representação precisa das prisões estonianas atualmente, certamente em muitos países essa seria a experiência dos presos que são conhecidos como *queer*. O caso também destaca algo que

Deehan disse que a frustrava imensamente. O estoniano havia se consultado previamente com um psiquiatra por causa de seus pensamentos suicidas e depressão e o fato de que ele não havia revelado sua bissexualidade para o psiquiatra estava sendo usado contra ele. De acordo com o recurso, o estoniano retrucou essa declaração. "Ele me perguntou se eu era homossexual e quando eu disse que não, mas antes que eu pudesse explicar que eu era bissexual, ele seguiu em frente com outras questões."

Isso nos traz de volta à minha pergunta: As pessoas mudam seu comportamento sexual quando são encarceradas e, se sim, por quê? Um preso no Reino Unido, que foi entrevistado como parte de uma comissão sobre o sexo na prisão pela organização de reforma prisional, a Liga Howard, disse: "É claro que as pessoas transam na prisão. Por que elas não fariam isso? Ainda somos seres humanos. Aqueles sentimentos não desaparecem só porque você está preso".[28] Outro participante que se identificou como heterossexual alegou que havia feito sexo consensual com prisioneiros *gays* ou bissexuais "por necessidade". Ele disse que havia retomado relações exclusivamente heterossexuais depois de sair da prisão e adicionou: "Eu sou completamente hétero. O que aconteceu por lá foi só para satisfazer minhas necessidades sexuais, em um lugar e tempo específicos, quando eu não podia fazer sexo [heterossexual]". Ambos sustentam a ideia de que (a) sim, presos homens mudam o seu comportamento sexual e (b) isso acontece devido à indisponibilidade de parceiras adequadas do sexo oposto.

Em consistência com isso, em uma análise de noventa anos de pesquisa empírica sobre a sexualidade entre presos na prisão pelos pesquisadores correcionais Christopher Hensley e Richard Tewksbury, atividades homossexuais entre homens e mulheres encarcerados são comuns. Eles descobriram que o sexo na prisão, como o sexo em outras situações, pode ser uma fonte de prazer ou pode estar relacionado à dominação, ser coercitivo ou ter outras funções sociais. Eles também descobriram que muitas pessoas que mudaram o seu comportamento sexual não mudaram sua identidade sexual.

Isso reflete quantas pessoas pensam sobre encontros com o mesmo sexo, particularmente em configurações homossociais e por tempo limitado, ou seja, lugares em que as pessoas estão exclusivamente na companhia do próprio sexo, incluindo saunas, certos locais de trabalho, internatos, configurações militares ou a prisão. As pessoas costumam enxergar esses lugares e as experiências que elas têm neles como fundamentalmente removidos da vida normal, tratando-os com a mesma mentalidade com que abordam Las Vegas, o que acontece em uma configuração homossocial *fica* na configuração homossocial.

Eu acho fascinante como pessoas como o preso "completamente hétero" citado anteriormente compartimentalizam essas experiências em vez de usá-las para considerar e, talvez, questionar a própria autoidentificação como heterossexual. Em vez de pensar *Ei, talvez eu seja bissexual*, ele argumentou que fazer sexo homossexual era necessário. Embora eu concorde que a maioria das pessoas tem desejos sexuais, fazer sexo nunca é uma necessidade. As pessoas podem se abster de sexo ou podem cuidar sozinhas do problema, digamos assim.

Para mim, parece provável que outra coisa, algo relacionado a estruturas sociais ou identidade, está acontecendo aqui para explicar a discórdia entre com quem as pessoas escolhem transar e como elas se identificam sexualmente. Talvez exista uma pista em algo que Deehan me contou em relação aos presos na sua prisão: "Eles trazem as suas crenças consigo". As pessoas adquirem suas ideias do que são comportamento e identidades sexuais aceitáveis e ideias de masculinidade antes de entrar na prisão, e pode ser muito difícil mudá-las. Considerando a homofobia relacionada à cultura de gangues e as crenças machistas em particular, pode ser muito difícil de escapar disso para prisioneiros que vêm dessas – e com frequência voltam para – comunidades.

Ideais hipermasculinos estão tão profundamente amarrados à homofobia que podem enfraquecer até mesmo uma exploração conceitual e leve de identidades não heterossexuais. Eu me concentro na masculinidade porque apesar de a hiperfeminilidade também poder se relacionar à homofobia, ela é raramente relacionada de um jeito tão exagerado e violento como a masculinidade. Quando até mesmo apenas *considerar* que se pode ser *queer* já é perigoso, você chega a um tipo de mentalidade que é profundamente tóxica tanto para você como para aqueles ao seu redor.

E não são só os prisioneiros. Crescendo nos anos 1990, os garotos usavam "Isso é *gay*" para descrever coisas femininas ou de que eles não gostavam; nos anos 2000 artistas de *rap* e *hip-hop* adicionavam "no homo" em partes aparentemente aleatórias das suas músicas. E, apesar de campanhas LGBT+ em esportes, como a campanha de cadarços arco-íris de Stonewall, ao longo dos anos 2010 nenhum jogador profissional de futebol americano se assumiu publicamente como *gay*. Isso não passou despercebido. Em 2020, um jogador profissional da Premier League escreveu uma carta anônima que foi compartilhada com o público declarando "Eu sou *gay*" e dizendo que o futebol americano não "está pronto para um jogador se assumir".[29]

Dito isso, nem todo mundo é debilitado pelas normas hipermasculinas do esporte. Como Jahmal Howlett-Mundle, um jogador de futebol americano que jogava para o time escocês Hearts antes de se mudar para o Sheppey United FC. Ele se assumiu como bissexual para o seu time em 2021, dizendo: "Eu queria ser eu mesmo e falar das minhas ansiedades em relação ao estigma da sexualidade no futebol americano, mas sentia que eu sempre precisava me conter nas conversas".[30] A resposta esmagadoramente positiva à saída dele do armário me deixa mais otimista quanto ao futuro – ele foi recebido por *uma salva de palmas* por seus colegas de time quando fez o anúncio. Como disse Howlett-Mundle, "Eu finalmente me sinto seguro e muito mais em paz comigo mesmo, e agora estou... tão feliz quanto jamais estive". Outros atletas homens em vários esportes também se assumiram *gays* ou bissexuais, o que eu acho ser um sinal maravilhoso de que as coisas estão começando a mudar.

Tenha coragem o suficiente para pensar sobre sua identidade sexual em vez de apenas aceitar a heterossexualidade padrão. Tenha coragem o suficiente para deixar que encontros com o mesmo sexo desestabilizem quem você acha que é. E, se for apropriado e seguro, tenha coragem o suficiente para se chamar de *gay*, bissexual ou *queer*.

A história da sexualidade em prisões e outros ambientes homossociais nos ensina que, até mesmo em uma configuração hiper-heterossexual, o comportamento sexual pode ser flexível. Assim como com pombos, ou tentilhões, ou tartarugas, essa pesquisa demonstra que a proporção sexual de uma população humana pode causar mudanças no comportamento sexual. O impressionante é que isso é verdade apesar do fato de que – diferente de pombos, tentilhões e tartarugas – a maioria dos humanos tem barreiras sociais extensivas que precisam superar antes de se envolver em comportamento bissexual.

Existem outros fatores que parecem relacionados à expressão do comportamento bissexual no reino animal? Não posso concluir esse capítulo sem uma discussão sobre um dos nossos parentes genéticos mais próximos, que por acaso também demonstra um comportamento sexual particularmente curioso, o bonobo.

Venha brincar comigo

Bonobos são um tipo de hominídeo com pernas longas, lábios rosados e pelos em sua maioria pretos que mal cobrem seu corpo inteiro. Uma vez eu vi uma bonobo fêmea no zoológico e gastei cerca de 10 minutos olhando para ela de tão humana que parecia. O que era particularmente inquietante nela era que passava o tempo inteiro claramente olhando para *nós*, como se os visitantes do zoológico fossem a atração, em vez dela. Acho que, em parte por causa dessa experiência, para mim não é difícil ver a conexão genética entre bonobos e humanos. Mas há uma diferença-chave – o modo como os bonobos usam o sexo.

Na superfície, bonobos são quase todos bissexuais por comportamento, fazem muito sexo, e parece que eles fazem sexo com quase qualquer outro bonobo. Mas por quê? Bonobos fêmeas não parecem estar oferecendo masturbar apenas bonobos mais poderosos, nem os bonobos machos parecem forçar o coito com machos menos poderosos. Talvez seja uma tentativa de se reproduzir? Também não. A maior parte desses comportamentos não tem quaisquer benefícios reprodutivos óbvios. A maioria desses atos sexuais não pode criar bebês chimpanzés, seja porque eles não envolvem penetração, porque são atos homossexuais, ou por causa da ampla diferença de idade entre os envolvidos. Então, o que é?

Os primatólogos Zanna Clay e Frans de Waal têm estudado o comportamento sexual dos bonobos e argumentaram que ele exerce um papel importante na regulação da tensão social.[31] De acordo com de Waal, isso tem alguns efeitos amplos realmente positivos. Bonobos usam o sexo como forma de resolução de conflitos e funciona incrivelmente bem: "Entre os bonobos selvagens não há guerra mortal, não há dominação masculina, e há uma quantidade enorme de sexo. Eles fazem amor, não guerra".[32] De Waal argumenta que esse era um problema real para biólogos evolutivos, que há muito tempo haviam presumido que todos os chimpanzés eram naturalmente violentos e que o sexo precisava servir principalmente a uma função reprodutiva. O que estava acontecendo nesse caso era outra coisa, algo que desde então tem sido referido como um comportamento "sociossexual".

O comportamento sociossexual inclui atividade sexual que não está diretamente relacionada à reprodução.[33] Em primatas não humanos, isso pode incluir comportamentos como cuidar do asseio, brincar, montar, cheirar, tocar ou esfregar o genital. Para bonobos, o comportamento sociossexual pode ocorrer cerca de trinta vezes por dia. Pensa-se que a sociossexualidade fortalece relacionamentos, para ajudar a estabelecer dominação, fazer as pazes depois de brigas e em geral para reduzir a tensão. Eu não sei você, mas esses parecem objetivos completamente relacionáveis. Eu nunca fiz sexo que era intencionalmente reprodutivo, mas já quis reduzir a tensão e fortalecer os relacionamentos que tenho com meus parceiros. Parece que, quando me excito, eu só tenho interações socioculturais, ou só quero me divertir.

O professor de biologia evolutiva Robin Dunbar tem argumentado que isso também ajuda a explicar a prevalência do comportamento homossexual em animais e humanos: "Um dos muitos argumentos para o comportamento homossexual humano é que ele ajuda a criar laços entre grupos de homens, particularmente em um grupo em que os indivíduos dependem uns dos outros, como na caça ou na guerra".[34] Por exemplo, os espartanos na Grécia Antiga encorajavam a homossexualidade entre as tropas de elite: "Eles mantinham a crença razoável de que indivíduos ficariam juntos e se esforçariam para resgatar outros indivíduos se eles tivessem uma relação amorosa".

Um artigo publicado em 2020 deu um passo adiante, quando o biólogo Andrew Barron e o antropólogo evolutivo Brian Hare escreveram: "A atração sexual pelo mesmo sexo evoluiu como apenas uma dentre um conjunto de características que respondem à forte seleção por facilidade de integração social ou comportamento pró-social."[35] Para Barron e Hare, a explicação para o comportamento sexual com o mesmo sexo é efetivamente o mesmo para todo sexo não reprodutivo: "Para humanos, as funções sociais e os benefícios do sexo se aplicam ao comportamento sexual com o mesmo sexo assim como ao comportamento heterossexual". Basicamente, a questão certa é por que fazemos qualquer tipo de sexo ou nos envolvemos em comportamentos sexuais que não criam bebês? E a resposta parece ser bem óbvia, na verdade. Porque o comportamento sexual é um bom modo de se conectar com o outro, e porque é divertido. E, mais uma vez de modo não surpreendente, o comportamento sexual pode ser social e divertido entre pessoas de todos os gêneros. Não é tão difícil assim de entender.

A pesquisa descrita neste capítulo me levou a acreditar que me convenceram da mentira de que o sexo heterossexual é normal e o mais adaptado. Em vez disso, parece cada vez mais claro que o comportamento exclusivamente monossexual é o que precisa ser explicado.

Minha mãe me contou uma vez que ela acredita que a bissexualidade é o próximo passo na evolução da sexualidade humana. Que ser capaz de se apaixonar pela pessoa, não pelo gênero, era um sinal de progresso e inteligência. Mas pelo que aprendemos neste capítulo, parece que em vez de ser o *próximo* passo, ele pode ter sido um passo original na evolução da sexualidade. Em vez de não ser natural, ter um comportamento bissexual é lugar-comum no reino animal, mesmo em criaturas bem menos complexas do que nós. Foram apenas os humanos que conceberam o comportamento não heterossexual como um "crime contra a humanidade". E, diferentemente de pesquisadores da sexualidade como Freud, eu não acho que, só porque a bissexualidade é um estado de origem, ela deva ser indesejável. Não, acho que o fato de ela ser tão comum mostra o quanto a bissexualidade é evolutiva e socialmente prática.

Talvez o motivo pelo qual é tão difícil identificar um único gene para os desejos pelo mesmo sexo seja porque todos nós carregamos conosco o código genético para o comportamento bissexual, e em algumas pessoas esse código nunca foi ativado.

Capítulo 4
O Armário Bissexual

Muito poucas pessoas bissexuais estão fora do armário.

A enormidade do armário bissexual significa que eu fico menos surpresa quando as pessoas se assumem de modos incomuns.

Uma das histórias mais memoráveis de se assumir como bi que eu já ouvi foi contada por uma mulher que parecia ter vinte e poucos anos. Alguns anos atrás ela queria se assumir para seus pais, mas estava tão preocupada com isso que não sabia se conseguiria dizer as palavras. Então fez um bolo e escreveu "Eu sou bi" nele. Por que um bolo? Ela não explicou na época, mas se havia algum simbolismo intencional, então só posso imaginar que era o fato de as pessoas bissexuais serem acusadas de não só querer ter o bolo, mas também o comer. Eu não tenho ideia de qual era a cor do bolo, mas imagino um em tom básico de marrom claro, sem cobertura – um bolo comestível criado com a única função de transferir essa mensagem. Mas também é possível que tenha sido uma maravilha digna do *Bake Off*, algum tipo de bolo do orgulho bi, colorido de rosa, roxo e azul, com múltiplas camadas e uma exuberância de cobertura com "Eu sou bi" escrito em grandes letras cursivas. Enfim, seja qual for a aparência, ela havia deixado o bolo, coberto, sobre a bancada.

Conforme ela estava reunindo coragem para revelar o bolo para os pais, ela começou a chorar.

"Eu só estava ali, apoiada na bancada da cozinha, chorando", ela me contou. "Eles perguntaram: O que aconteceu? E eu só disse: Leiam o bolo!". Confusos, os pais dela descobriram o bolo e encontraram a mensagem. Presumivelmente a essa altura eles soltaram um "Ohh" audível, olharam um para o outro com *aquela expressão*. Então disseram que a apoiavam e a amavam, independentemente de sua sexualidade. Em um grande abraço de família, o choro dela diminuiu e os medos evanesceram. A partir daquele momento, estava fora do armário.

Por que ela estava com tanto medo de sair do armário em primeiro lugar? E quais são as repercussões de se assumir ou não como bissexual para a saúde mental e sexual das pessoas? Neste capítulo, vamos analisar de perto o grande armário bissexual.

Saindo para o mundo

Primeiro, por que chamamos de "coming out" [sair]? Em seu livro de 1994, *Gay New York,* George Chauncey explica que "A expressão costumava se referir ao ritual de uma debutante ser formalmente apresentada, ou "coming out", a uma sociedade de seus pares culturais".[1] Então "coming out" foi um jogo de palavras com a linguagem da cultura de mulheres de classe alta dos anos 1930, com toda a feminilidade e sofisticação que as debutantes encarnavam. Chauncey, um professor renomado de história americana *queer* na Universidade de Columbia, que trabalhou como testemunha especialista em muitos casos-chave dos direitos *gays* nos Estados Unidos, e há muito tempo tem um cavanhaque que é a sua marca registrada,[2] explica que, no período antes da Segunda Guerra Mundial, as pessoas *gays* "não falavam em sair do que chamamos de 'o armário *gay*', mas de sair para o que eles chamavam de sociedade homossexual ou o mundo *gay*, um mundo nem tão pequeno, nem tão isolado, nem tão escondido como o armário sugere".

Chauncey utiliza-se de um exemplo de uma manchete de 1931 no jornal *Baltimore Afro-American*, que anunciou "a saída de novos debutantes para a sociedade homossexual" em um baile referido como uma "brincadeira dos amores-perfeitos". Aparentemente grandes bailes de *drag* eram populares na época e eram um lugar clássico para homens *gays* saírem para a sociedade *gay* nos Estados Unidos. Esses não eram eventos secretos, atraíam milhares de expectadores. Chauncey escreve que, em 1931, "esse aspecto da cultura *gay* estava entrando no linguajar comum".

Então por que hoje em dia associamos a frase com sair *do armário*? "As origens do uso *gay* do armário são obscuras. Pode ter sido usado inicialmente porque muitos homens que permaneceram encobertos pensavam na sua homossexualidade como um tipo de esqueleto no armário."[3] O termo se tornou mais popular depois da rebelião de Stonewall e da mudança resultante nas atitudes e na discussão da sexualidade, que destacou que muitas pessoas *queer* tiveram que esconder a sua identidade sexual como um segredo sujo. É apenas a partir dos anos 1960 que, quando falamos de alguém estar no armário, queremos dizer que a pessoa não é aberta sobre a sua sexualidade.

Até recentemente eu não sabia que algumas pessoas são fortemente opostas ao conceito central de sair do armário e a narrativa do armário. Ela tem sido criticada como reforçando ideias heterosexistas, porque as únicas pessoas que estão no armário da sociedade e, portanto, precisam sair dele são pessoas *queer*. Por que isso é um problema? Porque isso reforça a ideia da heterossexualidade como normal e natural, enquanto retrata outras sexualidades como desviantes e ocultas. Talvez seja por isso que eu costumava pensar que sair do armário pode ser um pouco como uma confissão religiosa, similar a contar ao mundo o seu segredinho sujo. Também pode fazer com que *não* sair do armário pareça um fracasso moral no sentido em que alguém é visto como mentindo por omissão sobre a sua sexualidade, ou um fracasso pessoal, de não ser forte o bastante para se assumir e ter orgulho.

Há muitos motivos excelentes para não querer revelar sua identidade sexual, e a ideia de que as pessoas *queer* precisam exibir sua alma sexual publicamente para serem verdadeiras consigo mesmas é carregada de problemas. Ainda assim, em geral eu espero que mais pessoas que fazem parte de minorias sexuais possam ser, e possam escolher ser, visíveis. Há força nos números, e força na comunidade, ambos só podem ser obtidos com visibilidade.

Neste capítulo, escolhi me ater à terminologia do armário porque ela é evocativa da repressão social da sexualidade, e a solidão de não fazer parte de uma comunidade *queer*. Eu também gosto do sentido positivo original do termo de *sair* para o mundo *queer*, porque também é isso que abraçar a sua identidade *queer* pode implicar, uma emergência alegre para um novo mundo *queer*.

Para tentar descobrir quantas pessoas estão fora do armário no mundo, podemos recorrer à pesquisa publicada em 2019 que estimou o tamanho do armário global, a quantidade de pessoas no mundo que são LGBT+ e escondem a sua orientação sexual.[4] Como seria possível descobrir isso? Os pesquisadores John Pachankis e Richard Bränström usaram o maior banco de dados conhecido de homens e mulheres pertencentes a minorias sexuais no mundo, o European Union Lesbian, Gay, Bisexual and Transgender Survey. O banco de dados incluía mais de 85 mil pessoas que se identificavam como parte de uma minoria sexual, vivendo em 28 países da União Europeia. E, construindo a partir dos padrões que encontraram nesse banco de dados, eles criaram um modo de estimar a ocultação da identidade sexual em outros países usando "um índice objetivo de estigma estrutural por país em todos os países do mundo". É óbvio que isso vai render apenas uma estimativa imperfeita, mas é um começo.

Os pesquisadores avaliam que, globalmente, 83% das pessoas LGBT+ estão no armário. O modelo deles também descobriu diferenças grandes entre áreas geográficas. Para dar alguns exemplos, eles estimam que 94,8% das minorias sexuais no Oriente Médio e no Norte da África estão no armário, 35,4% das pessoas na América Latina e no Caribe e 36,5% no norte da Europa e na Europa ocidental. Infelizmente, os pesquisadores não ofereceram *insights* específicos sobre diferentes identidades sexuais, mas é provável que fatores que afetam a população LGBT+ em um país como um todo também afetarão pessoas bissexuais.

Concentrando-se especificamente na bissexualidade, no Reino Unido a entidade beneficente LGBT+ de Stonewall publicou o seu Relatório Bi em 2020 para resumir os achados da sua pesquisa sobre a experiência de milhares de pessoas que são bi na Grã-Bretanha. Eles descobriram que 80% das pessoas bissexuais em sua amostra não eram assumidos para seus familiares e 64% não eram assumidos para seus amigos. Isso significa que as pessoas bi tinham menos da metade da probabilidade de serem assumidas do que as pessoas *gays* ou lésbicas no estudo. A pesquisa conduzida nos Estados Unidos pelo Pew Research Center em 2019 descobriu resultados similares, com 74% de todas as pessoas bissexuais em sua amostra estando no armário para a maioria ou todas as pessoas importantes em suas vidas, comparado com 29% de lésbicas e 23% de homens *gays*.[5] Além disso, em 2013 o Pew havia descoberto grandes diferenças entre homens e mulheres. Cerca de um terço das mulheres bissexuais disse que elas haviam contado para a maioria das pessoas importantes em suas vidas que eram bissexuais, mas apenas 12% dos homens haviam feito isso.[6]

Infelizmente, isso não me surpreende nem um pouco. Por causa de pessoas como "Pai Anônimo". No verão de 2021, um artigo escrito em uma coluna de confissões de pais para o jornal *Telegraph* foi amplamente compartilhado *on-line*.[7] Pode ser que esse artigo tenha sido um caso de *hate-bait* [isca para ódio], com o jornal apostando que muitas pessoas compartilhariam por causa de como elas ficariam com raiva. Ainda assim, a mensagem central era deprimentemente familiar e muitas pessoas bissexuais *on-line* responderam ao artigo compartilhando as suas próprias histórias de pais bifóbicos. O artigo foi escrito por um homem anônimo que começa o texto com o parágrafo: "Eu não posso conversar com a minha filha ativista de 18 anos sem ficar com raiva. 'Eu gosto de garotas e garotos', ela anunciou recentemente. Ela quis dizer em um sentido romântico. Eu suspirei por dentro. Aqui vamos nós de novo, pensei".

O Pai Anônimo continua dizendo que ele não acredita que a filha é bi porque "como uma jovem adolescente, as paredes do quarto dela estavam cobertas de pôsteres do Robert Pattinson", e porque ela já havia tido um namorado. Eu nunca imaginei que a minha escolha de pôster na infância poderia ser considerada em momento algum, por qualquer pessoa, como um teste decisivo da minha sexualidade. Mas o Pai Anônimo evidentemente estava fazendo anotações.

Seguindo as observações astutas sobre os pôsteres da filha, encontramos uma tentativa rasa de não parecer homofóbico quando ele escreve: "Meus filhos podem ser o que eles quiserem". Como quando as pessoas dizem: "Sem querer ofender, mas", e então prosseguem para imediatamente dizer algo ofensivo, o Pai Anônimo continua: "A questão aqui, e o motivo para a minha exasperação" – porque aparentemente a filha dele sair do armário é sobre ele – "é porque minha filha não gosta de garotas e garotos, ela gosta de garotos. Mas ela diz que se atrai por ambos para pegar mais um bonde ativista, porque, para a geração Z de floquinhos de neve, isso é moda". Eu não gosto da ideia comumente exagerada de que as pessoas mais jovens e as pessoas mais velhas estão sempre em algum tipo de guerra de valores intergeracional, mas para o Pai Anônimo eu não consigo não pensar *Ok, Boomer*.

É possível ver tantos mitos bi mostrarem a cara nessa declaração, incluindo o mito de que a bissexualidade é uma moda, que as pessoas bissexuais estão mentindo, que as garotas que namoraram apenas garotos não podem ser bissexuais, todos escorrendo com uma indicação de que as pessoas que dizem ser bissexuais estão querendo chamar atenção. O triste é que as opiniões do Pai Anônimo não são incomuns, e essas opiniões são uma enorme barreira para sair do armário.

Para muitos também há outras barreiras adicionadas a essas, particularmente em alguns lares religiosos ou conservadores que são abertamente homofóbicos. Não são apenas pais anônimos que pensam e falam – e, nesse caso em particular, *escrevem* – coisas assim. Não são só crianças que podem temer, ou encontrar, familiares como o Pai Anônimo. Pais também podem temer sair do armário.

Segredos de família

Dado o que sabemos sobre o armário bissexual, parece provável que a maioria dos pais bi não são assumidos para seus filhos.

Como Adam, que contou aos pesquisadores: "Eu só estou tentando juntar as palavras. Honestamente, não estou muito certo [...]. Só espero que [meus filhos] me apoiem e que não se sintam enojados [pela minha bissexualidade]". Adam participou de uma pesquisa sobre pais bi nos Estados Unidos conduzida por Jessica Bowling e colegas e publicada em 2017. Adam dando voz ao medo de que seus filhos possam se sentir enojados por sua bissexualidade se conecta ao que costumamos ver quando crianças, até mesmo filhos adultos, expressam um nojo exagerado à mera menção dos pais fazendo sexo.

Existem outros medos racionais que os pais bi podem ter sobre sair do armário. Em um estudo publicado em 2021 pela socióloga Rowan Haus na Universidade da Califórnia, centenas de pais bissexuais responderam se planejavam sair do armário para seus filhos.[8] Os pais que declararam que não planejavam, explicaram que isso era porque a sexualidade deles era vergonhosa, privada ou confusa. Isso não causa supresa à luz de pesquisas anteriores que descobriram que permanecer dentro do armário como pai ou mãe bi tem ligação direta com experiências de bifobia.[9] Sobrecarregados de experiências bifóbicas e tabus familiares e culturais comuns quando o assunto é falar de sexo e sexualidade, não causa surpresa o fato de que muitos pais bi fiquem quietos sobre a sua sexualidade.

Adam não era o único pai bi preocupado em sair do armário. Haus descobriu que havia uma grande disparidade de gênero na sua amostra, com pais bissexuais tendo cinco vezes mais probabilidade do que mães bissexuais a dizer que eles *nunca* sairiam do armário para seus filhos. Estereótipos amplamente difundidos sobre homens bissexuais podem fazer com que seja particularmente difícil para pais bi contar aos filhos sobre sua sexualidade. É claro, mães bi também podem experimentar desafios e preconceito. Um número de estudos sobre mães bi durante e depois da gravidez destaca o valor de se conectar a comunidades de pais LGBT+ para diminuir o apagamento bi que mães em relacionamentos com outro sexo costumam relatar.[10] Ainda assim, em geral, ser um pai bi parece ser mais tabu do que ser uma mãe bi.

Apesar dos medos, Adam contou a Bowling e sua equipe que planejava sair do armário para os filhos, só não havia feito isso ainda porque achava que eles eram muito novos. Ele planejava contar quando tivessem 17 ou 18 anos. Essa ideia foi ecoada por outros pais bi, que disseram *ainda* não ter contado aos filhos, mas que fariam isso quando fossem mais velhos. Se você tem filhos, eu quero avisá-lo sobre ser um perfeccionista do momento certo. Pais podem achar que a hora certa de contar aos filhos nunca chega e perder a oportunidade de sair do armário. Isso pode ser muito infeliz. Como outro pai bi na amostra de Bowling, Al explicou:

> Eu não saí [do armário para meus filhos]. Esse é um desafio que me pega de vez em quando, o que compartilhar e o que não compartilhar. Fui criado em uma família em que nunca falamos de sexualidade. Então, tive esse aprendizado desde cedo para evitar essa discussão. Sei que não é a coisa certa a se fazer. Também fui incapaz de conversar com meus filhos sobre sexualidade quando estavam crescendo. E agora só parece desconfortável de modo geral.

Apesar de Haus ter descoberto em sua ampla pesquisa de 2021 que alguns pais planejavam nunca sair do armário, ela também descobriu que 93% disseram que planejavam contar aos filhos. Muitos pais falam de sua bissexualidade ser uma ferramenta para ensinar sobre diversidade e para ensinar os filhos a serem aliados ou membros da comunidade LGBT+. Como Joey escreveu: "Eu contei aos meus filhos [sobre a minha bissexualidade] em grande parte para mostrar a aceitação de múltiplas orientações", e como Naomi escreveu: "Queremos que nossos filhos celebrem e apreciem a sua orientação, independentemente de qual ela será, então temos que modelar esse comportamento".

Outros saíram do armário porque queriam combater o apagamento bi, e isso tinha um aspecto diferente dependendo da composição de gênero do relacionamento. Por exemplo, como Drew declarou: "É importante para a bissexualidade permanecer visível. Como uma pessoa bissexual em um relacionamento heteronormativo, minha identidade é invisível". Enquanto os filhos de Drew provavelmente presumirão que ele é heterossexual a não ser que ele diga o contrário, Sidney está em um relacionamento com o mesmo sexo e precisa lutar contra os filhos presumindo que ela é lésbica. "Meus filhos têm duas mães. É uma conversa diária."

O motivo único mais comum para os pais saírem do armário para os filhos foi a "honestidade". Muitos pais bi consideram sua sexualidade uma parte importante de sua identidade, então a esconder parece enganoso. Como Haus explica: "Valorizar a honestidade impacta bissexuais de modo diferente do que pais hétero ou *gay* – enquanto todos podem defender a honestidade como um valor de família, apenas bissexuais lidam com a questão de como viver o dia a dia em um relacionamento monogâmico, que pode ser interpretado como enganoso, a não ser que revelem sua bissexualidade para os outros".

Pessoas bissexuais precisam regularmente decidir se saem ou não do armário, sabendo que, se não fizerem isso, provavelmente serão rotuladas erroneamente como hétero ou *gay*. E o que as pessoas devem fazer se forem rotuladas erroneamente por causa de quem elas estão namorando atualmente ou com quem são casadas? Elas corrigem a pessoa ou deixam passar? Se não corrigirem a suposição de alguém, isso significa que estão mentindo sobre sua sexualidade? Se corrigirem a pessoa, estão mesmo preparadas para a conversa? Questões como essas adicionam uma dimensão particularmente complicada em sair do armário como bissexual. Isso é amplificado em cenários nos quais falar sobre sexualidade já é um tabu.

Inclusive no trabalho.

Trabalhe isso

Você conhece alguém que é abertamente bissexual no trabalho? Se não, então não está sozinho.

Em um relatório do Trades Union Congress do Reino Unido publicado em 2019, que pesquisou 1.151 trabalhadores adultos LGBT+ que haviam trabalhado nos últimos cinco anos, "Uma das descobertas mais impressionantes foi que mais de quatro a cada dez trabalhadores bi não eram assumidos para ninguém no trabalho". Isso comparado a apenas 1,5 a cada dez lésbicas e homens *gays*. Uma pesquisa conduzida em 2017 por uma equipe norte-americana encontrou um resultado similar: cinco a cada dez pessoas bissexuais na amostra dos Estados Unidos não haviam revelado sua orientação sexual no trabalho.[11]

A socióloga húngara Judit Takács escreveu que empresas que se identificam como amistosas ao público LGBT+ costumam alegar que não precisam de políticas LGBT+ específicas, porque não há pessoas LGBT+ que trabalham lá. Isso também poderia ser dito de organizações que acreditam não precisar de mensagens especificamente bi, porque há uma suposição de que não há pessoas bi trabalhando lá. Mas isso não faz sentido, argumenta Takács. Certamente em empresas maiores, "Elas estão lá, só não mostram seu rosto verdadeiro para você, porque você não merece isso".[12] Eu gosto do modo como ela enquadrou isso com os empregadores não merecendo que os empregados saiam do armário, em vez de colocar esse fardo sobre os empregados.

Descobri que a maneira mais provável pela qual fico sabendo que alguém é bi no trabalho não é por causa de uma revelação espontânea, ou porque uma situação deixa claro que a pessoa provavelmente é bi, mas porque compartilho minha própria identidade bi com ela. Isso leva a um tipo de revelação recíproca.

No trabalho nós precisamos muitas vezes criar interações seguras para encorajar o que os psicólogos organizacionais têm chamado amplamente de "autenticidade". Isso pode soar como algo em que você passa tempo demais pensando no Burning Man*, mas nesse contexto simplesmente significa não ter que esconder as partes importantes de quem você é. Em círculos corporativos isso às vezes é chamado de "ser capaz de estar inteiramente presente no trabalho", e é assim que a autenticidade ajuda as pessoas a estabelecer relacionamentos mais profundos e aumenta a confiança e a cordialidade entre colegas.

Mas também há o dilema da revelação. Por um lado, sair do armário oferece alguns benefícios psicológicos, por outro pode render – paradoxalmente – danos psicológicos. Isso foi demonstrado em uma pesquisa publicada em 2017 sob o título engenhoso de "To 'B' or not to 'B'" [Ser Bi ou não Ser Bi].[13] Os dois pesquisadores de negócios e economia que conduziram o estudo, David Arena e Kristen Jones da Universidade de Memphis, descobriram que havia uma hesitação mais forte para as 109 pessoas bissexuais na sua amostra dos Estados Unidos para saírem do armário no trabalho, comparado aos 95 homens *gays* e 97 mulheres lésbicas que fizeram parte do estudo. Essa hesitação maior, argumentaram os pesquisadores, provavelmente é explicada em parte pela discriminação dupla tanto de pessoas heterossexuais como de homossexuais.

Isso é interessante, mas é o segundo estudo conduzido por esses pesquisadores que realmente chamou minha atenção. Arena e Jones recrutaram 512 participantes heterossexuais que tinham em média 34 anos para o seu segundo estudo – cerca de metade eram mulheres e metade eram homens. Foi pedido aos participantes que assumissem a perspectiva de um comitê de contratação da empresa buscando contratar um novo empregado. Em seu falso papel de contratação, o participante

---

* Maior festival de contracultura do mundo que ocorre todos os anos no deserto de Black Rock, no estado americano de Nevada. (N. do T.)

recebeu o currículo e a carta de intenção de um candidato ao emprego. Os participantes tinham que ler a inscrição e avaliar o candidato em vários critérios, incluindo opinar se a informação divulgada na inscrição era apropriada, se achavam que a pessoa era qualificada, se a pessoa seria uma boa escolha para a organização, qual a probabilidade de que a pessoa ser contratada e qual o salário inicial apropriado para essa pessoa.

Sem que os participantes tivessem conhecimento, os pesquisadores queriam saber se teria importância o fato de o falso candidato ser bissexual. Para testar essa influência, os pesquisadores deram a cada participante o mesmo currículo, mas a carta de intenção tinha uma pequena modificação que alterava se o falso candidato era *gay* ou bissexual ou não revelava sua sexualidade. Alguns receberam uma carta com a frase "Como um homem *gay*, encontrei alguns desafios para ganhar o respeito e a cordialidade dos meus colegas", e outros com a frase "Como um homem bissexual" ou "Como um homem obstinado". É uma pequena mudança que não deveria ter impacto nenhum se alguém é visto como qualificado para um emprego, certo?

Os pesquisadores descobriram que "Simplesmente revelar a bissexualidade pode levar a uma série de resultados negativos no que diz respeito ao emprego". Candidatos bissexuais foram avaliados com notas mais baixas do que os outros candidatos em várias medidas. Por quê? Porque a revelação bissexual foi vista como significativamente menos "apropriada" do que a revelação *gay*. A carta de intenção do homem bi foi avaliada como mais inapropriada do que a carta do homem *gay*, e ambas foram avaliadas como menos apropriadas do que a do homem obstinado. Isso provavelmente se deu por causa de todas as coisas que já discutimos, incluindo a visão que as pessoas têm da bissexualidade como algo sexual e pessoal, em vez de uma identidade. Dizer em uma carta de apresentação que você é bissexual pode ser lido por alguns como dizer, sem ser perguntado, que você gosta de sexo a três... o que *seria* algo descarado de se dizer em uma inscrição para um emprego.

Isso significa que os candidatos sofriam um tipo de penalidade da bissexualidade. Se o candidato ao emprego compartilhava a informação "inapropriada" de que era bissexual, isso tinha um efeito em cadeia nos outros aspectos da decisão sobre se a pessoa seria uma boa escolha. Isso incluía receber as menores ofertas de salário. Em média, o salário inicial recomendado para candidatos bissexuais foi de US$ 30.126,99, para candidatos *gays* foi de US$ 33.183,10 e, para aqueles que não mencionaram a sexualidade, foi de US$ 35.555,19. Isso se traduz em uma penalidade de 15% no salário para os candidatos abertamente bissexuais.

Em algumas partes do mundo é ilegal, em contextos específicos, discriminar pessoas com base em sua orientação sexual, inclusive por serem bissexuais. Em 2021, isso incluía todos os membros da União Europeia, o Reino Unido, os Estados Unidos e o Canadá. No contexto do trabalho, isso vem com certas proteções contra ser, por exemplo, demitido ou assediado por causa de sua orientação sexual.

Na União Europeia, a discriminação com base na orientação sexual em determinados contextos foi proibida como resultado da General Framework for Equal Treatment Directive [Diretiva do Plano Geral para a Igualdade de Tratamento] de 2000 – que também tornou ilegal a discriminação com base em religião e crença, deficiência e idade (as discriminações por raça e sexo já eram proibidas). Isso foi implementado pelo Reino Unido em 2003 por meio das Regulações de Igualdade (Orientação Sexual) de Contratação e, mais recentemente, pelo Ato de Igualdade de 2010. Uma pesquisa conduzida logo antes da implementação de 2003 havia descoberto que 26% dos representantes sindicais haviam lidado com reclamações de assédio ou discriminação relacionada à orientação sexual.[14]

Porém, nos Estados Unidos, a proteção contra a discriminação de orientação sexual no local de trabalho em âmbito federal só foi reconhecida pela Suprema Corte em 2020. Até pouco tempo atrás, as pessoas tinham que argumentar que estavam sendo discriminadas sob o Título VII do Ato de Direitos Civis de 1964, que (dentre outras coisas) estipula que é ilegal discriminar empregados por causa da distinção de sexo. Isso levou ao que Thomas Lloyd, acadêmico de direito da Universidade Fordham, tem chamado de "um absurdo estatutário" – a defesa do assediador bissexual.[15]

De acordo com Lloyd, "Essencialmente, quando um homem assedia sexualmente as mulheres no local de trabalho, o que seria considerado discriminação de sexo, o homem pode alegar que ele também assedia homens de igual maneira e, portanto, não discrimina com base no sexo. Na realidade, o assediador bissexual é imune de alegações sob o Título VII, em vez de ser sujeito a alegações por vítimas mulheres e homens". Isso não faz nenhum sentido moral, mas faz algum sentido legal. A discriminação de sexo exige que você trate as pessoas de modo diferente por causa do sexo delas, então se você puder mostrar que trata homens e mulheres de modo igual, então não está discriminando. Na prática, aponta Lloyd, isso significa que alguém poderia escapar da responsabilidade legal (pela discriminação por sexo, não pela discriminação por orientação sexual) ao duplicar o dano.

Apesar de esse ser um curioso exercício de raciocínio legal, o que é muito mais importante é que as pessoas bissexuais têm uma probabilidade desproporcionalmente maior a serem alvo de assédio no trabalho. Esse é outro custo em potencial de sair do armário. No relatório TUC de 2019, eles descobriram níveis assustadoramente altos, com 30% das pessoas bissexuais na sua amostra vivenciando toques indesejados (por exemplo, colocar as mãos na parte inferior das costas ou no joelho), 21%

vivenciando abuso sexual (por exemplo, toques indesejados nos seios, nas nádegas ou nos genitais), ou tentativas de beijar, e 11% relatando que haviam sido seriamente abusados sexualmente ou estuprados no local de trabalho. Os impactos disso para os indivíduos e para a organização foram enormes – além de ter um efeito prejudicial na saúde em geral e na saúde mental, 12,5% das pessoas bissexuais que foram vítimas de assédio sexual deixaram seus empregos.

Isso não precisa acontecer.

Empregadores em particular precisam se esforçar para integrar e proteger trabalhadores bissexuais. A aliança do empregador é mais do que ter uma fachada arco-íris. Se você está cobrindo as suas paredes com arco-íris, mas não está realizando nenhuma ação para deixar seu local de trabalho mais seguro, então sua aliança é uma farsa. Como diz o famoso *slogan* das sufragistas, precisamos de atos, não de palavras. Também precisamos de aliados, não só outras pessoas bissexuais lutando do lado bi, porque o trabalho de criar um local de trabalho inclusivo para pessoas LGBT não deveria ser um segundo emprego não remunerado para pessoas *queer*.

Um primeiro passo importante é perceber que empregados bissexuais são mais propensos a enfrentar diferentes preocupações e desafios no trabalho do que seus colegas *gays* e lésbicas. Como Arena e Jones sugerem, "Um passo crítico ao fomentar esse ambiente é primeiro reconhecer a autenticidade da bissexualidade como uma identidade válida e concreta". Para fazer isso, "organizações devem ter consciência para serem inclusivas e solidárias ao promover culturas que aceitam explicitamente a bissexualidade. Isso poderia ser alcançado por meio de sensibilidade e educação sobre os problemas associados com a discriminação da bissexualidade em formações de diversidade". Isso também pode ajudar a prevenir o assédio sexual, porque legitima a bissexualidade e a retira de um espaço perigosamente sexualizado. Como parte desse esforço, não deixar a bissexualidade ser absorvida e sumir na conversa maior sobre questões LGBT+, ela precisa de seu próprio espaço.

Quanto à sua intervenção individual para deixar locais de trabalho mais seguros, o que isso pode ser vai depender inteiramente da sua posição dentro de uma organização, a sua (in)dependência financeira e outras circunstâncias de vida.

Eu estou em uma posição de sorte porque tenho certo poder de barganha. Recentemente comecei a mobilizar esse poder para ser mais autêntica em contextos de trabalho. Agora eu menciono que sou bissexual muito mais rápido com novos colegas ou em entrevistas de trabalho. Menciono como um detalhe, como se fosse a coisa mais natural do mundo. Isso me faz sentir empoderada na minha sexualidade em vez de tratá-la como se fosse algo nojento que preciso esconder. Também funciona como um teste decisivo porque se as pessoas reagirem com desconforto – ou pior – quando menciono que sou bissexual, então esse provavelmente não será um local de trabalho no qual eu vou prosperar. Agora que conheço a liberdade da autenticidade bissexual no trabalho, acho que nunca mais volto atrás.

Então, *se* você puder ser abertamente bi no trabalho, por favor, seja. Faça isso por todas as pessoas que não podem ou ainda não puderam estar inteiramente presentes no trabalho. Faça isso por seus colegas mais novos, e aqueles com menos privilégios ou poder. Isso faz uma diferença maior para você e seus colegas do que você imagina e permite que lute contra a penalidade bissexual no trabalho.

Não é só no trabalho e em casa que as pessoas bissexuais estão no armário. Stonewall relata que "pessoas bi tem menos probabilidade de estarem fora do armário... em todos os aspectos da vida cotidiana, seja em casa, na formação, no trabalho, ou como parte de uma comunidade de fé".[16] Isso importa não só nesses contextos, mas também para a saúde mental dos indivíduos. Como pesquisadores do estudo global sobre o armário, Pachankis e Bränström escrevem: "A ocultação da orientação sexual pode ocasionar custos profundos à saúde mental e física".[17] Dado que pessoas bissexuais têm mais probabilidade a ficarem no armário, parece razoável esperar que essas consequências à saúde física e mental afetem desproporcionalmente mais as pessoas bissexuais.

Perturbados

As consequências do grande armário bissexual são profundas. Isso é particularmente verdade para o que o sexólogo Fritz Klein teria chamado de pessoas bissexuais "perturbadas". Isso inclui pessoas bissexuais que têm dificuldades com sua sexualidade, talvez querendo se assumir, mas sem conseguir fazer isso.

Curiosamente, nos muitos estudos que li sobre a saúde mental de pessoas bissexuais era comum lamentar a ausência de pesquisas primárias sobre o tópico, mas, quando busquei por pesquisas, encontrei uma abundância. Porém, não acho que é útil tentar criar um perfil psicológico das pessoas bissexuais, porque isso pode ter um efeito errôneo de "othering" (alteridade), ou tratar o outro como diferente. Quer dizer, você consegue imaginar o quanto as pessoas protestariam a criação de um perfil de personalidade heterossexual? *Ah sim... o heterossexual tem inteligência média, é um pouco ansioso e costuma sofrer ilusões de...* Não. Isso nunca aconteceria. E não deveria acontecer para as pessoas bissexuais. Esses perfis psicológicos não poderiam conter as multitudes que as sexualidades representam.

Ainda assim continua sendo importante explorar o porquê de as questões de saúde mental afetarem desproporcionalmente mais as minorias sexuais. Acho que a melhor maneira de abordar isso seja através das lentes da ortopsiquiatria, um campo interdisciplinar que se preocupa com a intersecção da saúde mental, da justiça social e dos direitos humanos e tem um foco específico na prevenção de transtornos mentais e na restauração da saúde mental.[18] Em vez de pintar indivíduos como unicamente responsáveis por seu próprio bem-estar mental, a premissa dessa abordagem é que a saúde mental dos indivíduos depende do seu contexto social.

Em 2019, o pesquisador em início de carreira Chaïm la Roi e colegas publicaram uma pesquisa sobre as diferenças nas "dimensões da identidade sexual" entre bissexuais e outros indivíduos de minorias sexuais no *American Journal of Orthopsychiatry*.[19] Eles descobriram que a pesquisa sobre a saúde de minorias sexuais costuma reunir dados de todos os tipos de minorias sexuais, obscurecendo os fatores de risco únicos de grupos específicos. Quando desagregados, "Indivíduos bissexuais têm um risco comparativamente mais alto de problemas de saúde mental como pensamentos suicida, sintomas depressivos e outros transtornos de humor e ansiedade". Relacionada às altas taxas de ansiedade e depressão, uma pesquisa publicada em 2020 também descobriu um risco maior de automutilação não suicida entre pessoas bissexuais.[20] Mas por quê?

Como muitos outros acadêmicos, la Roi e colegas argumentaram que isso tem a ver com as "particularidades da identidade sexual" e que essas particularidades estão quase que inteiramente relacionadas ao tratamento de pessoas bissexuais, em vez de a algum tipo de fator psicológico prejudicado que é inerente às próprias pessoas bissexuais. Há quatro fatores que têm recebido uma atenção especial dos pesquisadores.

Primeiro, as pessoas bissexuais sofrem discriminação dupla. Isso significa que elas sofrem bifobia não só da comunidade heterossexual, mas também de membros da comunidade *queer*. Uma pesquisa com 745 participantes que se autoidentificaram como bissexuais feita por

Tangela Roberts e colegas, publicada em 2015, descobriu que "pessoas bissexuais sofrem monossexismo, o privilégio da atração sexual a um único sexo ou gênero, de comunidades heterossexuais, *gays* e lésbicas".[21] Apesar de a bifobia ter sido maior nas interações de pessoas bissexuais com heterossexuais, foi só um pouco mais do que as pessoas relataram sofrer de pessoas *gays* e lésbicas. Os tipos específicos de bifobia que as pessoas são mais propensas a sofrer se relacionam ao "preconceito antibissexual", incluindo que a bissexualidade é uma "fase" e que as pessoas bissexuais são sexualmente irresponsáveis.[22]

Segundo, como já discutimos, as pessoas bissexuais têm menos probabilidade de sair do armário. Como vimos, fatores relacionados à discriminação dupla significam que as pessoas bissexuais lidam com o estigma que vem com a identidade bi de um modo particularmente complexo, e isso resulta nas pessoas bissexuais tendo menos probabilidade de sair do armário do que outras minorias sexuais. Isso nem sempre significa que as pessoas bissexuais se apresentam como hétero – elas podem ter mais probabilidade de se apresentarem como lésbicas ou *gays* em ambientes *queer*.[23] Isso é uma má notícia, porque níveis mais altos de ocultação da identidade sexual estão associados com um bem-estar psicológico menor e mais sintomas depressivos em geral.[24] Tanto para a discriminação dupla quanto para o "estar fora do armário", focar mitos sobre bissexualidade, particularmente nas escolas e com o público em geral, provavelmente ajudará a melhorar a saúde mental das pessoas bissexuais.

Terceiro, as pessoas bissexuais são mais isoladas em comparação a outras minorias sexuais. Elas têm menos probabilidade de buscar, e pertencer, a comunidades *queer*.[25] Isso é um problema porque as comunidades *queer* são um amortecedor contra o impacto da discriminação e estão geralmente relacionadas a uma saúde melhor e resiliência em indivíduos de minoria sexual. Fracassar em fazer parte desses grupos dificulta a adaptação de pessoas bissexuais ao estigma da orientação sexual. Porque a discriminação também pode vir dos próprios grupos LGBT+, grupos e espaços específicos para bissexuais podem oferecer benefícios importantes para pessoas bissexuais. Comunidades bissexuais *on-line* podem oferecer um espaço seguro particularmente acessível para esse fim.[26]

Quarto, pessoas bissexuais têm dificuldades com a bifobia internalizada. Elas têm mais probabilidade do que pessoas de outras minorias sexuais a não terem certeza sobre a sua identidade sexual e a enxergarem sua bissexualidade como "não muito importante". De modo não surpreendente, pessoas com taxas mais altas de bifobia internalizada têm saúde mental pior. Uma ampla pesquisa australiana publicada em 2019 descobriu que níveis mais altos de bifobia internalizada predizem um estresse psicológico maior.[27]

Todos esses fatores fazem com que seja mais provável que pessoas bissexuais tenham uma saúde mental pior. Se o mundo está constantemente dizendo que uma parte sua não é real, ou que ela é vergonhosa, é difícil não deixar que isso mexa com você às vezes.

E quando pessoas bissexuais buscam serviços de saúde mental, os resultados também são preocupantes. Um dos maiores estudos sobre pessoas bissexuais até o momento foi publicado em 2021 e incluiu 2.651 australianos que se identificam como bissexuais. Os pesquisadores analisaram o acesso a, e as experiências com, serviços de saúde mental e descobriram que "Apesar dos altos níveis de engajamento em serviços de saúde mental, barreiras para o cuidado ainda existem para pessoas bissexuais". Eles descobriram que muitas pessoas bissexuais não se sentem capazes ou seguras para revelar que são bissexuais para os profissionais de saúde mental. Dentre aqueles que se assumem nesses ambientes, metade tem uma boa experiência, enquanto "49% dos respondentes sentiram que os profissionais de saúde mental em geral tinham pouco ou nenhum conhecimento sobre como trabalhar com pessoas bissexuais".[28]

Além disso, uma pesquisa sobre o preconceito antibissexual descobriu que as experiências de discriminação de "Bissexuais e outros indivíduos não monossexuais" podem ser aditivas, com base em outras facetas marginalizadas da identidade, incluindo raça/etnia, gênero e *status* socioeconômico".[29] Essa interseccionalidade pode levar a camadas de estigma. Por causa da liminaridade da bissexualidade, em outras palavras, porque muitas vezes ela é percebida como existindo *entre* os mundos heterossexual e homossexual, ela tem algumas sobreposições interessantes com pessoas que se sentem *entre* mundos sociais em outros contextos.

Bidiversidade

As possibilidades para o empilhamento de estigma e preconceitos são vastas. E não é o suficiente dizer que, como uma mulher bissexual, eu enfrento bifobia além do sexismo, porque há coisas específicas sobre ser uma *mulher bissexual* que não podem ser separadas. Se você se esforçar muito, talvez seja possível separá-las, mas a maioria das pessoas que recebem uma parte de mim vai receber pelo menos um pouquinho de cada camada, embora em diferentes quantidades toda vez. Para nos ajudar a explorar essa ideia de camadas de identidades, vou apresentar três retratos de vidas bissexuais interseccionais.

O primeiro é um retrato de uma pesquisa sobre a intersecção de ser homem, bissexual e uma pessoa não branca. Pesquisadores descobriram repetidas vezes que homens negros, latinos e chineses, que têm comportamento bissexual, são particularmente mais propensos a estarem no armário em relação à sua bissexualidade e costumam ser particularmente relutantes em se identificar como bissexuais em primeiro lugar. Além disso, uma pesquisa sobre aplicativos de encontros sociais *queer* e outros ambientes *on-line* de encontros tem demonstrado que além da discriminação dupla da bifobia, as pessoas bissexuais não brancas *também* são mais propensas a sofrer racismo sexual e objetificação sexual.[30] Aliado a isso, porque homens *queer* dessas comunidades têm mais probabilidades de serem isolados das comunidades *queer* e têm um acesso pior à informação de saúde sexual relacionado a sexualidades *queer*, também há um risco aumentado de fazer sexo de alto risco e contrair DSTs (doenças sexualmente transmissíveis) como o HIV.[31]

Apesar da importância de entender essas interseccionalidades, pesquisas sobre as experiências de pessoas bi não brancas são incrivelmente limitadas. A própria pesquisa também costuma ser estigmatizante. Por exemplo, provavelmente o mais numeroso conjunto literário sobre pessoas bissexuais não brancas é sobre o risco da transmissão de HIV de homens que fazem sexo com homens. Mas o foco não é nem na saúde dos homens com comportamento bissexual, mas desproporcionalmente nas parceiras mulheres heterossexuais que eles infectam. Os homens bi não são vistos como seres humanos vulneráveis, e em vez disso são ainda mais estigmatizados como pontes de HIV, transferindo o HIV da comunidade homossexual para a comunidade hétero.

É difícil navegar essa literatura e não ficar com raiva. Lori Ross também não estava satisfeita com o estado da pesquisa sobre pessoas bissexuais não brancas.[32] Ross é uma pesquisadora na Universidade de Toronto e tem passado um tempo considerável trabalhando nas necessidades e nos serviços de saúde mental de populações marginalizadas. Como outros acadêmicos canadenses que estudam pessoas *queer*, Ross costuma usar a sigla "LGBTQ2S+" quando fala do seu trabalho, em que "2S" significa "dois espíritos". A acadêmica indígena Margaret Robinson, que se identifica como dois-espíritos e bissexual, explicou da seguinte maneira: "Dois-espíritos, uma tradução do termo ojíbua *niizh manidoowag*, é uma identidade que emergiu em 1990 para descrever pessoas de um terceiro ou quarto gênero em culturas indígenas (por exemplo, primeiras nações, mestiços de brancos e índios, inuítes, indígenas americanos e nativos do Alasca) ao longo do que atualmente é chamado de América do Norte".[33] Como entendi, isso inclui pessoas que se identificam como tendo um espírito que é masculino e feminino. Está relacionado, mas é diferente, da ideia de uma pessoa ser não binária.

Lori Ross queria especificamente analisar a representação de pessoas bissexuais não brancas na pesquisa de saúde mental. Ela descobriu que, apesar de muitos pesquisadores alegarem terem alguma representação de pessoas bissexuais não brancas em suas amostras, quase nenhum deles separa esses dados para dar qualquer ideia de como questões bissexuais podem ser vividas de modo diferente dependendo da etnia. Como ela escreve, ao longo de 324 artigos, "apenas 7% relatou resultados para pessoas bi não brancas separadamente dos participantes brancos e outros grupos de minoria sexual". Isso significa que, além de ter a sexualidade engolida pela sigla LGBTQ2S+, a etnia também foi apagada. Como Ross e colegas escreveram, "Pessoas bissexuais não brancas vivem com uma intersecção complexa de identidades, enfrentando a negatividade bi, o racismo e a invisibilidade", e houve apenas uma ênfase marginal em pessoas não brancas na pesquisa de saúde mental com bissexuais, sem progresso significativo ao longo das últimas duas décadas. O resultado disso não é que não existam pessoas bi não brancas nos estudos da bissexualidade, mas que as experiências únicas de pessoas não brancas costumam ser homogeneizadas na amostra maior.

Essa ausência de pesquisas sobre as necessidades e os desejos únicos de pessoas bi não brancas é repercutida na sua falta de representação na maioria dos espaços e eventos bi. Como uma amiga bi, que é indiana-britânica, me contou quando perguntei se ela fazia parte de alguma comunidade bi ou se já havia participado de uma Parada Bi: "Não. Eu nunca senti que elas eram para mim". Nós voltaremos a esse ponto quando discutirmos espaços bissexuais no Capítulo 7.

Vamos considerar um segundo retrato: ser jovem, bissexual e uma pessoa com deficiência. Pessoas *queer* com deficiência costumam sofrer um estigma em camadas que significa que elas são obrigadas a trabalhar contra as forças da heteronormatividade e do capacitismo.[34] Como o pesquisador Alex Toft escreveu em 2020, "Se os desafios rotineiros de uma pessoa bissexual partem da falta de uma definição precisa, então os desafios de uma pessoa com deficiência em relação à sexualidade partem da dessexualização de pessoas com deficiência, o que leva a uma negação de educação e apoio".[35]

Toft descobriu que narrativas em torno da bissexualidade e da deficiência se sobrepunham de três modos. Primeiro, era comum as pessoas entenderem errado tanto a bissexualidade dos participantes como a sua deficiência, e como uma coisa se relacionava com a outra. A justaposição da hipersexualização da bissexualidade misturada com a dessexualização da deficiência costuma levar a um apagamento da identidade sexual. Segundo, indivíduos sentiam que precisavam provar o tempo todo e, portanto, validar tanto sua deficiência como sua bissexualidade para os outros. E terceiro, eles falaram sobre como, mesmo se as pessoas aceitassem as suas identidades, elas queriam "consertar" ambas. Um participante chamado Tom explicou como havia um paralelo e uma interação entre sua bissexualidade e sua deficiência: "Meus pais acham que a minha sexualidade veio do Asperger e, quando eu saí do armário, eles só disseram que é uma coisa na qual podemos trabalhar juntos. Eles falam a mesma coisa sobre o autismo: 'Vai ficar tudo bem, estão fazendo coisas incríveis na medicina hoje em dia'".

Os participantes e Toft enfatizam que isso não é uma Olimpíada das opressões. Em várias situações, as jovens pessoas com deficiência deram exemplos de como trabalharam para romper com as normas e desmantelar suposições opressoras. Quando a sua bissexualidade ou deficiência era apagada, muitos encontraram uma maneira de serem explícitos sobre suas identidades e recusaram serem diagnosticados como patologias ou lastimados. Como outra participante chamada Amy disse, em vez de tentarem mudá-la, as pessoas que a abordavam com visões preconceituosas precisavam "mudar a si mesmas". Por fim, Toft reivindica uma "aliança de pessoas bissexuais e com deficiência" porque, no fim das contas, ambas estão, de modos diferentes, mas relacionados, desconstruindo conceitos de "normalidade".

E como um terceiro retrato das camadas de identidades, vamos considerar pessoas que são trans e bi. A politização de corpos trans tem sido parte de uma guerra cultural que tem transformado pessoas trans em bodes expiatórios para o desconforto em torno da maleabilidade de gênero. A violência, a acrimônia e a percepção do direito ao preconceito e a "vilanização" de pessoas que só querem viver suas vidas nos corpos identificados por elas como os corpos certos são espantosos. Exceto que isso também parece decepcionantemente previsível, porque muitas pessoas, de modo inerente, contrariam aqueles que são vistos como diferentes, presumem que pessoas que eles têm dificuldade para entender são inerentemente uma ameaça e não gostam de mudanças nas suas ideologias sobre gênero e sexo.

O motivo pelo qual a aliança entre pessoas trans e bi é tão natural é porque ambas representam uma fluidez e uma destruição dos binários que deixam as pessoas desconfortáveis. O que há de camadas nas pessoas trans e bi é que elas estão destruindo ambos os binários de uma vez. Como a escritora Mey Rude escreveu em 2018 sobre a sua própria experiência de transição para mulher, e passar de monossexual a se identificar como bissexual:

> Eu achei que havia escapado da parte da minha vida em que tinha que fingir ser uma coisa que eu não era. Quando saí do armário pela primeira vez como uma lésbica trans, parei de fingir que era um homem, e parei de fingir que era hétero. Achei que estava livre para ser a mulher *queer* que sou. Em vez disso, fiquei tão boa em fingir que *não era* bi que, quando pensei sobre gostar de homens, comecei a me odiar. Todo dia em que declaro com orgulho "Eu sou bissexual" é uma luta contra isso.
>
> Sou bissexual. Sou mulher e sou trans e sou bissexual. E gosto de ser essas coisas. Eu amo ser essas coisas.[36]

É apenas quando discutimos e analisamos essas interseccionalidades que podemos começar a enxergar de verdade como experiências diferentes de ser bissexual podem ser para as pessoas. Só então podemos criar uma imagem mais adequada da bissexualidade.

Por que nós?

Agora levarei você para uma questão que seria negligente da minha parte se não incluísse neste capítulo. É uma questão pesada e, tendo passado por situações desse tipo eu mesma, fico apreensiva ao escrever sobre ela.

Como a acadêmica de relacionamentos não tradicionais Christian Klesse escreveu em 2011, pessoas bissexuais costumam ser caracterizadas como "pessoas desonestas, parceiros não confiáveis e vadias promíscuas".[37] Pessoas bissexuais são vistas como excessivas, e essas atitudes bi negativas podem resultar em problemas de relacionamento, bem como em violência sexual.

A taxa de violência sexual contra pessoas bissexuais, especialmente mulheres bissexuais, é alarmante. Violência sexual contra qualquer pessoa é uma tragédia e não é menos ou mais importante se acontecer com uma pessoa bissexual do que com uma pessoa monossexual. Mas se quisermos entender e prevenir a violência sexual, é útil considerar quais são as estatísticas e por que são tão altas. A Pesquisa Nacional sobre Violência Íntima Entre Parceiros do Centro de Controle de Doenças, publicada em 2010, relatou que para todas as pessoas LGBT+ há uma estatística, um índice maior de violência sexual do que para os heterossexuais, e que "Mulheres bissexuais são desproporcionalmente impactadas. Elas sofrem uma prevalência significativamente maior ao longo da vida de estupro, violência física e/ou perseguição por um parceiro íntimo, e estupro e violência sexual (que não seja o estupro) por qualquer perpetrador, quando comparado a mulheres lésbicas e heterossexuais".

Aqui estão algumas outras estatísticas deprimentes dessa pesquisa:

- 61% das mulheres bissexuais, 44% das mulheres lésbicas e 35% das mulheres heterossexuais sofreram estupro, violência física e/ou perseguição por um(a) parceiro(a) íntimo(a) em algum momento na vida.
- 37% dos homens bissexuais, 29% dos homens heterossexuais e 26% dos homens *gays* sofreram estupro, violência física e/ou perseguição por um(a) parceiro(a) íntimo(a) em algum momento na vida.
- Aproximadamente 1 a cada 5 mulheres bissexuais (22%) e quase 1 a cada 10 mulheres heterossexuais (9%) foram estupradas por um(a) parceiro(a) em algum momento da vida.

- Entre as vítimas de estupro, mulheres bissexuais sofreram estupro mais cedo na vida em comparação com mulheres heterossexuais, com 48% tendo sido estuprada pela primeira vez entre 11 e 17 anos.
- A taxa de perseguição contra mulheres bissexuais é mais do que o dobro da taxa entre mulheres heterossexuais e afeta mais de 1 a cada 3 mulheres bissexuais (37%).
- Uma porcentagem maior (48%) de mulheres bissexuais relatou sentir preocupação por sua segurança ou ter sido machucada como resultado de violência íntima do(a) parceiro(a) do que mulheres lésbicas ou heterossexuais.

Outro relatório dos Estados Unidos publicado em 2019 encontrou de modo similar que 63% das mulheres bi relataram ter sofrido estupro em algum momento da vida. Eles também descobriram que, ao levar em consideração outras características sociais, incluindo raça, educação, renda e se a pessoa estava fora do armário, a orientação sexual era um indicador independente da agressão sexual. O que é pior, eles descobriram que as chances de vitimização sexual repetida eram particularmente altas. Mulheres bi tinham 7,3 vezes mais chances de serem agredidas repetidamente do que mulheres heterossexuais.[38]

No Relatório Bi de Stonewall de 2020, o período foi diferente do que foi utilizado no estudo dos Estados Unidos. Em vez da prevalência ao longo da vida, a pesquisa questionou as pessoas sobre a violência sexual no último ano. De acordo com a pesquisa, as taxas foram menores. Ainda assim, Stonewall descobriu que, no Reino Unido, 13% das mulheres bi, 12% dos homens bi e 17% das pessoas não binárias haviam enfrentado abuso íntimo por um(a) parceiro(a) no ano anterior ao da pesquisa.[39] Isso é muito maior do que na população em geral. Para fazer uma comparação, achados do Escritório de Estatística Nacional do Reino Unido indicam que 7,9% das mulheres e 4,2% dos homens na população geral sofreram abuso doméstico de um(a) parceiro(a) durante o ano, até março de 2018.[40] Se esses ataques estavam diretamente relacionados à bissexualidade, costuma ser difícil para as vítimas saberem, mas, quando perguntadas, 42% sentiram que a sua orientação sexual pode ter sido um fator motivacional para que sofressem contato sexual indesejado.

Em outro estudo com mais de 6 mil estudantes em *campi* universitários dos Estados Unidos, mulheres bissexuais tinham duas vezes mais chances de sofrer agressão sexual do que mulheres heterossexuais. E quando eram agredidas, mulheres bi perceberam que a resposta da universidade e dos outros estudantes era menos positiva e se sentiram mais abandonadas pela comunidade universitária do que as mulheres heterossexuais.[41]

Um artigo publicado em 2017 intitulado "Why Us?" ["Por Que Nós?"] propôs alguns dos motivos para a agressão sexual de pessoas bissexuais. A hipersexualização é um possível motivo, argumentam as acadêmicas de psicologia do aconselhamento Nicole Johnson e MaryBeth Grove. "Por meio dessa hipersexualização, a identidade bissexual de uma mulher se torna um veículo por meio do qual ela é desumanizada e tem interferências negadas, é diminuída a uma alegoria no repertório de fantasias sexuais do homem hétero e, consequentemente, é abrigada na psique do homem hétero como um objeto sexual constantemente disposto."[42] Seguindo essa linha, em 2020 a pesquisadora de saúde das minorias sexuais Christina Dyar e colegas relataram que mulheres bissexuais vítimas de agressão sexual eram vistas como mais promíscuas do que vítimas lésbicas e heterossexuais. "Perceber a vítima como mais promíscua era associado com perceber a vítima como mais responsável, como querendo mais fazer sexo com o perpetrador, com 'ter provocado o perpetrador' mais, e com menos sofrimento, e como percebendo o perpetrador como menos responsável."[43] Isso significa que mulheres bissexuais não apenas têm mais probabilidade de serem agredidas, mas, quando são agredidas, elas têm mais chances de serem culpadas pela violência que foi perpetrada contra elas.

Isso, Christian Klesse argumentou, "é complicado ainda mais pela intersecção de conversas sobre promiscuidade com discursos sobre raça/etnia e classe. Os regimes de violência que andam de mãos dadas com a estigmatização por meio de alegações de promiscuidade policiam o comportamento sexual de mulheres, fazendo com que seja mais difícil para mulheres de determinadas posições saírem do armário ou saírem e se socializarem em determinados contextos culturais."[44] Todas as camadas que discutimos anteriormente importam quando o assunto é agressão sexual.

Outro fator que Johnson e Grove argumentam estar relacionado às taxas elevadas de violência sexual é a incidência maior de uso de substâncias entre pessoas bissexuais. Isso foi descoberto em numerosos estudos. Por exemplo, um estudo de 126.463 adultos nos Estados Unidos publicado em 2020 descobriu que, em comparação a mulheres heterossexuais e lésbicas, "mulheres bissexuais tinham chances significativamente elevadas de exagerar na bebida alcoólica, usar maconha, drogas ilícitas, fazer mal uso de opioides e ter transtornos relacionados ao álcool".[45] Isso não é culpar as pessoas por usar substâncias, é destacar uma crise de saúde que está deixando as pessoas bissexuais mais vulneráveis à agressão sexual.

Os mesmos fatores que fazem com que pessoas bissexuais (em especial mulheres bissexuais) tenham mais chances de serem agredidas também são, provavelmente, a razão pela qual pessoas bissexuais têm mais chances de sofrer depois da agressão, e com consequências piores. Em comparação com mulheres heterossexuais, mulheres bissexuais relatam taxas maiores de transtorno do estresse pós-traumático e depressão depois de serem sexualmente agredidas.[46] Isso se dá, em parte, porque estereótipos bi negativos se entranham nos serviços à vítima, o que significa que muitas vezes existem menos recursos apropriados disponíveis para pessoas bissexuais que foram vítimas de violência sexual.

Eu sei. É tudo muito deprimente.

Mas podemos ajudar. Os dois modos principais são criar ou apoiar serviços de saúde mental que são amistosos com bissexuais e desestigmatizar a bissexualidade, em especial ao atacar o estereótipo de que mulheres bi são objetos sexuais. Todos nós podemos desafiar a suposição da bissexualidade como hipersexualidade, ajudando a criar um mundo mais seguro para pessoas bissexuais.

Antes de deixar essa seção, quero abordar uma última coisa. Eu me preocupo que às vezes haja foco demais no lado negativo em pertencer a uma minoria sexual. Acho que não devemos ignorar as dificuldades, mas também não devemos centrar as identidades bissexuais nisso. Isso dá poder demais aos agressores e retira o poder das pessoas bissexuais. Em vez disso, podemos reconhecer as dificuldades enfrentadas pelas pessoas bissexuais e dar crédito às pessoas por sua capacidade de navegar o mundo sociossexual. Tudo que cobri nessa seção tem a intenção de empoderar com conhecimento, não debilitar com tristeza. Espero que essas realidades mais pesadas nunca obscureçam a luz que emana da bissexualidade.

Nessa nota, vamos mudar o tom e analisar alguns dos impactos psicológicos mais felizes em sair do armário como bi.

Liberdade

Aos 80 anos de idade, Clive Davis se assumiu bissexual.

Davis era presidente da Columbia Records no fim dos anos 1960 e início dos anos 1970 e exerceu um papel-chave no sucesso de muitas lendas do *pop*, incluindo Janet Jackson e Lauryn Hill. O público sabia que Davis havia sido casado com duas mulheres, mas não sabia que ele também havia tido relacionamentos com homens.

A sua "revelação" bissexual em sua autobiografia, como foi chamada repetidas vezes, virou notícia não só por causa da fama de Davis, mas também porque ele não se parecia com alguém que você esperaria que fosse *queer*. Como o *Guardian* descreveu, ele era "um cara branco e idoso por excelência", e ele não só se parecia com um avô, ele era um. A apresentadora norte-americana de TV Katie Couric perguntou a Davis em uma entrevista por que ele esperou tanto tempo para se assumir publicamente como bissexual. Aqui está parte da resposta dele:

> Senti que era pessoal, em primeiro lugar, quanto a não revelar. Mas revelei imediatamente [nos anos 1980] para as pessoas que importavam: meus filhos, eu tenho quatro filhos, eu [também] era totalmente aberto com meus amigos próximos. Eu só não segurava um cartaz, sabe? E também existia uma atitude em relação à bissexualidade que eles diziam que você era ou *gay*, ou hétero, ou estava mentindo. Não é verdade. Então eu sabia, quando decidi escrever a minha autobiografia, que isso era algo sobre o qual eu certamente seria honesto e escrevi sobre isso [...]. Você não precisa ser apenas uma coisa ou outra.

Em seguida ele disse que esperava que se assumir em seu livro ajudaria a mudar percepções da bissexualidade e lidar com alguns dos estereótipos com os quais ele se preocupava.

Em um dos únicos estudos até o momento que foca especificamente o envelhecimento bissexual, publicado em 2016, pesquisadores descobriram que em uma ampla amostra de pessoas LGB nos Estados Unidos com mais de 50 anos, a melhor saúde foi observada em adultos mais velhos que faziam parte de redes sociais maiores, incluindo estarem conectados com comunidades *queer* locais.[47] Isso significa que estar fora do armário e fazer parte de comunidades *queer* pode ser um fator protetivo para a saúde ao longo da vida de pessoas bissexuais.

Esses benefícios provavelmente estão relacionados ao que a psicóloga Sharon Rostosky e colegas descobriram quando perguntaram às pessoas o que elas gostavam sobre serem bissexuais. Eles descobriram que há inúmeros aspectos positivos na autoidentificação bissexual. Isso não me surpreende nem um pouco, pois já mencionei que *eu amo ser bissexual*. Apesar de todo o estigma e outros problemas sociais sem sentido? Sim, apesar de tudo. Talvez exista até mesmo uma parte de mim que gosta de ser um agente de mudança, desafiando o *status quo*. O estudo descobriu onze aspectos positivos: "liberdade de rótulos sociais, honestidade e autenticidade, ter uma perspectiva única, níveis aumentados de *insight* e consciência, liberdade para amar independentemente de sexo/gênero, liberdade para explorar relacionamentos, liberdade da repressão sexual, aceitação da diversidade, pertencimento a uma comunidade, entendimento do privilégio e da opressão e tornar-se um(uma) defensor(a)/ativista".[48]

Como é possível ver, a percepção da liberdade talvez seja o tema em comum, mais notavelmente a liberdade de amar as pessoas independentemente do gênero, mas também a liberdade de ter experiências diversas. Como uma mulher canadense declarou durante o estudo sobre um dos seus aspectos favoritos em ser bi, "Nós temos o potencial de pensar fora da caixa, de viver relacionamentos com estruturas não tradicionais, desestabilizar papéis de gênero tradicionais". É claro que isso não quer dizer que pessoas não bissexuais não possam fazer isso, mas que há algo inerente à bissexualidade que encoraja esse pensar "fora da caixa", que talvez não seja uma parte tão integral das outras sexualidades.

Junto a isso, as pessoas bissexuais relataram que a sua identidade possibilitava ter uma perspectiva única sobre elas mesmas e a sociedade. Apesar de ser bi levar a algumas situações negativas, havia também uma sensação de que a própria identidade combinada era um ato radical que vinha com sentimentos de empoderamento e animação. Como uma mulher dos Estados Unidos disse,

> Eu admito que gosto de ser a minoria dentro da minoria – muitas das minhas identidades são "identidades de minoria" –, bissexual, birracial, judia, mulher etc., e eu aprendi a gostar de não ser a norma. Acredito que tenho uma perspectiva única por causa da intersecção de todas essas identidades – e acho que isso é uma coisa boa [...]. Eu posso fazer uso das minhas várias experiências... e... encontrar caminhos para me identificar com pessoas diferentes.

Podemos dizer que foi essa capacidade de se identificar com mais pessoas que fez com que as pessoas bissexuais relatassem que suas experiências forneciam um entendimento melhor do privilégio e da opressão com base na orientação sexual. Para muitos, isso acendeu um desejo de defender outros que eram parte da comunidade e serem ativistas bi.

Eu sempre encorajo pessoas bissexuais a se assumirem se elas se sentirem seguras para fazer isso. Precisamos de mais visibilidade e apoio bi, e é por meio disso, como uma comunidade bi, que podemos mudar os fatores que atualmente fazem com que pessoas bissexuais corram um risco maior de desenvolver problemas físicos e de saúde mental.

Não acho que toda pessoa bissexual precisa erguer um cartaz para o mundo todo ver, mas gostaria que mais pessoas pudessem assar um bolo bi e se abrir para seus entes queridos.

Capítulo 5
Invisi-bi-lidade

Eu estava em um bar lésbico em Londres quando me dei conta do quanto pareço ser heterossexual.

Eu estava em um encontro na Friendly Society. É um lugar eclético. Uma escada o leva das ruas movimentadas do centro de Londres até um bar subterrâneo de coquetéis. As paredes são adornadas com papéis de parede de padrões que não se combinam, centenas de bonecas Barbie em vários estágios de nudez estão coladas no teto, pequenas cadeiras se parecem com gnomos cujas cabeças são os assentos, e centenas de globos de discoteca e outros itens estão espalhados. É um cruzamento entre um bar elegante e um quarto de criança.

Músicas dos anos 1980 tocavam ao fundo enquanto minha namorada e eu conversávamos, flertávamos e ríamos. Nós bebemos a nossa gin tônica, nos sentindo felizes e seguras. Nós nos beijamos. Nós nos beijamos de novo. O encontro estava indo muito bem. Mas então a mesa ao lado da nossa se envolveu. Duas mulheres, presumivelmente lésbicas, deram uma risadinha. Sem ser convidada ou provocada, uma delas comentou: "Eu não acredito". Foi um comentário encharcado de malícia e infelizmente nós sabíamos exatamente o que ela queria dizer.

Nós duas éramos muito femininas, passávamos despercebidas como *queer*, e essa não era a primeira vez em que havíamos escutado esse tipo de coisa. Para elas, nós parecíamos duas heterossexuais agindo como lésbicas. Ainda assim, foi desanimador que mesmo em um bar lésbico, em um encontro com uma lésbica, enquanto eu estava literalmente beijando-a, consegui não aparentar ser *queer*.

Minha parceira e eu ficamos chateadas com o comentário: e, antes que pudéssemos responder, um jovem rapaz espalhafatoso em outra mesa se intrometeu. "Vocês são tão gatas!", proclamou ele, nos dando um olhar amigável de solidariedade claramente com a intenção de nos tranquilizar, seguido por vários comentários sobre como éramos um casal fofo. Apesar de ele também ter nos transformado em um espetáculo, nos sentimos agradecidas por esse aliado. Apenas uma hora mais tarde, enquanto esperávamos pelo ônibus fora do bar, mais uma vez fomos abordadas, dessa vez por um grupo de homens jovens.

Não estávamos mais sob a relativa segurança do Friendly Society e ficar de mãos dadas e trocar um ou outro beijo agora era mais arriscado. Até mesmo no Soho, a região de Londres provavelmente mais associada com a cultura *queer*, esses homens assumiram que isso era um convite para nos assediar, fazer cantadas e nos molestar com seus olhares gulosos.

Podíamos sentir que, como as mulheres no bar, eles também *não acreditavam em nós*. Também reagiram como se o nosso relacionamento fosse de algum modo performativo, para eles, como se não fôssemos lésbicas de verdade. Talvez tenham assistido pornôs demais em que um a cada dois beijos é direcionado para a câmera, intencional para o olhar masculino. Seja qual for o motivo, dois dos homens nos perseguiram até metade do caminho por Londres, quase até em casa. Nós tivemos que parar em uma loja na esquina perto do meu apartamento para nos livrar deles, um clássico truque da garota-andando-a-sós-para-casa.

Essa era uma época na minha vida em que eu queria parecer especificamente heteronormativa porque estava preocupada que parecer bi seria problemático para a minha carreira como acadêmica. Eu já estava tão acostumada a ser sexualizada como uma jovem mulher que estava preocupada que o rótulo "bissexual" me levaria a ser hipersexualizada e que ninguém me levaria a sério. E, é claro, eu estava preocupada com situações exatamente como essas que aconteceram naquela noite do encontro.

Mas em 2018 alguma coisa mudou. Eu saí do armário publicamente. Depois de uma vida sentindo que estava sozinha, sem uma comunidade *queer*, eu desejava fazer parte do mundo *queer*. Eu era abertamente bi nas redes sociais e na minha escrita. Também percebi a importância da visibilidade bi e, especificamente, da visibilidade bi na academia. O próximo passo, imaginei, era finalmente parecer bi. Ou como a comunidade *queer* diria, eu queria que as pessoas me "lessem" como bi.

Nas comunidades *queer*, ler alguém é fazer uma suposição sobre o seu gênero ou sua sexualidade com base na aparência da pessoa, como ela se comporta, ou o que ela escreve ou diz. Colocando isso em uma frase, você pode dizer "Eu a li como bissexual por causa daquela mecha roxa no cabelo dela", ou "Eu o li como heterossexual porque *olha só aquela calça de algodão bege*". Isso costuma ser uma exigência para encontrar outras pessoas *queer* no mundo ao nosso redor em que a maioria das pessoas não usa insígnias divulgando a sua sexualidade ou os seus pronomes. Mas porque ler as pessoas é um tipo de arte, e os sinais das identidades *queer* certamente diferem entre grupos e espaços, pode ser fácil cometer erros. Ler as pessoas errado é um problema, e pode ser ofensivo ou perigoso. Por exemplo, se eu ler alguém como *gay*, mas a pessoa for heterossexual, posso ouvir uma resposta homofóbica. Se eu ler alguém como homem, mas a pessoa for uma mulher, isso pode ser ofensivo ou, se a pessoa for trans ou não binária, pode ser uma experiência esmagadora de errar o gênero dela. Ler as pessoas é complicado, mas é muito importante. Mas qual é a aparência de uma pessoa bi? Será que consigo parecer bissexual? Será que você consegue?

Eu pareço bi?

O modo como nos vestimos pode ser um meio poderoso de criticar a cultura dominante. Há um motivo pelo qual dizemos que determinados visuais são arriscados, alternativos ou chamativos. Esses adjetivos comunicam o sentimento que esses visuais criam. Isso significa que nossas roupas também podem ser opressoras se sentirmos que não refletem quem somos de verdade ou quem queremos ser, ou elas podem levar ao empoderamento e à autorrealização por meio de uma expressão visual do nosso eu autêntico.[1] Não é uma surpresa que comunidades *queer* tenham construído suas próprias identidades visuais. Roupas e acessórios podem nos ajudar a exibir a nossa identidade sexual, criando um tipo de linguagem visual para a nossa comunidade.[2]

Vamos fazer um experimento rápido para testar isso. Quais são as suas associações com a palavra *"gay"*? Qual é a aparência dos homens *gays*? O que eles vestem? Como você consegue dizer que eles são *gays*? Ok, agora vamos testar a mesma coisa com lésbicas. Qual é a aparência das lésbicas? O que elas vestem? Como você consegue dizer que elas são lésbicas?

Esse é o tipo de exercício mental que a pesquisadora da sexualidade Victoria Clarke faz com seus estudantes quando ensina sobre a construção de identidades *queer*.[3] Clarke tem defendido há muito tempo um maior entendimento e aceitação da pesquisa qualitativa – ou seja, a pesquisa que depende mais de coisas como observações e entrevistas, enquanto a pesquisa quantitativa depende mais de números e estatísticas.[4]

Como ela escreve: "Para muitos estudantes, a palavra lésbica conjura associações como feia, bofinho, masculina, cabelo curto, macacões e sapatos confortáveis. Enquanto homens *gays* são associados a estilo, moda, cuidados pessoais e efeminação. Em resumo, muitos estudantes têm uma imagem clara da lésbica (estereo)típica e do homem *gay* (estereo)típico". É claro, na realidade todas as comunidades *queer* são heterogêneas e não podem ser descritas por esses estereótipos. Mas esses estereótipos presumivelmente são baseados em *alguma coisa*. Clarke prossegue: "Essas normas centram em um visual masculino ou andrógino para as mulheres e uma valorização da juventude, dos músculos e da masculinidade e uma variedade de estilos *gays* para homens, e muitas pessoas sentem-se sob pressão para se conformar a essas normas e serem aceitas por outras lésbicas e homens *gays*". Isso significa que existem normas de aparência que podem ajudar membros da comunidade a sinalizar a sua sexualidade uns para os outros, mas isso também pode vir com pressão para ter uma certa aparência, o que pode levar a expectativas irreais sobre a forma física e o estilo.

E quanto às pessoas bissexuais? O que eu deveria estar vestindo para me encaixar? Os estudantes de Clarke pensaram apenas em um pequeno número de associações para a palavra bissexual, a maioria delas negativa, como "confusão" e "ganância", e não tinham uma imagem clara do bissexual típico.

Outro estudo feito pela pesquisadora feminista Nikki Hayfield em 2020 analisou se as pessoas bissexuais têm uma identidade visual ao conduzir entrevistas aprofundadas com 20 mulheres que se autoidentificam como bissexuais e coletar dados de 670 participantes.[5] Ela descobriu que tanto os estudantes bissexuais quanto os não bissexuais eram capazes de descrever a aparência de pessoas lésbicas, *gays* e heterossexuais, mas não eram capazes de reconhecer quaisquer normas equivalentes de aparência bissexual. Não havia nenhum estilo consistente que as pessoas imaginassem quando pensavam em pessoas bissexuais. Isso foi ecoado por uma pesquisa de 2020 feita pela socióloga Rosie Nelson, cujo artigo é intitulado "What do bisexual people look like? I don't know!" ["Qual é a aparência das pessoas bissexuais? Eu não sei!"]. Nelson descobriu em entrevistas e diários fotográficos que, "plurissexuais desejam se apresentar visualmente, mas não sabem ao certo como fazer isso".[6]

Parece que ninguém sabe qual é a aparência de uma pessoa bissexual, mas isso não impede as pessoas bissexuais de tentarem expressar visualmente a sua sexualidade. A pesquisadora da sexualidade Julie Hartman descobriu que algumas pessoas bissexuais tentam contornar a sua invisibilidade ao combinar normas de estilo de pessoas hétero com as normas da comunidade *gay* e lésbica. O resultado pode ser um estilo bissexual único e híbrido que faz uso de um pouco de cada para criar algo.[7]

Antes de tomar conhecimento desse estudo, foi exatamente por esse caminho que as minhas tentativas de parecer mais bi me levaram. Na minha primeira tentativa em ser visível, eu simplesmente vesti uma jaqueta de couro preta pesada. Mas enquanto ela me fez sentir mais *queer*, não fez diferença em como os outros me percebiam. Então tentei de novo. Para a versão bi 2.0, saí com menos maquiagem do que costumava usar, botas pretas sem salto, *jeans* rasgado, uma camiseta preta com gola em V e uma jaqueta camuflada grande demais, com flores enormes nas costas. Andei empertigada em vez de caminhar. Ouvi música de artistas *queer*. E sabe o que aconteceu? Funcionou. Foi muito mais fácil flertar com mulheres e ter o flerte percebido como tal, em vez de parecer uma gentileza. Eu ainda era vista como heterossexual pela maioria das pessoas, mas eu tinha uma aparência alternativa o suficiente para algumas pessoas registrarem que *talvez* eu não fosse. Como uma amiga lésbica comentou um dia, com ar de aprovação, eu estava canalizando a minha forte energia de "sapatão".

Eu senti um pouco como se estivesse usando uma fantasia, mas isso também me fez sentir mais "eu" do que qualquer coisa que eu já tivesse vestido. É curioso como esses sentimentos podem coexistir. Relacionado a isso, em um capítulo com o título apropriado de "Como eles se parecem e eles estão entre nós?", uma equipe canadense de pesquisadores entrevistou 22 mulheres que se identificavam como bissexuais.[8] Apenas uma das mulheres, chamada simplesmente de "Participante 1", ecoou a minha experiência:

> Acho que a coisa mais importante que qualquer pessoa deveria entender sobre as mulheres bissexuais é que não é só ser bissexual de acordo com o que você gosta, mas também ser bissexual de acordo com quem você é. Às vezes eu me sinto como um garoto, às vezes eu me sinto como uma garota. E não posso descrever mais além disso. Às vezes eu me sinto muito macho, outras vezes me sinto tão feminina quanto Scarlett O'Hara. Sabe, isso muda de um dia para o outro e talvez, em parte, a mudança de humor possa isso, mas honestamente, tipo, quer dizer, às vezes eu me visto com uniformes de combate, e no dia seguinte estou usando um minivestido e salto alto.

Esse é um sentimento confuso. Não se trata de sentir literalmente que você *é* outro gênero, pelo menos não para mim. É mais como sentir que sou uma mistura do que a sociedade decidiu que são as características masculinas e femininas. Minha atração sexual e minha expressão de gênero funcionam dessa maneira, com uma predileção flutuante, e não são necessariamente ligadas uma à outra. Alguns dias eu só me atraio por mulheres e outros humanos de aparência feminina, mas também sinto e me visto como uma mulher incrivelmente feminina... como se a nossa delicadeza feminina pudesse ser combinada e se tornar a coisa mais poderosa no universo. Outros dias me sinto e me visto de um jeito masculino e, mesmo que esteja com um parceiro homem, o sentimento não é de homossexualidade. E em outros dias, quando estou trocando carinhos com meu parceiro, tenho uma imagem mental de nós dois como um casal heterossexual estereotípico de uma comédia romântica.

Condizente com isso, Rosie Nelson descobriu que pessoas bissexuais enxergam o gênero e a sexualidade de forma conectada. Nelson, que se identifica como uma pessoa "não binária feminina e bissexual", especificamente concluiu a partir da pesquisa que "Plurissexuais enxergam seu gênero e sua sexualidade como conectados, e muitos referenciam os modos pelos quais transformam roupas e impressões por meio de feminilização e masculinização". É exatamente isso que faço quando brinco com meu visual. Pode ser difícil fazer com que a complexidade do que estou sentido seja traduzida para algo que outros possam ver.

Nelson descobriu que os homens bissexuais em sua amostra também estavam preocupados com roupas e sentimentos complexos sobre gênero. Por exemplo, um homem bissexual de 26 anos chamado Stan contou a Nelson: "Quando quero parecer visivelmente bi, sou mais feminino... É tipo: 'Ah, se eu me enfeitar um pouco, as pessoas vão notar'". O limite em que é socialmente aceitável para Stan "se enfeitar um pouco" é provável e notavelmente menor do que para uma mulher bissexual como eu "me masculinizar" sem correr perigo. Eu posso usar calças masculinas ou sair sem maquiagem e não atrair atenção indesejada, mas Stan provavelmente passará mais dificuldade se ele vestir uma saia e maquiagem perceptíveis. É claro que isso está começando a mudar, mas temos um longo caminho a percorrer antes que os homens possam brincar com suas roupas e seu visual tanto quanto as mulheres.

Em parte devido aos riscos de usar roupas que não se conformam ao gênero, muitas pessoas plurissexuais mudam de maneira significativa o modo de se vestir dependendo do lugar para onde estão indo. Nelson se refere a isso como uma "adaptação situacional". Essa pode ser uma preocupação em particular para homens e pessoas que são lidas como homens, como um dos participantes da amostra de Nelson, Bern, uma pessoa não binária, que declarou: "Mesmo que eu me sinta mais confortável [me vestindo de maneira mais feminina], homens hétero não vão me enxergar de um jeito feminino, eles vão apenas dizer: 'Ah, esse *crossdresser*'".

Para outros, em vez de tentar mostrar a sua bissexualidade por meio de roupas que não se conformam a gêneros, eles se apoiam em estereótipos sobre a aparência de pessoas homossexuais. Por exemplo, no estudo canadense mencionado anteriormente, as mulheres especificamente se apoiaram em parecer lésbicas. A Participante 11 disse: "Eu era vista como lésbica ou "sapatão" devido à minha aparência. E só deixei essa suposição seguir adiante". Então havia a Participante 9, que simplesmente queria parecer qualquer coisa, menos heterossexual: "Acho que é significativo não ser lida como hétero porque boa parte da nossa sociedade é baseada em presumir que todo mundo é hétero". Mais importante, mais uma vez não havia nada sobre uma peça específica, ou cor, ou imagem que pudesse identificá-las. Os autores interpretaram essa ausência de um marcador da identidade bissexual como sendo devido à percepção geral de que a bissexualidade é "provisional, de postura e fingimento, que é não existente". Uma sexualidade não existente, com um visual aparentemente não existente.

Ao passo que isso pode ser preciso em relação à moda, não é preciso para todos os cenários. Nas redes sociais, pode-se ver contas com estilos visuais claramente bissexuais: as combinações reveladoras de cores rosa, roxo e azul, seja na forma da bandeira bi, luas bi ou triângulos bi; personagens de desenhos animados com bandeiras bi, personagens acanhados no estilo japonês de mangá e um panda, presumivelmente um mascote por ser preto e branco, um aceno para as pessoas bissexuais serem vistas como uma combinação de heterossexual e homossexual e porque referencia os *pan*ssexuais. A melhor maneira que posso descrever o estilo visual da comunidade bi é "fofo". Não consigo não pensar que isso pode ser uma tentativa deliberada de se afastar do estereótipo do bissexual hipersexual.

O local em que eu vi essa fofura pela priemra vez foi na Parada Bi em 2019, que teve a participação de mais de 1.300 pessoas e, na época, foi "a maior reunião de pessoas bi da história".[9] Foi um evento para pessoas bissexuais, feito por pessoas bissexuais. Foi um divisor de águas para mim e como me senti em relação à necessidade de uma comunidade bi, porque depois daquele evento comecei a buscar por ela em toda parte. Também foi a primeira vez em que tive contato com muitos dos temas e termos que tenho discutido neste livro, adquirindo um vocabulário para falar sobre a minha experiência bissexual. Era como se eu fosse uma criança que havia recebido o meu primeiro livro bi para aprender o alfabeto de novo... *a é de apagamento bi, r é de relacionamento com sexualidades diferentes, p é de plurissexual.*

Apesar de eu não ter frequentado esses eventos antes, há muito tempo as pessoas têm pensado sobre como é ir a eventos bi e como espaços bi devem ser estruturados.

Nosso próprio espaço

Em 2014, Georgina Voss e colegas escreveram: "A cena bi do Reino Unido tem sido historicamente encontrada em eventos de curta duração".[10] Eles argumentam que é, na maior parte, em espaços temporários que a bissexualidade tem sido "visivelmente performada e assumida" desde o início dos anos 1980.

Espaços temporários soa como algo ruim, mas vale a pena pensar se eles podem ser algo desejável. A natureza temporária de eventos bi pode permitir que eles sejam o que o filósofo francês Foucault chamou de "heterotopias", "outros lugares absolutamente perfeitos" que são "um lugar sem um lugar".[11] Eu certamente sinto que a Parada Bi foi um outro lugar absolutamente perfeito, uma breve utopia bi.

Essa ideia também é algo que a pesquisadora de psicologia social Helen Bowes-Catton tem estudado. Não consigo imaginar uma pessoa melhor para pesquisar espaços bi. Durante anos ela foi a diretora da BiUK, uma rede de pesquisa bi, e tem ajudado a organizar muitos eventos bi. Mais recentemente, em 2021, Bowes-Catton combinou esforços com Emile Maliepaard (que previamente organizou a Conferência de Pesquisa Bisexual Europeia), a psicóloga experimental Noemi Dreksler e comigo mesma para organizar a primeira Conferência Internacional de Pesquisa da Bissexualidade *on-line*. O que incluiu 70 pesquisadores apresentando seus trabalhos e mais de 370 participantes. Ela é uma verdadeira heroína da comunidade bi do Reino Unido e enfrentou muitas tempestades dentro das organizações bi e entre elas.

Em 2008, Bowes-Catton e colegas conduziram um trabalho de campo em uma convenção bissexual no Reino Unido chamada BiCon.[12] Eles descobriram que, para a maioria dos participantes, era um espaço único no qual a bissexualidade era a identidade sexual padrão e que aquela era uma experiência imensamente libertadora.[13] O espaço estava experimental e fisicamente separado da vida cotidiana, enquanto, ao mesmo tempo, era percebido como "chegar em casa". Foi exatamente assim que eu me senti quando fui à Parada Bi. Eu nunca havia ido ao espaço, e não conhecia as pessoas de lá, ainda assim parte de mim estava em casa.

Bowes-Catton e colegas descobriram que o espaço criava não só uma sensação de pertencimento, mas também deu aos indivíduos uma sensação de euforia e de que não há limites. Mais precisamente, eles descobriram que as pessoas que participaram do evento experimentaram uma "expansão dos sentidos", em que sentiram que se expandiram para fora de si mesmas e em direção ao espaço, obscurecendo as fronteiras entre o espaço físico e o seu corpo individual dentro dele. Como uma experiência psicodélica, sem as drogas. Isso me lembra de um dos pensamentos mais atrevidos com o qual me deparei durante o meu mestrado em história *queer*. Na minha aula de história dos espaços *queer*, nosso professor Benno Gammerl nos apresentou o conceito de espaço *queer* como um orgasmo, no qual o corpo se dissolve para o mundo físico ao redor e os indivíduos sucumbem às ondas de prazer.[14] É uma ideia tão lasciva que eu não consigo nem escrevê-la sem ficar ruborizada. Isso também destaca por que às vezes é bom ter um evento poderoso e curto... *não é mesmo?*

Dito isso, nem todo mundo vai se divertir em eventos bi, muito menos em um evento transcendental. Espaços *queer* como a BiCon e a Parada Bi podem criar uma sensação de euforia em alguns, mas podem, intencionalmente ou não, criar barreiras a essas experiências para outros. O que pode parecer um *playground* ou carnaval bissexual para algumas pessoas, para outras pode parecer opressivamente classe média, acadêmica, capacitista e branca. Como Clare Hemmings e Bowes-Catton escreveram, há uma heterogeneidade artificial criada quando espaços bissexuais são tratados como inerente e alegremente inclusivos e diversos, quando na realidade eles costumam centrar experiências e preocupações brancas. Isso também pode levar ao "adiamento de questões de raça e classe social para um futuro bissexual utópico".[15]

As primeiras grandes conferências bissexuais anglófonas nasceram em conversas sobre racismo e interseccionalidade, mas essas conversas sempre foram tensas. Na primeira Conferência Bissexual Nacional dos Estados Unidos, em São Francisco, em 1990, supostamente houve "conflitos vibrantes" entre os desejos de que a conferência fosse inclusiva e reconhecer o racismo dentro da política e das práticas bissexuais.[16] Trinta anos após esses debates, participantes de eventos bissexuais ainda são decepcionantemente uma maioria branca.

Um artigo autocrítico publicado no *site* da BiCon em 2020 que declara repetidas vezes que a "BiCon é racista" é uma observação útil sobre o que isso significa.[17] O artigo delineia como tentativas de aumentar a participação de pessoas não brancas no evento fracassaram. Pior ainda, eles escrevem que "aqueles [pessoas não brancas] que vão uma vez costumam não achar que vale a pena voltar". Isso é condenador e sugere que ainda há muito a ser feito para deixar os espaços bissexuais tão inclusivos e diversos quanto eles dizem que querem ser. Em 2021, a BiCon tentou lidar com essa falha ao exigir que todos os participantes completassem um curso antirracismo antes que pudessem se registrar para o evento. Parecia um passo na direção certa.

Para construir comunidades que são de fato inclusivas, precisamos entender coisas como "o olhar". Em 1984, Audre Lorde, ativista dos direitos civis e autoidentificada "negra, lésbica, mãe, guerreira, poeta", escreveu um texto influente no qual descreveu como corpos negros são vistos como não humanos e desagradáveis por observadores brancos em espaços brancos.[18] A ideia de Lorde sobre "o olhar" de nojo racista continua a ressoar nas discussões de raça e espaços sexuais. Uma pesquisa publicada em 2003 descobriu que o olhar também discriminava lésbicas e mulheres *queer* do Sul Asiático em espaços *queer* em Londres.[19] Além do olhar, uma análise de 2016 de pessoas bissexuais e lésbicas descobriu que o racismo era visto por meio de práticas de exclusão por pessoas brancas que dominavam "bairros *gays*".[20] Pessoas não brancas costumavam ser tratadas como "racializadas" por meio de coisas como tocar o cabelo, tecer comentários racialmente fetichistas e olhar para as pessoas de modo que as fazia se sentir objetificadas.

Mesmo *on-line* devemos ter consciência de que nem todos os espaços bi que dizem ser inclusivos o são de verdade, e, como Emile Maliepaard escreveu, o "espaço seguro bissexual é um sucesso confuso". Maliepaard descobriu que espaços bi *on-line* podem amplificar estereótipos e ideais opressores se não existir um moderador efetivo.[21]

Espaços bi são tanto um lugar para indivíduos serem visivelmente bissexuais um para o outro quanto um modo para a comunidade inteira ser visível para o mundo. Há muita força em celebrar a nossa sexualidade juntos, mas devemos sempre estar atentos sobre como estamos criando nossas comunidades. Se a imagem que apresentamos ao mundo é que "Qualquer um pode ser bissexual", acho que temos a responsabilidade de dar a qualquer pessoa um lugar para ir. Um lugar no qual possa se sentir segura, amada e verdadeiramente incluída. Isso é algo em que precisamos continuar trabalhando.

Por fim, é importante evitar dizer que espaços bissexuais não existem. Confira grupos LGBT+ locais para listas de eventos, ou organizações bi locais, ou entre em contato com grupos em redes sociais para encontrar pessoas bissexuais. Há muitas comunidades ao redor do mundo; por favor, pare de apagá-las. Dizer que não há espaços bi é cair nas garras de visões monossexistas de espaços bissexuais como inadequados ou não existentes. De modo similar, a ideia de que pessoas bissexuais são meros turistas dentro de espaços homossexuais faz parecer que, de modo incorreto, esses espaços não sejam para nós. A realidade é que pessoas bissexuais têm seus próprios espaços e são uma parte integral e permanente da comunidade *queer* como um todo.

Construir uma comunidade é importante para o bem-estar de populações de minoria, mas também há uma importância em ser visível para os héteros. Um modo de fazer isso é ser visível na TV.

Perversão sexual

Em uma virada inesperada de eventos na minha vida, em janeiro de 2020 me convidaram para ser consultora em um roteiro para um novo seriado de TV alemão chamado 8 *Zeugen* ("8 Testemunhas"). A protagonista seria uma jovem cientista chamada dra. Jasmin Braun que é especialista em falsa memória e ajuda a polícia a resolver casos difíceis. Concordei em ajudar os roteiristas a trabalharem no texto e viajei de avião para Berlim para conhecer a equipe. Eles me buscaram no aeroporto e viajamos, nós quatro apertados em um carro minúsculo, até um prédio no qual ficava a sala de escritores. Começamos a conversar sobre o projeto e perguntei como ficaram sabendo sobre o meu trabalho. Foi então que descobri que a história toda, e a protagonista, eram na verdade baseados em mim e no meu trabalho.

Em uma sala espaçosa e iluminada, passei o resto do dia aconselhando a viabilidade da história e de Jasmin como uma personagem. Foi basicamente um caso em que eu falava "Eu nunca diria isso, não é assim que a memória funciona" e "Você já conheceu uma mulher?". Em algum momento durante esse processo, nós conversamos sobre a própria personagem. Quem é Jasmin Braun? Como ela é? E foi em meio a essa discussão que eu me empertiguei e disse: "Ela devia ser bi".

Por que uma personagem de TV deveria seguir o padrão heterossexual? Quando eu estava crescendo na Alemanha, não me lembro de ver nenhum personagem bi, muito menos uma protagonista bi de um seriado de TV. Então o quanto seria incrível ajudar a trazer essa visibilidade para a vida? A equipe estava aberta à sugestão. Mas então veio a grande pergunta: Como mostramos que ela é bi sem que isso seja o ponto focal do seriado? Todos nós queríamos que ela fosse uma personagem que é bi de fato, tratando isso como uma coisa perfeitamente normal para ela, em vez de ser uma grande revelação. E certamente não queríamos reforçar estereótipos bi. Mas como?

Talvez por meio de olhares de flerte ou interações com homens e mulheres que ela ache atraente? Talvez ela pudesse receber uma mensagem de texto de uma ex que é uma mulher? Talvez em um momento de descanso, depois de ajudar com um trabalho policial pesado, vemos ela no Tinder e ela desliza para a direita com um homem e uma mulher? Foi uma longa conversa e finalmente concordamos que eles escreveriam isso no resumo da personagem e veriam o que aconteceria. No fim das contas foi sutil demais. Na versão final do seriado, absolutamente ninguém podia dizer que ela era bi, mesmo quando eu perguntei, a atriz disse alegremente: "Mas ela *é* bi". Na próxima vez em que eu escrever sobre uma personagem, ela vestirá uma roupa cheia de bandeiras bi o tempo inteiro e é isso.

A não ser que seja óbvio, o cinema costuma representar atração sexual nos momentos entre o diálogo. Um olhar, um sorriso, um toque demorado. Essa pode ser a maneira de se representar uma personagem bissexual se estivermos dispostos a lê-la desse modo. Isso é chamado de "queering" [tornar *queer*] o personagem em um filme, interpretar alguém como *queer* mesmo se isso nunca for dito.

Eu posso recomendar fortemente tornar *queer* toda a TV e o cinema. Em vez de ter a heterossexualidade como padrão, é muito mais divertido presumir que todo mundo é *queer*. Presumir que os personagens são heterossexuais até que se prove o contrário é uma suposição do mesmo tipo. Então por que não inverter? Aqueles momentos que você pode ter ignorado como uma simples amizade adquirem uma nova luz. E, quem sabe, é totalmente possível que você deveria ter enxergado aquela situação como um pouco bi ou *queer* o tempo todo. Durante anos a Administração do Código de Produção, o órgão responsável por aprovar os filmes americanos antes do lançamento, ordenou contra implicações de qualquer coisa *queer*, o que chamou de "perversão sexual". Patricia White, que escreveu sobre a representação de lésbicas em filmes clássicos de Hollywood, argumenta que isso significava que personagens codificados como *queer* eram criados especificamente para serem percebidos por aqueles que conhecessem os sinais, mas discretos o bastante para não ofender potencialmente o público em massa.[22]

Em seu livro *The B Word*, a professora de estudos de cinema e mídia Maria San Filippo escreve que a "prova" da bissexualidade na tela pode ser difícil de alcançar em um filme de longa duração, em parte por causa do tempo limitado e em parte porque "circunstâncias narrativas podem encerrar o desenvolvimento do potencial bissexual de um personagem".[23] Talvez seja por isso que tantos personagens bi ótimos estejam em séries de TV, o que dá mais tempo para os personagens respirarem e mostrarem os seus matizes. Na série da Netflix *The Politician* quase todos os personagens parecem ser sexualmente fluidos, homens e mulheres, pais e seus filhos. Em *Crazy Ex-Girlfriend* podemos encontrar um personagem homem bi e outra personagem mulher bi, e um ato musical inteiro com uma canção chamada "Gettin' Bi". Tem a loira bissexual avoada, Eleanor Shellstrop, em *The Good Place*, a líder de torcida bi Brittany Pierce em *Glee*, e a médica bi Callie Torres em *Grey's Anatomy*. E então há talvez a representação bi mais famosa na tela, a investigadora Rosa Diaz em *Brooklyn Nine-Nine*. Mas ainda há problemas de representação. Para cada personagem homem bissexual, parece existir cerca de quatro personagens mulheres. Além disso, há pouquíssimos papéis bissexuais com pessoas não brancas, e personagens bissexuais que são pessoas com deficiência ou não binários parecem completamente ausentes.

Ainda assim, papéis bissexuais estão aumentando, e a direção geral é incluir personagens bissexuais em vez de esquecê-los, difamá-los ou censurá-los. Personagens bi na tela também começaram a ser mais relacionáveis. Para dar sentido ao que quero dizer, deixe-me apontar para um momento icônico e amplamente compartilhado que recentemente agraciou as nossas telas, em que dois personagens na *sitcom* canadense *Schitt's Creek* tiveram uma troca breve e fabulosa. Os personagens principais Stevie e David, que haviam passado uma noite juntos, estão em uma loja olhando garrafas de vinho. Stevie, confusa pela transa porque achava que David era *gay*, diz: "Até a noite passada eu tinha a impressão de que você também só bebia vinho tinto [...]. Mas acho que eu estava errada?". Ela está sugerindo que achava que, como ela, ele gostava apenas de homens. Mas David diz que gosta de diferentes tipos de vinho porque gosta "do vinho e não do rótulo". Apesar de isso nunca ser dito explicitamente no seriado, um dos criadores declarou que David é um personagem pansexual.

A falta de modos reconhecíveis para sinalizar a bissexualidade se traduz em problemas tentando criar personagens bi visíveis na tela, mas isso não é intransponível. E quando criamos diálogo, ou olhares, ou relacionamentos explícitos que indicam a bissexualidade, podemos criar personagens relacionáveis que criam relacionamentos "parassociais" e rompem estereótipos negativos sobre a bissexualidade.

Parassocial

Se você já maratonou uma *sitcom* a ponto de sentir que conhece os personagens pessoalmente, escutou a tantos episódios de um *podcast* que o seu dia parece vazio sem os anfitriões, ou sente que conhece de verdade uma celebridade das redes sociais... você já experimentou algo chamado de uma relação parassocial. O prefixo "para" nesse contexto significa "parecido". Uma interação parassocial é um campo popular da ciência da comunicação,[24] concebido originalmente em 1956 pelos sociólogos Donald Horton e Richard Wohl.[25] Como eles descreveram na época:

> Uma das características da nova mídia de massa – rádio, televisão e os filmes – é que ela dá a ilusão de um relacionamento frente a frente com o artista. As condições de resposta ao artista são análogas àquelas em um grupo primário. Os homens mais remotos e ilustres são encontrados como se eles estivessem no seu círculo de pares; isso também verdadeiro no caso de um personagem em uma história que ganha vida nessas mídias de um modo especialmente realista e impressionante. Propomos chamar esse relacionamento aparentemente frente a frente entre expectador e artista de uma relação parassocial.

Horton e Wohl estavam particularmente fascinados por personalidades e apresentadores de TV, que existiam não para contar uma história ou mensagem em especial. Como eles disseram: "Essas personalidades, normalmente, não são proeminentes em nenhuma das esferas sociais além da mídia". Elas são um produto desses meios.

Relações parassociais parecem ainda mais relevantes atualmente do que quando o termo foi concebido. Os autores provavelmente estariam chocados ao ver como levamos esse conceito ao extremo, com nossos *reality shows*, estrelas de *selfie* e ícones das redes sociais. Embutido na ideia das relações parassociais está o fato de que as pessoas desenvolvem essas relações ilusórias ao longo do tempo. À medida que o relacionamento se aprofunda, sua importância relativa para a vida social de um indivíduo aumenta.[26] Como nossos amigos de verdade, as pessoas que seguimos podem ter uma influência tremenda nos nossos pensamentos e comportamento. Provavelmente é por isso que chamamos essas pessoas de "influenciadores".

Parece lógico então que essa influência possa se estender à nossa percepção da sexualidade, como o pesquisador de estudos de mídia Edward Schiappa e colegas teorizaram em um estudo de 2005.[27] Conectando o conceito de relações parassociais com pesquisas sobre a hipótese do contato, eles propuseram a "hipótese do contato parassocial". A hipótese do contato é a ideia bem estudada e fundamentada de que o contato entre pessoas e membros dos seus "grupos externos", pessoas que são diferentes deles, reduz o preconceito. Um artigo que resumiu pesquisas de mais de 500 estudos sobre a teoria do contato descobriu que há três motivos por que o contato funciona.[28] Primeiro, ele nos educa sobre o grupo externo. Por exemplo, podemos aprender sobre como eles são de verdade, como vivem, o que dizem e com o que se parecem. Segundo, reduz a ansiedade sobre o contato entre grupos. Se você já conheceu pessoas que são diferentes de você, isso o deixa menos nervoso sobre conhecer pessoas assim de novo. Terceiro, aumenta a empatia e a perspectiva.

Houve aplicações diretas disso à sexualidade. Uma síntese quantitativa usando em sua maioria amostras dos Estados Unidos mostrou uma relação negativa significativa entre o contato e o preconceito sexual.[29] Então, quando pessoas heterossexuais têm contato com lésbicas e homens *gays*, seu preconceito sexual diminui.

Porque o preconceito direcionado às pessoas bissexuais costuma ter uma aparência diferente de outros tipos de preconceito sexual, a psicóloga social Ashley Lytle e colegas investigaram especificamente se o contato mais frequente e de maior qualidade com as pessoas bissexuais está associado a atitudes mais positivas em relação a elas.[30] Para testar isso, eles recrutaram 758 heterossexuais e 166 lésbicas e *gays* adultos para participar da pesquisa. Depois de perguntar aos participantes qual era a identidade sexual deles, perguntaram quantas pessoas bissexuais conheciam e a qualidade dos relacionamentos com essas pessoas. Essa foi a medida de contato. Para evitar que participantes fizessem uma estimativa vaga, pediram que eles escrevesssem as iniciais de até dez indivíduos que conheciam que se identificavam como bi e para especificar o gênero, a etnia e a idade. Isso encorajou os participantes a pensar em pessoas específicas.

Para testar a bi negatividade, a equipe então administrou a ARBS para homens e mulheres, a Escala de Atitudes em Relação à Bissexualidade, que é dividida em duas seções.[31] A primeira é "estabilidade", que relaciona se a bissexualidade é vista como uma orientação sexual legítima e estável e se pessoas bissexuais são vistas como capazes de formar relacionamentos românticos comprometidos. A segunda é "tolerância" e relaciona se a bissexualidade é vista como moral, tolerável e não danosa à sociedade. Como esperado, eles descobriram que conhecer mais pessoas bissexuais previa atitudes mais positivas em relação à bissexualidade. Para pinçar exatamente quais atitudes eram mais positivas, os pesquisadores fizeram várias perguntas aos participantes sobre ansiedade entre grupos: pense em como você se sentiria se misturando socialmente com estranhos que são homens bissexuais ou mulheres bissexuais. Ou como você se sentiria se fosse a única pessoa hétero em um grupo de pessoas bissexuais. E então há esta questão direta: pense na sua experiência habitual de contato com mulheres bissexuais e nos conte o que normalmente acontece com você nessa situação.

O que Lytle e colegas descobriram foi que o contato funcionava para reduzir crenças contrárias às pessoas bi na sua amostra porque reduzia a ansiedade entre grupos. Para superar de verdade os preconceitos e os vieses, precisamos superar o desconforto, para reduzir o atrito social. E a melhor maneira de fazer isso é passar tempo com mais pessoas bissexuais. Mas nessa era de consumo abundante de mídia, em que a maioria das pessoas e as histórias com as quais nos envolvemos está *on-line*, precisamos mesmo conhecer pessoas bissexuais na vida real para obter esse efeito?

É aqui que voltamos às relações parassociais. Edward Schiappa e colegas queriam saber se os mesmos tipos de benefícios que vemos no contato intergrupo na vida real têm um análogo em representações na TV.[32] Então eles conduziram três estudos para testar se desenvolver relacionamentos parassociais com homens *queer* reduziria o preconceito.

No primeiro estudo, eles testaram as pessoas antes e depois de assistirem a série americana de humor ácido *A Sete Palmos* (*Six Feet Under*) durante cinco semanas, um total de dez episódios. O seriado foi escolhido porque tem dois personagens *gays* proeminentes, um deles é assumido e o outro sai do armário ao longo dos dez episódios. Para o segundo estudo, eles testaram as pessoas antes e depois de assistir três episódios, duas horas e meia, de *Queer Eye for the Straight Guy*, um programa americano com cinco profissionais *gays* que fazem transformações de estilo para homens heterossexuais (recentemente o programa ampliou o seu escopo e é chamado apenas de *Queer Eye*). Ambos os estudos pediram aos participantes que preenchessem um questionário testando suas atitudes em relação a homens *gays* antes e depois de assistir aos programas. Em um terceiro estudo, pessoas assistiram *Dress to Kill*, um programa de comédia de oitenta minutos de Eddie Izzard, comediante da Inglaterra, que se veste com roupas de mulher (desde então Izzard se assumiu como uma mulher trans). Nesse estudo os pesquisadores deram aos participantes o questionário Atitudes em Relação a Travestis antes e depois de assistir o programa. Todos os três estudos alocaram participantes aleatoriamente para assistir o programa, ou para assistir alguma outra coisa que incluía conteúdo não relacionado a questões *queer*.

Nos três estudos, os pesquisadores descobriram que o preconceito diminuiu. Eles também testaram aspectos específicos do contato parassocial e descobriram que estes aumentaram, incluindo algo chamado homofilia. Homofilia é a tendência das pessoas de buscar ou se atraírem por pessoas que são similares a elas mesmas. A questão com a homofilia é que ela é uma percepção social. Quanto mais conhecemos as pessoas, mais percebemos que temos coisas em comum, mesmo se a um nível superficial elas parecerem diferentes de nós. Por fim, membros da família humana são em sua maioria iguais e parece tolice deixar que as coisas que vemos como diferenças irreconciliáveis nos façam esquecer de todas as coisas que temos em comum.

Foi demonstrado que o contato parassocial reduz o estigma não só das minorias sexuais, mas também o preconceito em outros contextos; foi demonstrado que muda atitudes raciais,[33] desestigmatiza doenças mentais[34] e diminui o preconceito em relação a pessoas com deficiência nos esportes.[35] Relações parassociais também podem ter implicações reais sobre como as pessoas pensam a respeito dos direitos humanos e igualdade, como aumentar o apoio às políticas para a população trans.[36] E, especialmente para pessoas que não têm relacionamentos interpessoais com indivíduos abertamente *gays*, há uma relação positiva entre a exposição a personagens *gays* na tela e o endosso da igualdade *gay*.[37] É um dos motivos pelos quais há uma necessidade de diversidade nos personagens na tela. Todos nós queremos ver pessoas com as quais podemos nos identificar, e criadores de conteúdo podem nos ajudar a nos identificar com todos os tipos de pessoas.

Há um problema com tudo que acabei de relatar. Esses estudos focaram em representações *positivas* de pessoas *queer*. Na vida real, em que as representações nem sempre são positivas, relações parassociais também podem levar à desilusão ou até mesmo ao ódio. Isso pode acontecer de duas maneiras: como os indivíduos se representam e como os outros representam os indivíduos.

Hoje, um dos modos mais notáveis pelo qual muitas pessoas se representam é nas mídias sociais. Depois de anos seguindo alguém, podemos aprender coisas sobre como esse alguém pensa, que agem como pontos de virada em nossa relação parassocial com essa pessoa, como quando percebi que uma autora que eu seguia é transfóbica, ou quando um biólogo evolutivo que já admirei comparou o Islã ao câncer. Se eu fosse seguir um único autor de ficção, ou um único cientista, é possível que essas experiências poderiam ter me fornecido uma percepção negativa da profissão como um todo. Mas porque eu sigo muitas pessoas como eles, é fácil para mim vê-los como exceções em vez de representantes de todas as pessoas em suas profissões. Eu já enxergo cientistas e autores como heterogêneos, então é preciso mais do que um indivíduo hostil para me fazer sentir preconceito em reação a esses grupos.

Mas minorias sexuais podem não ter esse luxo. Se você segue apenas uma pessoa bissexual, e essa pessoa discorda em questões que são importantes para você, você pode pensar que vai deixar de gostar de todas as pessoas bissexuais. Isso é verdadeiro para pessoas de muitos grupos minoritários. Minorias étnicas, religiosas e sexuais costumam ser vistas injustamente como porta-vozes de todos aqueles que são vistos como eles. Isso coloca muita pressão nos indivíduos e tem o efeito de homogeneizar as minorias.

O segundo modo pelo qual o contato social pode sair pela culatra, e aumentar ao invés de diminuir o preconceito, é quando minorias são representadas de modos estereotípicos ou destrutivos por outros. E, nossa, a relação entre pessoas bissexuais e o cinema e a TV tem sido muito distante de favorável.

Sexy, mas mortal

Nas raras ocasiões em que vemos personagens bissexuais no cinema, durante décadas eles foram, de modo desproporcional, representados por atrizes convencionalmente atraentes fazendo o papel de mulheres que são sexualmente agressivas, enganadoras e, por fim, mortais: a *femme fatale*.[38]

Dentre os personagens que vêm à mente está a fria e calculista Catherine Tramell, interpretada por Sharon Stone no filme de 1992, *Instinto Selvagem* (*Basic Instinct*), com a famosa cena em que ela está sendo investigada por assassinato pela polícia e sedutoramente descruza e cruza novamente as pernas, mostrando que não está usando calcinha. No filme, a personagem de Stone tem um relacionamento com uma mulher e faz sexo com o principal investigador da polícia. Então há a longa história da representação de vampiros como bissexuais, como na comédia de horror de 2009 *Garota Infernal* (*Jennifer's Body*), em que Megan Fox interpreta uma vampira súcubo e faz o comentário "I go both ways" [Eu gosto de ambos] quando se refere a se alimentar de pessoas, mas também é retratada como tendo encontros sexuais com homens e uma mulher. Mais recentemente temos Villanelle, interpretada por Jodie Comer, a protagonista na série de TV *Killing Eve: Dupla Obsessão* (*Killing Eve*), que apareceu pela primeira vez em 2018. Ela interpreta uma *serial killer* bissexual psicologicamente perturbada e psicopata que faz sexo com pessoas de qualquer gênero por prazer e para manipulá-las.

Esses são apenas três exemplos. Eu poderia citar muito mais. "Aparecendo em *neo-noir, thrillers* eróticos, dramas adolescentes, ficção científica sobrenatural e horror e *noir* retrôs, a *femme fatale* bissexual ativa parece estar em toda parte", escreve a pesquisadora de estudos de mídia e cultura Katherine Farrimond. Ela continua dizendo que o comportamento bissexual da *femme fatale* costuma apresentá-la como a mulher dos sonhos mais *sexy*.

Essas personagens bissexuais são as fantasias perfeitas, que se comportam bissexualmente, mas ainda são predominantemente interessadas por homens. Elas são sexuais, mas para o benefício do olhar masculino. Esse é o mesmo estereótipo com o qual me deparei no meu encontro no Friendly Society. Dito isso, diferente da pornografia, em que mulheres bissexuais costumam ser apresentadas como, nas palavras de Farrimond, "gatas gostosas que transam com qualquer um", a *femme fatale* no cinema normalmente sugere duplicidade. Ela se torna sexualmente disponível para qualquer um que poderá levar adiante suas ambições, mas por fim não se compromete com ninguém. Isso a faz potencialmente perigosa e não confiável. Isso parece tocar direto nas suposições de que pessoas bissexuais são promíscuas, sexualmente indecisas, descompromissadas e, portanto, não confiáveis.[39]

Uma vampira súcubo bi *sexy* é realmente a visibilidade bi que queremos? Personagens bissexuais como as interpretadas por Sharon Stone, Megan Fox e Jodie Comer são incríveis e eu amo todas elas. Com o seu ar de intriga, seu poder e sua liberdade sexual, elas são sedutoramente transgressoras. Elas rompem com normas de gênero, sexualidade e sociedade. Acho que são exatamente o que as pessoas bissexuais querem ver.

Talvez nós também não devêssemos interpretar os personagens tão literalmente. Filmes nos contam algo mais profundo sobre a sociedade, e a *femme fatale* está ligada à ansiedade conservadora sobre mudanças na posição social das mulheres.[40] Como Farrimond escreve, a *femme fatale* é "um emblema do empoderamento pós-feminista". Independentemente de a intenção ser literal ou simbólica, a bissexualidade delas é um modo efetivo de transmitir a vida fora dos limites normais da sociedade. Isso me lembra uma citação do livro do sexólogo Fritz Klein *The Bisexual Option*. A citação é de um pai falando da filha bissexual: "Um homem aqui, uma mulher ali. Não dá para viver assim. Ou você é uma coisa ou é outra. Esse é o perigo. Liberdade demais".

Parece que é a isso que personagens *femme fatale* bi estão aludindo. Elas são a expressão definitiva do excesso de liberdade que leva à morte e à destruição. Podemos vê-las como uma parábola cinemática da liberdade sexual ou como heroínas empoderadas. Contanto que elas não sejam as únicas representações, espero que continuem a existir em nossas telas.

Ainda mais elusivo do que a personagem mulher bissexual é o homem bissexual (e a pessoa não binária bissexual que é praticamente não existente). Quando vemos homens bi na tela, eles são imediatamente rotulados como *gays*. Como no filme de 2005 ganhador do Oscar *O Segredo de Brokeback Mountain* (*Brokeback Mountain*). De acordo com o professor de sociologia Harry Brod, "*Brokeback Mountain* é rotineiramente discutido como sendo sobre *cowboys 'gays'*, mas os personagens são claramente mostrados como bissexuais. O enquadramento incorreto do filme é resultado da tendência contínua da nossa cultura de polarizar, dicotomizar e simplificar questões de sexualidade e orientação sexual... essa tendência deveria ser criticada e resistida... Eles são pastores bi, não *cowboys gays*".[41]

Depois que o Código de Produção de Cinema, que baniu qualquer representação de relacionamentos ou atração pelo mesmo sexo dos anos 1930 até o início dos anos 1960, foi anulado, Wayne Bryant – que havia escrito extensivamente sobre a representação bi no cinema – argumenta que não foram só boas notícias. "No começo dos anos 1960, com o fim do Código, as comportas foram abertas – não simplesmente para filmes com personagens bissexuais, mas para os estereótipos que os acompanhavam".

Os estereótipos do homem bi que emergiram vieram em uma variedade de formas. Um tema comum era que maridos bissexuais sempre escondem sua sexualidade das esposas, batem nas esposas, são vítimas de extorsão ou não sabem lidar com a atração pelo mesmo sexo. Então havia a ideia de que homens bi fazem sexo com "qualquer coisa que se mexa". Nos anos 1980, quando a mídia costumava representar homens bissexuais como vetores da transmissão do HIV da comunidade *gay* para a comunidade heterossexual, a imagem do homem bissexual como o assassino sexualizado, drogado e sadomasoquista surgiu na tela.[42] Mais uma vez, temas de duplicidade eram grandes, com homens bi representados como tendo uma vida secreta, mentindo para si mesmos, seus parceiros e para a sociedade sobre quem eles eram de verdade.

Assim como nos relatos históricos, temos a tendência de presumir que personagens bissexuais na tela estão em negação ou em transição para se tornarem quem eles realmente são – homossexuais. Isso reflete crenças comuns sobre a bissexualidade ser apenas uma fase, ou que não existe. Também não ajuda o fato de que filmes com personagens bissexuais quase nunca usam a palavra bissexual, então a sua identidade é deixada em aberto para interpretação. De acordo com Bryant, a bissexualidade "se tornou a sexualidade que não se atreve a dizer o seu nome".[43] Quando você percebe isso, é difícil não se sentir incomodado.

"Só fala bissexual!" é algo que eu e meu parceiro costumamos gritar para a nossa TV nos momentos em que os personagens mais uma vez ficam fazendo rodeios ao redor da palavra.

Ainda assim, o fato de que nós, e teóricos de cinema *queer*, podemos falar desses filmes é um triunfo porque significa que esses filmes foram feitos e que esses personagens bissexuais foram escritos. Tenho certeza de que, da mesma forma que eu me identifico em algum nível com vilãs bi, homens bi provavelmente se identificam com alguns desses personagens apesar de eles também abrigarem estereótipos negativos. Mas da perspectiva do contato parassocial, me preocupa que para muitas pessoas as únicas pessoas bissexuais que elas veem são representadas sob essa luz confusa e monstruosa. Mas nem tudo está perdido. Como já mencionei anteriormente, as representações recentes e incríveis de pessoas bissexuais relacionáveis na tela me dão esperança.

À medida que pessoas bissexuais desenvolvem mais uma linguagem visual, cultivam comunidades inclusivas e se tornam o esteio na tela, está ficando cada vez mais difícil para as pessoas não enxergar o belo mundo da atração para além do gênero.

Capítulo 6
É Político

SUA SEXUALIDADE é política, quer você queira que ela seja ou não.

Muitas pessoas bissexuais vivem em uma família, uma comunidade ou um país em que elas estão em perigo. Onde elas não podem explorar ou expressar sua sexualidade. Lugares em que, se elas mencionarem seus sentimentos sexuais, é provável que serão assediadas, discriminadas, agredidas, presas ou mortas.

Estar em perigo simplesmente porque você está perturbando a norma heterossexual é um tipo particular de isolamento. É uma realidade devastadora na qual vamos nos aprofundar neste capítulo. Será pesado, mas também talvez seja o capítulo mais importante deste livro. Eu acho que é criticamente importante, sobretudo para aqueles de nós que não vivem em perigo, para ficarmos conscientes e lutar pelos que estão em perigo. Devemos emprestar nossas vozes para aqueles que não podem falar. Toda vez que alguém diz em voz alta que é bissexual, ou *gay*, ou lésbica, ou qualquer outra identidade não heterossexual, essa pessoa está ajudando a dar voz àqueles que não podem ter uma. A visibilidade é absolutamente essencial para que as pessoas ao redor do mundo tenham direitos humanos básicos. Lembrar as pessoas de que existimos e vivemos entre elas faz com que seja mais difícil nos desumanizar.

Em 2021, quase metade da população do mundo vivia nos 69 países com leis que criminalizam o comportamento homossexual.[1] Em muitos desses países, a punição é o encarceramento e, em alguns, isso pode resultar até mesmo na pena de morte. Este capítulo lida com questões particularmente difíceis, mas eu encorajo a leitura completa. Deixe isso marcado na sua mente. Permita-se sentir tristeza e raiva. Eu quero que você conheça essa realidade para que use isso para estimular a mudança no mundo.

Onde o amor é ilegal

Em um relatório de 2018 do Conselho de Direitos Humanos das Nações Unidas, um cenário sombrio é retratado em relação ao estado dos direitos humanos para aqueles que são LGBT+ ao redor do mundo. É o primeiro relatório da ONU que analisa especificamente a violência e a discriminação com base na orientação sexual e na identidade de gênero.[2] Ele foi construído sobre a Declaração Universal dos Direitos Humanos, com seu ponto fulcral sendo o "reconhecimento da dignidade inerente e dos direitos iguais e inalienáveis de todos os membros da família humana como a fundação da liberdade, justiça e paz no mundo".[3] Que modo bonito de ver o mundo, como uma família humana. Quem dera isso significasse na prática que vamos tratar uns aos outros com gentileza.

O relatório descobriu que a violência e a discriminação com base na orientação sexual e na identidade de gênero "são cometidos em todos os cantos do mundo, e presume-se que as vítimas cheguem a milhões todo ano. Esses atos se estendem da exclusão e da discriminação diárias até os atos mais hediondos, incluindo tortura e assassinatos arbitrários". Por que isso acontece? O relatório declara que "Na raiz jaz a intenção de punir a não conformidade das vítimas com noções pré-concebidas do que deveria ser a sua orientação sexual ou a identidade de gênero".

Isso é demonstrado em especial nos países com "estigmas e preconceito profundamente enraizados reforçados por leis discriminatórias e regulações que alimentam um clima em que o discurso de ódio, a violência e a discriminação são tolerados e perpetrados com impunidade".

Dizer que o relatório é deprimente é um eufemismo. Ele representa a realidade cruel que está quase que incompreensivelmente longe da imagem cor de arco-íris que costuma ser apresentada em cidades como Londres, Toronto, Berlim ou Nova York. De acordo com o relatório, a realidade é que "lésbicas, *gays*, bissexuais e pessoas trans e de gênero não conforme... enfrentam a quase certeza de sofrer violência durante a sua vida e... como uma regra geral, vivem todo dia com a consciência e o medo disso". Para mim, reconhecer essa injustiça resulta em dores de culpa. Foram simplesmente circunstâncias da vida que me permitiram viver onde eu posso ser abertamente bissexual sem medo de perseguição.

O relatório descreve a imposição da pena de morte para atos homossexuais, assassinatos em lares e espaços públicos em nome da "limpeza social" e "assassinatos de honra". Outros atos de violência incluem ameaças de morte, espancamentos, punição corporal impostos como penalidade para a conduta de mesmo sexo, prisões e detenções arbitrárias, tortura, sequestros, ataques com ácido, mutilação genital, estupro, gravidez forçada, detenções sem possibilidade de comunicação, estupro e agressão sexual, humilhação, abuso verbal, casamento forçado, assédio, *bullying*, discurso de ódio e exames médicos forçados. Às vezes essa violência é perpetrada por famílias ou indivíduos, outras vezes é perpetrada pela milícia local, por gangues, extremistas religiosos e nacionalistas extremistas.

Em 2021, Laurel Watson e colegas conduziram uma pesquisa qualitativa que explorava as experiências de agressão sexual entre 532 diferentes mulheres bissexuais.[4] Watson tem doutorado em psicologia do aconselhamento com especialização em traumatologia, o que usa para ajudar a entender as experiências de discriminação e como essas experiências afetam a saúde mental e o bem-estar entre indivíduos com identidades marginalizadas.[5] (Eu também descobri aleatoriamente que ela tem gatos e galinhas de estimação, o que conjurou imagens fofas de amizade entre espécies, mas isso não vem ao caso e é só uma tentativa de oferecer um breve sopro de leveza antes de voltarmos a cair nas profundezas assustadoras da humanidade.[6] Ok, *vamos lá*.)

Como parte de sua pesquisa, Watson e colegas descobriram que "muitas participantes atribuíam a visibilidade de suas identidades à agressão sexual, pensando que isso abastecia a discriminação antibissexual". Uma forma particularmente vil de agressão sexual que as participantes descreveram para ela é o chamado "estupro corretivo". De acordo com o Observatório dos Direitos Humanos, em alguns países africanos, entre eles África do Sul e Uganda, "O estupro corretivo é um fenômeno amplamente relatado no qual os homens estupram mulheres que eles presumem ou sabem que são lésbicas para 'convertê-las' para a heterossexualidade".[17]

Watson descobriu que algumas de suas participantes bissexuais, todas morando nos Estados Unidos, também haviam sofrido estupro corretivo. Porém, o motivo dado para isso nem sempre era para transformá-las em heterossexuais. Uma mulher negra disse: "Acredito ter sido um caso de 'estupro corretivo' com a intenção de me transformar em uma 'lésbica completa'". Outra participante, uma pessoa que se identificou como branca e de gênero fluido, declarou: "Sinto que talvez cada pessoa tenha achado que podia mudar a minha identidade para se encaixar naquilo que achavam que ela deveria ser. A mulher pensou que podia me fazer virar *gay* e o homem achou que podia me fazer virar hétero. Nenhum deles acreditava que a bissexualidade era uma identidade própria". Esses ataques mostram que pessoas bissexuais podem sofrer risco *especificamente* por serem bissexuais, em vez de serem alvo devido ao aspecto homossexual do seu comportamento ou sua identidade.

As vítimas que se pronunciam sobre esses abusos costumam ser desconsideradas ou desacreditadas. Até mesmo defensores dos direitos humanos trabalhando no campo da orientação sexual ou da identidade de gênero têm o seu trabalho impedido pelos estados. Ainda pior, se você for *queer*, o Estado também pode ser o seu inimigo. A violência de Estado costuma acontecer sob o disfarce de proteger a ordem pública ou os costumes sociais, ou em conexão com a aplicação de leis que criminalizam relações entre o mesmo sexo. A Rússia, a Coreia, o Azerbaijão, o Egito e a Indonésia são nomeados no relatório da ONU como países cujos agentes de Estado são conhecidos perpetradores de violência.

De acordo com o relatório, exames anais forçados que equivalem à tortura também foram relatados em Camarões, no Egito, no Quênia, no Líbano, na Tunísia, no Turcomenistão, em Uganda, na Tanzânia e na Zâmbia. O procedimento sancionado pelo Estado consiste em um médico ou outro profissional de saúde inserir os dedos ou outros objetos no ânus de uma pessoa suspeita de conduta do mesmo sexo para "provar" ou "refutar" que um indivíduo tem tendências homossexuais. O teste é inútil do ponto de vista médico, e é um mal-entendido fundamental e inerentemente humilhante do comportamento homossexual. Além disso, em muitas partes do mundo, as pessoas *queer* são tratadas como se estivessem doentes ou sofressem de doença mental.

Eu li o relatório da ONU com lágrimas escorrendo pelo rosto, seção chocante após seção chocante. Por trás de cada termo de violência listado aqui estão inúmeras vítimas. Parece impossível que vivam no mesmo mundo que eu. Que todos nós, membros da família humana, destruímos tão pronta e impiedosamente aqueles que não obedecem às nossas normas de sexualidade.

Você acha que *nós* somos diferentes, que nunca faríamos coisas tão horríveis com pessoas só por causa da sua orientação sexual ou identidade de gênero? Esses crimes e crenças não respeitam fronteiras. Nossas comunidades podem se cobrir com a bandeira arco-íris, mas presumir que todas as pessoas *queer daqui* estão igualmente protegidas é sucumbir a uma ilusão. Um exemplo gritante de como abusos terríveis com base na orientação sexual ainda são praticados em países em que atos homossexuais não são mais criminalizados é a existência contínua de terapias de conversão.

Em 2020, a Fundação LGBT+ publicou um relatório sobre o estado global da terapia de conversão.[8] A terapia de conversão costuma ter como objetivo converter um indivíduo do seu "estilo de vida", comportamento ou identidade *queer* e transformá-lo em heterossexual e cisgênero. Ela tenta forçar aqueles que não se encaixam nas expectativas de uma comunidade para aderirem às normas sociais. A maioria daqueles que passam por terapia de conversão são forçados ou pressionados a isso.

Essas "terapias" foram confrontadas por organizações internacionais incluindo a Organização Mundial da Saúde e a Associação Americana de Psicologia porque elas não têm justificativa científica e médica. A prática também é banida em vários países e jurisdições, incluindo algumas partes dos Estados Unidos, em que foi estimado que, desde a sua primeira introdução nos anos 1890, aproximadamente 698 mil pessoas já passaram pela terapia de conversão.[9] Mais da metade passou por ela quando adolescente. Apesar disso, o relatório de 2020 descobriu que a prática é amplamente difundida internacionalmente. Dos 5.820 indivíduos que responderam à pergunta "A terapia de conversão é feita no seu país?", 1.851 responderam que "Sim". Quer você more na Europa, na América

Latina, na Ásia, na América do Norte ou na África, pode-se presumir que a terapia de conversão está acontecendo em algum lugar no seu canto do mundo.

O que isso implica? De acordo com o relatório, a terapia de conversão costuma envolver terapia de fala ou psicanálise. Imagine-se ouvindo que sua sexualidade ou orientação de gênero é uma doença que precisa ser curada e você está na categoria certa de "terapia". Outros "tratamentos" comuns incluem oração, sexo forçado, gravidez forçada, jejum, exercício físico excessivo, hipnose, uso de drogas, cirurgia, abuso físico e choques elétricos. Em parte, porque a maioria das pessoas não se inscreve prontamente para essa tortura, pais ou comunidades podem interditar a pessoa, aprisioná-la ou controlar rigorosamente suas finanças. Não há provas de que esses tratamentos podem impedir alguém de sentir atração homossexual. O pior é que em vez de "curar" sexualidades desviantes, foi demonstrado que a terapia de conversão tem impactos negativos de longa duração na saúde que incluem culpa, raiva, ansiedade, vergonha, pensamentos suicidas, depressão e memórias indesejadas e intrusivas dos procedimentos.

Se você está se perguntando que tipo de pessoa está disposta a sujeitar alguém a intervenções tão horríveis, aqueles que lideram a terapia de conversão são, em sua maioria, serviços privados de saúde mental ou grupos religiosos, mas muitos outros perpetradores também foram identificados – incluindo prestadores de serviços médicos, curadores tradicionais, familiares e acampamentos de conversão. Cerca de 5% eram agentes do governo e 4% envolviam funcionários de escola.

A terapia de conversão é um exemplo de como, não importa em qual parte do mundo você more, você pode viver com medo de tortura física e mental só porque é LGBT+. Mesmo em países conhecidos por serem amistosos com pessoas *queer*. A Alemanha só votou uma lei banindo a terapia de conversão para menores de idade em 2020,[10] e no Reino Unido, até o ano 2021, ela ainda não foi banida. Uma pesquisa do governo do Reino Unido descobriu em 2018 que cerca de 5% das 108 mil pessoas que responderam à pesquisa havia recebido algum tipo de oferta de terapia de conversão, e 2% havia passado por ela.[11] A pesquisa também descobriu que mais da metade dos programas de terapia de conversão foi conduzida por grupos religiosos. Parece inacreditável que isso ainda esteja acontecendo e ainda seja legal em muitos países.

Sexualidade em julgamento

Apesar de nenhum lugar ser totalmente seguro, alguns lugares são muito mais seguros do que outros. Isso leva as pessoas a fugir de seus próprios países para começar uma vida nova onde elas possam estar seguras da tortura ou da perseguição. Então requerentes de asilo enfrentam um obstáculo em especial – eles precisam *provar* a sua sexualidade. No contexto da terapia de conversão ou leis contra o comportamento homossexual, é amplamente irrelevante se você é bissexual ou homossexual (ou qualquer outro tipo de identidade *queer*). O que importa é que você não é hétero. Mas a natureza específica da sua sexualidade importa nos pedidos de asilo, e provar que você é bissexual pode ser particularmente difícil.

Pense nisso. Se você tivesse que provar a sua sexualidade no tribunal, como faria isso? Você exibiria fotos dos seus parceiros sexuais? Talvez chamaria um ou uma ex para testemunhar que você fez sexo com essa pessoa ou saiu em encontros românticos? Se tiver, talvez você até mesmo mostre uma troca de mensagens com teor sexual, ou fotos de si mesmo durante o ato. Acontece que essa última ideia pode ser, surpreendentemente, inútil.

Como Antonia Benfield, uma advogada do Reino Unido, que se especializa em lei de imigração e asilos, me explicou, apesar de os requerentes de asilo às vezes pensarem que material sexualmente explícito apoiarão a sua reivindicação, o Home Office (Ministério do Interior na Inglaterra) não vai considerar "narrativas sexualmente explícitas".[12] Então, apesar de parecer que aquelas fotos *sexys* poderiam ajudar, provavelmente não poderão fazer parte do seu caso.

Que outras provas também poderiam ser questionadas? Benfield explicou que a pessoa requerendo asilo deve articular a sua própria sexualidade, a descoberta da sua sexualidade ou declarar claramente como ela se identifica. Na superfície isso parece fácil. Mas não costuma ser. Enquanto algumas pessoas sabem exatamente quando perceberam que eram *queer*, outras não têm um momento definitivo para o qual podem apontar. Também costumam ser ignoradas pessoas que não têm educação formal ou cresceram em uma sociedade na qual foram ensinadas na escola ou por meio da religião que qualquer coisa fora da heterossexualidade é abominável, elas costumam achar muito difícil explicar sua identidade e experiências.

E então há uma questão que eu nunca considerei. Muitas pessoas, é claro, estão se comunicando por meio de intérpretes – intérpretes que podem ser eles mesmos homofóbicos, ou pelo menos pode ser um lembrete constante do estigma que a sua sexualidade (e das consequências dela, como o estupro corretivo) carrega dentro do seu país natal ou comunidade. Eu não consigo nem imaginar como deve ser horrível, tão potencialmente traumatizante, depender de outra pessoa para contar sua história de sofrimento de abusos de direitos humanos *que lembra fortemente aqueles que perpetraram esses abusos*. Não estou dizendo que isso tem uma resposta fácil. Precisamos de intérpretes e achar intérpretes que são a combinação perfeita para um requerente de asilo deve ser incrivelmente difícil. Mas quando pensamos por que é tão difícil provar a sua sexualidade, esses são os tipos de motivos práticos que são facilmente esquecidos.

É claro que essas questões não são relevantes apenas para pessoas *queer*. Na maioria dos países, conseguir asilo é incrivelmente difícil, esteja você dizendo que não pode retornar ao seu país natal porque pratica uma determinada religião, por causa da sua sexualidade ou por causa de guerra. Para contextualizar, em 2018, no Reino Unido, apenas 35% dos requerentes de asilo receberam o *status* de refugiados ou outra forma de proteção legal na primeira vez em que pediram, o que é ligeiramente menor do que a média europeia de 39%.[13] Considerando as circunstâncias trágicas que levam as pessoas a fugir de suas casas, isso significa que muitos serão injustamente "removidos" se o seu pedido falhar e retornarão aos seus países natais.

As taxas de aceitação são ainda piores para aqueles pedindo por asilo com base na sexualidade. Há uma cultura de descrença, com o Home Office do Reino Unido simplesmente não aceitando que as pessoas são homossexuais ou bissexuais como alegam. Se concluírem que a pessoa não é *queer* e essa for a base para o requerimento de asilo, é provável que o pedido seja rejeitado com base em que, portanto, ela não tem um medo bem fundamentado de perseguição.

Aqui estão alguns exemplos do que isso parece: "O juiz determinou... que ele não era bissexual",[14] ou "A SSHD [Secretaria do Estado para o Departamento do Interior] tomou uma decisão de recusar as reivindicações de proteção e direitos humanos de JS e contestou o relato de JS sobre seus maus-tratos em Uganda e sua bissexualidade".[15] Ou:

> Ela aceitou que, em princípio, uma pessoa bissexual é capaz de ser um membro de um grupo social em particular para os propósitos da Convenção de Refugiados, e que a

alegação do contestante tinha, portanto, o potencial de envolver as obrigações do Reino Unido sob esse tratado. Ela aceitou provas de que relacionamentos entre homens são ilegais na Nigéria, e que homossexuais são geralmente incapazes de buscar proteção da polícia em seu país. Ela aceitou que, se o contestante era bissexual, ele poderia correr risco ao retornar para a Nigéria. A sua alegação de ser bissexual, porém, foi rejeitada.[16]

Nesse último caso, a juíza declarou que a alegação era fabricada. Dá para imaginar? Você ouve que está mentindo sobre a sua sexualidade e então é enviado de volta para o seu país natal... onde pode ser processado e morto pelo que acabou de dizer publicamente. Que realidade *aterrorizante*.

Agora, não estou dizendo que os julgamentos sejam necessariamente incorretos. É possível que as pessoas mintam sobre a sua sexualidade. Mas é incrivelmente difícil encontrar alegações suficientes para provar que não estão, sobretudo em lugares onde atos homossexuais são ilegais e onde as pessoas são pressionadas para se casarem e terem filhos. Isso pode colocar indivíduos LGBT+, e pessoas bissexuais especificamente, em um risco maior de deportação do que as pessoas requerendo asilo com base nos termos da Convenção de Genebra.

Isso se conecta a uma questão mais ampla. Os juízes nesses casos são capazes de saber quando alguém está mentindo? No meu campo primário de pesquisa – psicologia criminal – a detecção de mentiras é uma área importante de estudo. Em uma revisão de 2019 de centenas de estudos sobre a detecção de engano, Weylin Sternglanz e colegas em várias universidades nos Estados Unidos descobriram que a precisão média para dizer a diferença entre relatos verdadeiros e mentiras era de 54%.[17]

Dado que 50% é sorte, isso é uma má notícia. Também não é novidade. Durante décadas tivemos estudos que têm nos mostrado repetidas vezes a mesma coisa – humanos são ruins em detectar mentiras. Enquanto escrevo isso, estou impressionada pelo fato de nunca ter considerado que a pesquisa sobre detecção de mentiras poderia ser relevante para quaisquer aspectos da sexualidade. Mas para requerentes de asilo, a (in)capacidade de especialistas de detectar mentiras pode se provar devastadora. Dá para imaginar contar a sua história de ser tratado de modo horrível, arriscar tudo saindo do armário para oficiais e depois no tribunal, e, então, ouvir que você é um mentiroso? Isso acontece o tempo todo.

Estabelecemos no capítulo anterior que a definição da bissexualidade é multifacetada e costuma centrar na atração por múltiplos gêneros, e não no comportamento sexual. Então como se prova isso? A resposta simples é que não dá. Não dá para provar como alguém se identifica, mas tomadores de decisão e tribunais dependem de provas, então como isso se desenvolve na prática?

Um tipo de prova é o comportamento sexual. O problema é que o comportamento bissexual costuma parecer monossexual – alguém ter interações sexuais com apenas um gênero apesar de se atrair por muitos. Até mesmo ter relações sexuais com múltiplos gêneros em momentos diferentes não prova a bissexualidade. Em vez disso, pode ser visto como uma demonstração de que alguém que está no armário homossexual está usando o sexo como uma ferramenta de manipulação, ou que a pessoa é uma trabalhadora do sexo – ou, como no caso citado muitas vezes da requerente de asilo lésbica da Jamaica, ignorada como "experimentação sexual".[18]

Aqui está um exemplo de um caso de asilo, mostrando a complexidade de alguns desses problemas.[19]

Durante a entrevista de triagem formal, que aconteceu no dia 21 de setembro de 2012, C alegou que era bissexual e que sua família queria matá-lo quando descobriu sobre sua sexualidade. Ele também alegou temer perseguição ou maus-tratos graves em Gâmbia com base na sua orientação bissexual ou homossexual se ele voltasse para lá.

Quando questionado sobre a descoberta da sua orientação sexual, C disse que havia percebido que era "diferente" quando tinha cerca de 10 anos de idade, mas que não dormiu com outro rapaz até os 13 ou 15 anos, quando começou a sair com um homem alemão, Karl Hans Kloser, que conheceu na praia. C disse que estava trabalhando em um restaurante e hotel na época, mas os empregos não duraram muito. Ele contou ao entrevistador que, quando sua família descobriu sobre sua sexualidade, o irmão o espancou com uma barra de ferro no estômago e bateu no seu rosto, e ele apontou para as cicatrizes. Quando perguntado como a família havia descoberto que ele era homossexual, ele disse "Rumores, as pessoas contaram a eles e eles me confrontaram e eu não podia mentir para eles". Ele disse que fugiu, mas a família o encontrou e o "espancou seriamente", ele foi hospitalizado por alguns dias. Antes que descobrissem seu paradeiro, ele fugiu do hospital. Ele tinha 15 anos, ou estava prestes a completar 15 anos, quando fugiu pela última vez, e depois disso veio para o Reino Unido. Disse que pagou a um policial o equivalente a £20 para conseguir um passaporte. Disse que contou ao policial que nasceu em 1978.

Disse que tinha 14 ou 15 anos e estava dormindo em um banco quando conheceu Linda Firth e seu marido. Ele iniciou um caso com Linda e contou a ela que queria ir para o Reino Unido. Ela enviou dinheiro para a documentação e ele contou às autoridades que ela era sua noiva. C não contou sua idade ou que era bissexual. Quando veio para o Reino Unido, Linda o encontrou no aeroporto e o levou para Leeds, mas não para a casa onde ela morava com o marido e dois filhos. Ele disse que ela não ficava com ele o tempo todo e voltava para a casa da família. Porém, cerca de dois meses depois da chegada dele no Reino Unido, ele contou a verdade sobre sua sexualidade e o relacionamento acabou.

C tinha documentos com diferentes idades, o que ele alegou ter sido necessário na época. Foi a sua enganação que acabou dando ao caso inteiro um ar de farsa e levou o tribunal a declarar que era "muito difícil acreditar em qualquer coisa que ele falava". Em relação à sua bissexualidade, disseram que enquanto havia alguma prova corroborando o seu relato sobre relacionamentos com duas mulheres, as provas de ter relacionamentos homossexuais eram "vagas e não tinham quaisquer detalhes críveis", o que significava que "particularmente a alegação dele de ser homossexual ou bissexual [era] fantasiosa".

Como é possível ver, a questão da detecção de mentira percorre todo esse caso. Juízes estão constantemente adivinhando se um relato é verdadeiro ou falso e, mesmo quando há provas de encontros sexuais com múltiplos gêneros, isso não é o suficiente para "provar" que alguém é bissexual. O resultado? Dois artigos de pesquisa sobre o tópico com títulos deprimentemente cativantes descobriram que "Pessoas bissexuais não precisam se inscrever" e elas não pertencem "Nem aqui, nem lá".

O primeiro, um estudo de 2009 que analisou alegações de refugiados com base na bissexualidade nos Estados Unidos, no Canadá e na Austrália, concluiu que pessoas bissexuais têm significativamente menor probabilidade de obter *status* de refugiadas do que outros grupos de minorias sexuais. O autor, Sean Rehaag da Universidade York, descobriu que a invisibilidade bi e estereótipos negativos dos tomadores de decisão desses casos exercem um papel importante. Ele também descobriu que as pessoas relutavam em oferecer o *status* de refugiado para minorias sexuais que não tinham identidades tradicionais de *gay* e lésbica.[20] A forte influência oculta disso é a suposição de que as pessoas bissexuais podem apenas escolher viver vidas heterossexuais, se envolver romanticamente apenas com o sexo "oposto", para que não se coloquem em perigo. Só se misture, só faça a sua identidade sexual invisível. Essa é a mensagem. Você não é *queer* o suficiente para merecer a nossa proteção.

Não sou só eu que escuta essa mensagem alto e claro. O segundo estudo, de Jaclyn Gross da Universidade da Califórnia, descobriu que aqueles que buscam asilos com base na bissexualidade (em vez de ser homossexual ou trans) enfrentam maior dificuldade em obter asilo nos Estados Unidos.[21] Um motivo para isso é que os tomadores de decisão não entendem a bissexualidade ou têm vieses negativos em relação às pessoas bissexuais. Mas ela leva isso ainda mais adiante e discute problemas com imutabilidade.

Não pode me mudar

Algo que é imutável não pode ser mudado e não foi escolhido.[22] Mas isso não é tão preto no branco quanto parece. Há uma escala de escolha. Mais alto na escala da imutabilidade estão coisas como idade, grupo étnico e país de origem. Você não pode escolher ou mudar essas coisas, mesmo que quisesse. Na outra ponta da escala estão características que você pode escolher e mudar, mas ainda são legalmente protegidas em muitos países. Isso inclui gravidez e casamento. Com exceções notáveis como o casamento forçado ou a gravidez, as pessoas costumam ser capazes de escolher isso. No meio, temos a orientação sexual e a religião. Enquanto é possível escolher uma determinada religião, e a sua orientação sexual e a identidade podem mudar, isso é considerado importante demais para qualquer um ser forçado a mudar. Como descrito pelas diretrizes das Nações Unidas sobre proteção internacional, "Orientação sexual e/ou identidade de gênero são aspectos fundamentais da identidade humana que são inatas ou imutáveis, ou que uma pessoa não deveria ser forçada a abandonar ou esconder."[23] A sua sexualidade é inerente a você, e é provável que seja central à sua identidade, mas é *possível* que mude.

Às vezes escuto o argumento de que pessoas bissexuais podem escolher ser invisíveis e parecer heterossexual, o que Samuel Lawton chama de "camuflagem sexual". Mas há uma suposição de que essa invisibilidade opcional é como um superpoder que faz com que seja mais fácil para as pessoas bissexuais viverem em ambientes que são hostis em relação a outros membros da comunidade *queer*. Que pessoas bissexuais podem escolher se apaixonar ou formar relacionamentos apenas com membros de um sexo diferente. Só fingir, só se misturar... dizem até que você tem sorte. Mas o amor não se prende às decisões arbitrárias da sociedade em relação a com quem você deveria estar. E nem à atração sexual. E se você escorregar e se revelar? Bom, como aprendemos, em muitas partes do mundo isso pode ter consequências catastróficas.

É exatamente esse tipo de pensamento que nossos pesquisadores sobre asilo descobriram. Alguns dos tomadores de decisão em casos de asilo que tinham essas crenças presumiam que a bissexualidade – ou mais especificamente o comportamento homossexual de pessoas bissexuais – era meramente uma escolha. Um modo de mitigar esse problema pode ser esses tomadores de decisão pensarem na bissexualidade da mesma maneira que provavelmente pensam sobre religião. Digamos que você está tomando uma decisão sobre um cristão vivendo na Síria, onde uma organização terrorista ameaçou qualquer pessoa que não seja muçulmana. A pessoa entrou com um pedido de asilo no Canadá. As bases são que, por causa da religião, ela teme ser torturada ou morta. Agora, imagine rejeitar esse caso porque (a) a pessoa não parece cristã ou (b) a pessoa provavelmente poderia se passar por muçulmana e dizer a ela que ela deveria se converter ao Islã e desistir do cristianismo. Afinal, no fim das contas a religião é uma *escolha*.

Muitas pessoas pedindo asilo com bases religiosas também são rejeitadas, e às vezes são rejeitadas precisamente por esses motivos. Mas ainda parece provável que verão o quanto essa proposição é problemática. Pedir às pessoas que são religiosas para simplesmente desistirem de sua fé e adotar uma nova fé não é como as coisas funcionam. Até mesmo só seguir com o dia a dia e frequentar com regularidade um local diferente de adoração, fingindo ser parte de uma religião diferente, é provavelmente *impensável* para a maioria. Mas a bissexualidade não é tão bem entendida quanto a religiosidade pela maioria dos tomadores de decisões em casos de asilo. Esses são casos em que a invisibilidade bi e a bifobia podem ser equivalentes a uma sentença de morte. Estereótipos estão contaminando a capacidade dos tomadores de decisões e juízes de fornecer apoio crucial às pessoas que estão sendo perseguidas porque são bissexuais.

Enquanto provar que você é *queer* em pedidos de asilo pode ser incrivelmente difícil ou complexo, em alguns países provar que você *não é queer* é tão difícil quanto. Só o sussurro de uma acusação pode ser o suficiente para fazer com que você seja envergonhado publicamente, agredido, morto ou aprisionado. Como em Uganda.

No verão de 2020 eu falei com uma pesquisadora que estava fazendo seu doutorado em Uganda. Para a sua própria segurança, vou omitir seu nome. Como uma mulher bissexual pesquisando experiências LGBT+, ela estava evitando chamar atenção. O supervisor dela havia aconselhado que não enviasse a pesquisa para as publicações acadêmicas antes de sair do país, para garantir que seu nome não ficasse associado com a pesquisa LGBT+, e ela estava no país sob o disfarce de um projeto diferente, com medo de ser revelada e do que isso poderia significar para a sua segurança.

E o medo dela era bem fundamentado. Apesar de ser tecnicamente legal ser *queer* em Uganda, atos homossexuais são ilegais. Isso introduz uma tensão óbvia, e espaços que são vistos como incentivando atividade homossexual costumam ser invadidos pelas autoridades e fechados. Ela me contou que o único bar LGBT (o T geralmente é deixado de fora do discurso na Uganda) era invadido com frequência e precisou ser fechado de novo recentemente, e que as pessoas estavam preocupadas em usar aplicativos de encontro porque elas poderiam ser enganadas pela polícia fingindo ser outras pessoas *queer*, ou outras pessoas em busca de espancá-las.[24]

Ela estava impedida de sair do país por causa da pandemia de Covid-19 quando a polícia de Uganda prendeu 23 homens que moravam em um abrigo. Vazaram uma gravação em vídeo da polícia chicoteando e batendo nos homens com bastões enquanto diziam: "Fala das camisinhas! De onde elas vieram?... Fala pra que vocês estavam usando camisinhas!... Com quem vocês estavam fazendo sexo?... Conta com quem vocês estavam fazendo sexo!"[25]. A polícia estava supostamente aplicando as regras da Covid-19 em relação ao distanciamento social, mas o foco das questões conta uma história diferente. O incidente perturbador acabou com a polícia movimentando os 23 homens como uma corrente humana, as mãos amarradas, e os detendo por semanas. Supostamente, eles eram culpados de "um ato negligente que provavelmente espalharia infecção da doença", assim como "desobediência de ordens legais".[26]

Uganda mudou recentemente sua lei para voltar a criminalizar atos homossexuais. E, enquanto escrevo isso, um projeto de lei em busca de aprovação iria ainda mais longe e imporia a pena de morte para atos homossexuais. Esse projeto é coloquialmente conhecido como o projeto de lei para "Matar os *Gays*".[27] Sob as leis de moralidade do país, "o conhecimento carnal contra a ordem da natureza" é ilegal e já pode resultar em sete anos de prisão. Quem está apoiando um projeto de lei tão horripilante? Bom, pessoas incluindo o Ministro do Estado para Ética e Integridade, Simon Lokodo. Como ele declarou recentemente em uma entrevista, "A homossexualidade não é natural para os ugandeses... Mas houve um enorme recrutamento por pessoas *gays* nas escolas, especialmente entre a juventude, em que eles estão promovendo a falsidade de que as pessoas nascem assim".[28] Esse argumento de que esse tipo de lei é necessária para proteger a juventude da contaminação *queer* não é novo e ecoa argumentos que ainda são feitos por pessoas em muitos outros países.

Como isso tem relação com pessoas bissexuais? Talvez a resposta seja óbvia – qualquer um que se envolver em atividade homossexual é uma possível vítima desse sistema. Além disso, fiquei fascinada em aprender com a estudante de doutorado que só recentemente atos homossexuais entre mulheres foram incluídos na legislação anti-homossexualismo em Uganda. Isso significa que agora há um reconhecimento legal das mulheres lésbicas, bi e outras identidades *queer*. Infelizmente isso também significa que mulheres agora também podem ser enviadas à prisão por atos homossexuais, ou mortas se a proposta da lei da pena de morte, for aprovada.

Eu não sei por que, mas esse foi o primeiro contexto legal no qual percebi que a visibilidade e a "aceitação" das mulheres que se envolvem em atos homossexuais – como eu – poderia ser ruim. Muito, muito ruim. Até esse momento, eu havia presumido por algum motivo que qualquer legislação recente em relação a isso beneficiaria a agenda bi. Mas as coisas estão andando para trás em alguns lugares, mais uma vez destituindo indivíduos LGBT+ de direitos humanos básicos. Em 2019, Joan Nyanyuki, Diretora do Leste da África na Anistia Internacional na época, disse: "É ultrajante que, em vez de o governo ugandês dar passos urgentes para descriminalizar o sexo *gay*, eles queiram que as pessoas *gays* sejam executadas... Isso vai atiçar ainda mais ódio em um ambiente que já é homofóbico... Os membros do parlamento de Uganda devem rejeitar enfaticamente qualquer plano para legalizar esse tipo de preconceito e caça às bruxas de qualquer um que é visto como diferente".[29]

Leis que defendem uma determinada religião ou uma noção nebulosa de "moralidade" ou "decência" são uma realidade não só em Uganda, e elas não são só sobre sexualidade. No Sudão, uma mulher recebeu 40 açoites sob a lei de indecência porque estava usando calças,[30] no Irã a "polícia da moralidade" pune mulheres por saírem sem os véus[31] e por atividade homossexual, e em Cingapura as leis de "afronta à decência" significam especificamente que homens que se envolvem em atividade homossexual podem ser aprisionados por dois anos.[32]

Infelizmente, um efeito que as leis de moralidade podem ter é inspirar brechas legais que permitem novos hábitos destrutivos.

Brecha

Há alguns anos eu conduzia treinos regulares para membros das forças armadas sobre como se lembrar de situações extremamente emocionais, mais notavelmente quando estavam reunindo inteligência sobre as relações entre chefes de guerra em partes do mundo controladas pelas milícias. Sempre que viajava para conduzir esse treinamento, eu era recebida no aeroporto por um homem vestindo uniforme militar completo que andava ao meu lado e fazia eu me sentir muito importante – como se eu tivesse o meu próprio segurança particular. Era depois do treinamento, quando os homens estavam de folga, que eu ouvia histórias sobre o trabalho dos oficiais fora do país. Meu amigo militar de folga falou sobre a coisa mais moralmente preocupante que ele encontrou. Durante sua estadia no Afeganistão, ele testemunhou homens locais que se identificavam fortemente como heterossexuais pegarem jovens rapazes e meninos como amantes. Essa prática é chamada de *bacha bazi*, literalmente "garoto de brinquedo", também conhecido como "garotos sem barba" ou "garotos dançantes". A *bacha bazi* tem sido amplamente criticada e é considerada uma forma de abuso infantil e escravidão sexual. A prática foi criminalizada no Código Penal Afegão revisado, que entrou em vigor em 2018, mas críticos dizem que a lei não está sendo aplicada de maneira adequada pela polícia local. Uma revisão da prática pela antropóloga social Simone Borile em 2019 descreve como ela costuma envolver homens ricos contratando meninos adolescentes que recebem pedidos para se vestirem de mulher e dançar em festas. Tipicamente, esses meninos são contratados ou escravizados sob o disfarce mal-feito de entretenimento, mas, como Borile argumenta, "Os garotos devem não só fornecer entretenimento nas festas organizadas pelas famílias ricas ao dançar com delicadeza e movimentos forjados, mas costumam ser submetidos aos adultos como objetos de prazer sexual."[33]

Essa prática também é discutida em um relatório militar sobre a sexualidade pastós para as Forças Britânicas, que a descreve como um lado obscuro de um padrão mais amplo de comportamento homossexual.[34] Pelo fato de as taxas de homossexualidade serem tão altas nessa parte do Afeganistão, os autores chamam isso de uma "sexualidade culturalmente inventada", que eles argumentam ter a ver com os desejos pelo mesmo sexo que são grandemente facilitados pela "grave segregação das mulheres, o custo proibitivo do casamento... e a situação econômica deprimente". Um homem afegão de 29 anos que faz sexo com homens declarou em uma entrevista que ele mal sabia qual era a aparência das mulheres por causa da segregação extrema, e continuou: "Eu gosto de garotos, mas gosto mais de garotas".[35]

Homens que são sexualmente atraídos por homens e mulheres, ou fazem sexo com ambos, parecem obviamente se encaixar no rótulo bissexual. Mas homens afegãos quase nunca se consideram dessa maneira. Por quê? Porque a homossexualidade é considerada por muitos incompatível com o Islã e é ilegal no Afeganistão. Para tornar isso conveniente, alguns argumentam que não é *realmente* homossexual se você não estiver apaixonado pelo outro homem. Como o relatório das forças britânicas explica, "Amar um homem, portanto, seria inaceitável e um pecado grande dentro dessa interpretação cultural do Islã, mas usar outro homem para obter gratificação sexual seria considerado como uma fraqueza – indesejável, mas muito mais preferível do que fazer sexo com uma mulher inelegível".

Brechas sexuais permitem que as pessoas racionalizem comportamentos que são inconsistentes com suas crenças religiosas. Aqui, vemos uma brecha que se desenvolveu de duas maneiras diferentes – como homens fazendo sexo com homens, e como homens explorando sexualmente garotos. É claro, para que essa brecha funcione as pessoas também precisam enxergar o comportamento de mesmo sexo como algo que elas *fazem* e não algo que elas *são*.

Mas e quanto às pessoas que se identificam como sendo *queer* e muçulmanas? Há pouquíssima pesquisa sobre isso, mas há um estudo com uma pequena amostra de homens britânicos-paquistaneses que fazem sexo com homens que pode ajudar a nos fornecer algum entendimento. Os pesquisadores estavam interessados em como esses homens lidavam com a ameaça à identidade. Eles descobriram que todos os homens na amostra tinham dificuldades com a coerência psicológica entre as suas identidades ou seus comportamentos religiosos e sexual, mas que alguns eram capazes de se identificar como *gays* e muçulmanos. Como os autores escrevem, "Esses indivíduos, que pareciam tranquilos com a sua identidade *gay*, costumavam priorizar a sua relação pessoal e espiritual com Deus, que por sua vez parecia evitar dificuldades percebidas como originárias da instituição religiosa do Islã".[36] A maioria dos participantes, porém, fixou-se no argumento de que o seu comportamento homossexual era um erro ou era necessário por causa da falta de acesso às mulheres.

Esses mesmos argumentos protegem homens da ameaça à identidade em outros contextos não religiosos. Em seu livro *Not Gay: Sex Between Straight White Men*, a professora de estudos de gênero e sexualidade Jane Ward escreve sobre outros cenários em que o sexo entre homens é racionalizado como sem sentido, acidental ou necessário.[37] Esses contextos incluem internatos para um único sexo, rituais de iniciação em fraternidades e nas forças armadas e entre homens hétero que visitam banheiros ou saunas públicos para encontros sexuais. Ela argumenta que, contraintuitivamente, "É possível que essas práticas de sexo homossexual reforcem a heterossexualidade, porque elas fornecem uma oportunidade para que homens hétero mostrem: *Eu sou tão hétero que posso fazer isso sem que isso tenha qualquer consequência para a minha orientação sexual diária, que é hétero"*.[38]

Combinando as observações de Ward com a ideia da ameaça à identidade, podemos ver que, por mais que possa existir uma incompatibilidade entre se identificar como religioso e se envolver em comportamento homossexual, também há (é óbvio) uma incompatibilidade entre se identificar como hétero e se envolver em experiências *gays*. Esse é um motivo pelo qual a narrativa hiper-heterossexual costuma ser associada com a homofobia extrema e pode levar à hostilidade e à violência. É claro que em muitos contextos a religião e a hiper-heterossexualidade estão entrelaçadas e não podem ser isoladas uma da outra.

Como superamos isso? Ward argumenta que precisamos reformular fundamentalmente a sexualidade masculina. Temos uma tendência a ver as mulheres como sempre disponíveis sexualmente, e flexíveis sexualmente, mas vemos os homens como possuindo um "impulso heterossexual estruturado para espalhar sua semente e que isso é relativamente inflexível". Isso deixa pouco espaço para a realidade da vida sexual de muitos homens, que envolve certa bissexualidade comportamental.

Voltando ao contexto da religião, é claro que não é só o Islã que pode criar ameaças à identidade e ambientes hostis para pessoas LGBT+. Quase toda religião tem uma história de perseguição às pessoas *queer*. Um exemplo óbvio é o pastor cristão evangélico ugandês Martin Ssempa, que viralizou *on-line* com sua declaração homofóbica de que homens *gays* "comem caca". Ele também é um dos proponentes mais conhecidos do projeto de lei para "Matar os Gays" em Uganda. Esse é um exemplo extremo, mas sentimentos similares são ecoados em igrejas ao redor do mundo.

Uma pesquisa especificamente sobre cristãos bissexuais no Reino Unido e nos Estados Unidos, publicada em 2018, descobriu que até mesmo em igrejas que se consideram inclusivas de pessoas LGBT há um apagamento quase geral da bissexualidade em locais de adoração. A autora dessa pesquisa, Carol Shepherd, ela própria cristã e bissexual, descobriu que, talvez relacionados a apagamento e exclusão, quase todos os cristãos bissexuais entrevistados em seu estudo tinham transtornos depressivos de algum tipo.[39] Shepherd acha que há uma necessidade urgente de abrir espaço para o diálogo sobre a flexibilidade sexual e a bissexualidade dentro da igreja. Essa preocupação também foi expressada por William Jeffries e colegas, que argumentaram em 2008 que "Não heterossexuais costumam abandonar a religião estruturada pela espiritualidade devido à homonegatividade perpetuada pelas instituições religiosas".[40] Ainda assim, em seu estudo sobre homens negros bissexuais nos Estados Unidos, Jeffries e colegas descobriram alguns pontos positivos associados com ser bi e religioso – e que algumas pessoas, mesmo que a sua bissexualidade fosse rejeitada, eram aceitas pela comunidade como membros da igreja.

Eu sempre fico impressionada com espaços religiosos que são bem-sucedidos em permitir que as pessoas se sintam parte da comunidade, enquanto também abraçam o fato de elas serem *queer*. Na verdade, eu moro bem ao lado de uma igreja católica liberal em Londres que parece fazer isso. Um dos campanários está sempre com a bandeira do orgulho mais atual, que no momento em que escrevo essas linhas é a bandeira do "progresso", que tem o arco-íris padrão mais um triângulo feito de faixas pretas e marrons para reconhecer pessoas não brancas, e as cores da bandeira trans. A igreja tem um padre abertamente *gay*, e o padre anterior é tão *espalhafatosamente gay* que ele é meio que uma lenda local. A igreja organiza uma congregação mensal chamada Mesa Aberta que busca oferecer um espaço sagrado e seguro para pessoas *queer*. Eles também têm um clube do livro *queer*, com títulos como *Towards a Theology of Same-Sex Marriage*, *Trans Affirming Churches* e *Queer Theologies: The*

Basics. Eu entendo que a religião e identidades *queer podem* coexistir, mas na maioria das vezes isso não acontece.

E é importante lembrar que mesmo quando é ilegal *e* considerado um pecado religioso, como no Afeganistão, ainda vemos as pessoas se envolvendo em comportamento homossexual. Em vez de endossar brechas, é importante que trabalhemos para difundir a aceitação dentro de comunidades religiosas de que muitas pessoas, incluindo muitos homens, têm o comportamento homossexual e bissexual.

É fácil ver a homofobia, e os abusos de direitos humanos que a acompanham, como se fosse algo que só acontece em países que consideramos estar muito distantes. Isso também é o que muitos políticos querem que você pense, quando usam os direitos LGBT+ como armas com propósitos políticos. Em 2007, a professora Jasbir Puar cunhou o termo "homonacionalismo", um conceito que eu acho incrivelmente útil quando falamos desse assunto, e que é amplamente referenciado. Vamos começar com o que Puar escreve sobre o seu desenvolvimento da ideia: "Em minha monografia de 2007 'Terrorist Assemblages: Homonationalism in Queer Times' ['Montagens Terroristas: Homonacionalismo em Tempos Queer'], desenvolvi o quadro conceitual de 'homonacionalismo' para entender as complexidades de como a 'aceitação' e a 'tolerância' por pessoas *gays* e lésbicas têm se tornado um critério por meio do qual o direito e a capacidade de se ter soberania nacional é avaliado".[41] Em outras palavras, países com leis como aquelas do Afeganistão, de Uganda, do Irã ou da Polônia são vistos como retrógrados e problemáticos, enquanto países que oferecem proteções legais para pessoas que são LGBT+ são vistos como progressistas. Por que isso é um problema? Porque isso ajuda a dividir o mundo entre nós e eles, bom e mal, aqueles que merecem proteção e aqueles que merecem ser atacados. Ajuda a justificar o racismo contra pessoas que vêm de países conhecidos por serem opressores com comunidades LGBT+ e dá aos políticos munição para argumentar contra políticas internacionalistas e de imigração.

Há muitos problemas com isso, incluindo uma longa história de colonialismo. Lugares como Uganda e Jamaica foram responsáveis por exportar visões e leis homofóbicas em primeiro lugar, só para que os poderes coloniais castiguem esses mesmos países mais tarde por continuar o que eles mesmos começaram. Pessoas que há pouco tempo eram vistas como estrangeiros exóticos e hiperssexuais que precisavam ser ensinados como ser civilizados hoje são vistos como o oposto: sexualmente reprimidos e fundamentalistas. Isso ajuda a explicar um sentimento de desconforto que costumo sentir quando alguém que eu desprezo politicamente defende os direitos LGBT+ em lugares distantes – pode ser profundamente homonacionalista e usado como ferramenta para convencer os outros de que *eles* são diferentes de *nós* e não deveriam vir para cá com suas ideologias retrógradas. Alimenta a ideia de que migrantes de países não ocidentais representam uma ameaça cultural.

E quanto às pessoas que estão ativamente em perigo em seus próprios países? De acordo com Rosa Lopes Heimer, a "alteridade", ou seja, a "transformação em outro", desse modo homonacionalista de pensar incorporou-se nas decisões de pedido de asilo "de modos perigosamente danosos". Apesar de o Reino Unido se orgulhar da sua proteção de pessoas *queer*, ele rejeita a maioria dos requerentes de asilo que estão fugindo da perseguição com base na sua orientação sexual. Lopes Heimer acredita que isso é muitas vezes justificado ao argumentar que "eles não podem ser 'ajudados/salvos'... [porque] suas diferenças 'culturais/naturais' os tornam incapazes de viver a sua sexualidade aberta e livremente mesmo em um país 'aberto e livre'". Em outras palavras, o governo implicitamente argumenta que *Não somos nós, é você* que é o problema.[42]

O que é ainda mais curioso sobre tudo isso é que a homofobia não só acontece em outro lugar, não é só algo que *outras* pessoas fazem. Os Estados Unidos e o Reino Unido também têm uma história longa e recente de leis sobre "indecência grosseira", criminalizando particularmente o comportamento homossexual de homens *gays*. As pessoas no Reino Unido podem conhecer a Seção 28, que foi implementada no governo de Margaret Thatcher em 1988 e só foi abolida por completo em 2003, e aqueles nos Estados Unidos podem conhecer as leis de *"no promo homo"*.

No promo homo

Eu não aprendi muito, se é que aprendi alguma coisa, sobre identidades LGBT+ na sala de aula. Além de uma aula que envolvia bananas e camisinhas, e algumas fotos nojentas de infecções sexualmente transmissíveis, a conversa sobre sexo e sexualidade era mínima. Aprendi muito mais brincando do jogo da verdade com amigos, com revistas de mulheres cheias de conselhos terríveis e em salas de bate-papo *on-line* que pareciam estar repletas em sua maioria por homens crescidos esperando por garotas adolescentes. Isso me rendeu uma cabeça cheia de equívocos e estereótipos.

A minha própria (in)experiência como uma pessoa jovem me fez estremecer quando ouvi pela primeira vez sobre as leis de *"no promo homo"*. De acordo com o professor de jurisprudência de Yale William Eskridge, que escreveu extensivamente sobre questões de LGBT+, "durante boa parte do século XX, leis ou normas sociais estigmatizando pessoas *gays* foram justificadas com base em que pessoas *gays* fazem coisas nojentas ou são adoentadas ou predadoras".[43] Ele argumenta que desde os anos 1960 há outro motivo para isso, o medo de que fazer leis inclusivas para pessoas *queer* encoraje o comportamento homossexual. "O *slogan é sem promover a homossexualidade*. Na gíria, *"no promo homo"*.

Eskridge passou boa parte de sua carreira ensinando em Yale e tem feito um trabalho importante na luta por direitos *gays* nos Estados Unidos. De 1990 a 1995, ele representou um casal *gay* que estava lutando pelo reconhecimento de seu casamento do mesmo sexo numa época em que forças legais estavam se endurecendo para prevenir isso, com leis como o Ato de Defesa do Casamento de 1996.[44] Ele também escreveu uma análise compreensiva de questões legais em relação ao gênero e à não conformidade sexual nos Estados Unidos em seu livro maravilhosamente intitulado de *Gaylaw*.

De acordo com Eskridge, há uma estrutura lógica para os argumentos *"no promo homo"* (sem promoção aos homossexuais) que inclui a suposição de que a heterossexualidade é o padrão dourado da conduta sexual e que o Estado promover qualquer coisa significaria que está promovendo algo pior. Esse argumento costuma ser enquadrado em torno da importância de valores tradicionais de família e da ideia de que identidades e comportamento *queer* ameaçam a família.

Um lugar em que leis *"no promo homo"* existem é o Texas. Em relação à educação escolar do estado sobre condutas sexuais, a lei estadual do Texas diz: "Os materiais nos programas educacionais destinados às pessoas com menos de 18 anos de idade devem: (1) enfatizar a abstinência sexual antes do casamento... e (2) declarar que a conduta homossexual não é um estilo de vida aceitável e é um crime".[45] Isso parece errado, porque é. É legalmente dúbio, já que em 2003 a Suprema Corte acabou com a criminalização da "conduta homossexual". Apesar disso, a lei *"no promo homo"* significa que conteúdo pró-LGBT+ é legalmente proibido nas escolas estaduais, e professores devem condenar ativamente o comportamento homossexual e sexualidades relacionadas.

Texas não está sozinho no uso dessas leis. Até o momento em que escrevi este livro, Alabama, Louisiana, Mississippi e Oklahoma também têm leis *"no promo homo"*. De acordo com Eskridge, essas políticas podem levar a professores distribuindo informação falsa ou enganosa e contribuir para um ambiente hostil para professores e estudantes. Há muitas versões disso ao redor do mundo, e quanto mais o país é opressor para indivíduos LGBT+, mais opressor costuma ser o ambiente escolar.

Mas mesmo sem essas leis, as escolas podem se tornar campos de batalha sexual. Em janeiro de 2019, um pai em Birmingham, Inglaterra, iniciou uma petição alegando que seus filhos estavam aprendendo coisas na escola que contradiziam a fé islâmica.[46] Isso levou a protestos fora da escola, que se espalharam para outras escolas. *Slogans* como "Nossas crianças, nossa escolha", "Diga não para a sexualização de crianças", "Deixe as crianças serem crianças" e, o meu favorito, "Adão e Eva, não Adão e João" foram gritados por alto-falantes e pintados em cartazes.[47]

Um dos homens que coordenou os protestos, Amir Ahmed, declarou em uma entrevista para a BBC: "Somos uma comunidade tradicional – temos valores familiares tradicionais e, moralmente, não podemos aceitar a homossexualidade como um relacionamento sexual válido de se ter", adicionando que essas lições não são sobre inclusão e diversidade, mas: "Isso é puro proselitismo de um modo de vida homossexual para crianças".[48] Esses protestos aconteceram quando já estava claro que em setembro de 2020 se tornaria compulsório na Inglaterra fornecer educação sobre relacionamentos apropriada à idade para alunos do ensino fundamental e educação sexual e de relacionamentos para alunos do ensino médio.

Enquanto esses protestos estavam acontecendo no Reino Unido e eram liderados predominantemente por pais muçulmanos, um protesto paralelo estava acontecendo nos Estados Unidos, liderado predominantemente por pais cristãos. No início de 2019, Nova Jersey aprovou uma lei exigindo que escolas estaduais ensinem sobre as contribuições de indivíduos LGBT+ no ensino fundamental e normalizem e ensinem questões LGBT+.[49] A amostra do currículo incluía sugestões de lições sobre ativistas de direitos transgênero,[50] como os nazistas forçaram homossexuais nos campos de concentração a usar triângulos rosas e a história opressora da terapia de conversão.[51] Os protestos contra esse novo currículo seguiram protestos similares na Califórnia, onde em 2015 as mesmas diretrizes foram mandatadas e pais cristãos acusaram o Estado de ter uma "agenda LGBT+" com o objetivo de "sexualizar" as crianças em idade escolar da Califórnia[52].

Ensinar sobre sexo e relacionamentos nas escolas é controverso há muito tempo e, em países como os Estados Unidos e o Reino Unido, a batalha tem sido ganha em maior parte por aqueles que querem deixar o currículo mais inclusivo das diferentes sexualidades e estruturas familiares. Então, o que exatamente as crianças estão aprendendo sobre sexualidade na escola que é tão controverso? Acontece que essa é uma questão difícil de se responder. Em quais tipos de escolas? Religiosa, privada ou estadual? Sob qual tipo de governo? Em quais países? Em qual distrito escolar? Apesar de algumas escolas ao redor do mundo terem um programa de estudos de educação sexual, o mais comum é deixar a cargo de cada uma das escolas decidir exatamente como ensinar as crianças sobre sexo e relacionamentos.

Por exemplo, escolas estaduais inglesas podem decidir quais planos de aulas usar, mas há uma orientação sobre a informação-chave que os estudantes devem aprender. No ensino médio, as escolas devem ensinar aos estudantes sobre orientação sexual e identidade de gênero, e no ensino fundamental elas devem ensinar sobre diferentes tipos de família, que *pode* (mas não precisa) incluir famílias LGBT+.[53]

Estou particularmente interessada em saber se os professores falam da bissexualidade na escola e, se falam, o que essas discussões implicam. Eu não me lembro de aprender sobre a bissexualidade com nenhum professor, em nenhuma lição, em nenhum nível da educação, do ensino fundamental ao doutorado. Isso é, até eu fazer o meu mestrado em história *queer* aos 33 anos de idade. Infelizmente, parece que mesmo hoje as questões LGBT+ nas escolas são geralmente mal atendidas, e a bissexualidade costuma estar completamente ausente.[54] De acordo com a pesquisadora australiana de desenvolvimento social e saúde Maria Pallotta-Chiarolli, a bissexualidade especificamente sucumbe à "exclusão por inclusão" – ela é apagada por ser absorvida pelo genérico LGBT+, o que evita conversas específicas sobre a bissexualidade.[55]

Em 2018, Pallotta-Chiarolli foi reconhecida como a "Aliada Hétero do Ano" pelo Prêmio Australiano Comunidade GLOBE que celebra o trabalho notável de indivíduos LGBTQI e seus aliados. Em 2008, ela publicou *Love You Two*, um romance *young adult* que explora a bissexualidade e o poliamor dentro de um cenário multicultural. Ela também publicou o primeiro livro acadêmico da Austrália sobre estudantes bissexuais e famílias poliamorosas em suas negociações com sistemas educacionais, motivo pelo qual ela foi a pessoa perfeita para editar uma edição especial do *Journal of Bisexuality* no tópico da educação sexual bi em 2014.

Ela escreve que foi difícil encontrar pesquisas sobre educação da bissexualidade nas escolas. Pelo que ela conseguiu encontrar, estava claro que a "Bissexualidade continua a cair no vão entre o binário da heterossexualidade e homossexualidade em todos os setores educacionais". Ela argumenta que isso é verdadeiro até em escolas anti-homofóbicas e com boas intenções, onde ainda há "uma ausência de educação sobre, e a afirmação da, a bissexualidade e uma atenção específica mínima à bifobia no currículo, nas políticas e na assistência social aos estudantes".⁵⁶

É importante descrever especificamente em novas políticas e currículos de educação sexual que professores precisam abrir espaço para conversas significativas sobre identidades, necessidades e comportamentos de não monossexuais e outras minorias sexuais além de *gays* e lésbicas. Não fazer isso deixa as pessoas silenciadas e invisíveis. Como Pallotta-Chiarolli continua ao escrever, "De fato, essas ausências e esses apagamentos tem sido considerados um fator importante para que jovens bissexuais, membros da família e educadores nas comunidades escolares sofram com uma saúde mental, emocional, sexual e social pior do que os seus pares homossexuais ou heterossexuais".

Essa omissão na educação sexual é sentida particularmente por crianças bissexuais porque as experiências de pessoas bissexuais na escola costumam ser diferentes das experiências de seus pares monossexuais. Uma pesquisa publicada em 2020 descobriu que "estudantes que se identificam como bissexuais enfrentam desafios contínuos como a negação da sua identidade, estereótipos negativos, bifobia e assédio sexual na escola".⁵⁷ Crianças bissexuais são tratadas de modo diferente de várias maneiras. Por exemplo, com base em uma pesquisa de três anos em uma escola pública do ensino médio nos Estados Unidos, a pesquisadora de estudos educacionais Susan Woolley descobriu que garotas regulam a aparência e o comportamento umas das outras em relação à "feminilidade adequada". Woolley argumenta que ser bissexual ameaça a heteronormatividade que a feminilidade adequada sinaliza, assim como ser lésbica ameaça as ideias de feminilidade das pessoas. Para punir essa transgressão, as garotas bissexuais eram tocadas sem o seu consentimento mais do que os outros estudantes, sofriam *bullying* e eram julgadas mais duramente por seu comportamento e sua vestimenta. Além disso, a ideia de que garotas bissexuais são "tão vadias" e estão sempre disponíveis para sexo a três era comum, algo a que Woolley se referiu como o "discurso da vadia". Esse discurso da vadia também contribuiu para a culpabilização da vítima quando garotas foram sexualmente assediadas por seus pares. Os mesmos problemas de feminilidade performativa e discurso da vadia também foram relacionados ao assédio sexual de pessoas bissexuais no ambiente de trabalho.

Além disso, as identidades bissexuais de alguns jovens eram simplesmente negadas, como quando uma garota ouviu: "Nós sabemos que você não é bi. Você está prejudicando a comunidade *gay*. Para de mentir! Para! Nós sabemos que você não se atrai por garotas, só para de mentir para todo mundo". Uma pesquisa anterior apontou um tratamento similarmente problemático de estudantes homens e não binários que são bissexuais e um clima geral de negatividade bi.[58]

Apesar de ter certeza de que, em algumas escolas, e para alguns estudantes, ser bissexual é visto como positivo, os resultados apresentados aqui não se alinham com a ideia de que ser bi é inerentemente legal – como a matéria de capa de 1995 da revista *Newsweek* sugeriu quando disse que a bissexualidade é "chic". Isso não é um concurso de pena. É simplesmente o reconhecimento de que é importante que as escolas falem sobre o arco-íris inteiro de identidades sexuais e configurações de relacionamentos para ajudar os jovens a crescerem saudáveis e felizes.

É importante notar que grande parte do impacto que as escolas e os professores têm sobre a identidade do adolescente não é intencional, em vez de fazer parte do plano de aulas. Por exemplo, uma revisão da literatura de estudos sobre como a escola influencia o desenvolvimento da identidade de adolescentes descobriu que "mensagens podem ser comunicadas de modo não intencional para adolescentes em relação a quem eles devem ou podem ser por meio de diferenciação e seleção, estratégias de ensino, expectativas dos professores e normas dos pares".[59] Isso significa que é o ecossistema da escola que estabelece o tom sobre a sexualidade. É como os professores falam sobre a sexualidade nos corredores, incluindo ou excluindo a história e as pessoas LGBT+ do currículo, e os tipos de brincadeiras entre os estudantes que eles facilitam ou previnem. É nos momentos *intersticiais* que os jovens aprendem quais sexualidades são aceitáveis, entre as lições e aulas, entre conversas diretas com professores e pais, entre momentos com os pares.

O ecossistema educacional como um todo deixa claro quais identidades sexuais estão disponíveis, incluídas e válidas. É quando a educação sexual permite que escolas e professores intencionalmente apoiem o desenvolvimento da identidade de minorias sexuais, em que o aprendizado exploratório é facilitado, que essa inclusão pode fazer uma enorme diferença para a identidade do adolescente. Quando situado no ambiente solidário de uma sala de aula, os professores podem ajudar os estudantes a explorar novas identidades, ajudá-los a refinar suas identidades e passar a entendê-las melhor.

Infelizmente, leis *"no promo homo"* estão voltando em outras partes do mundo, com grandes implicações para crianças e para o clima cultural mais amplo no qual as pessoas vivem. Na Europa, países que estão regredindo na sua abordagem aos direitos LGBT+ incluem a Rússia, a Hungria e a Polônia. A socióloga húngara Judit Takács argumentou que no Leste Europeu especificamente, apesar de a cortina de ferro do socialismo ter caído, boa parte da comunidade LGBT+ permanece velada – um fenômeno que ela chama de "a cortina rosa".[60] Isso é em grande parte o resultado de políticas abertamente *queer*-fóbicas e de ideias geralmente mais regressivas sobre pessoas LGBT+ do que em boa parte do Ocidente Europeu. Políticos firmemente anti-LGBT+ transformam intencionalmente partes do Leste Europeu em lugares hostis para pessoas *queer*.

Em 2020, o então correspondente LGBT+ da BBC Ben Hunte reportou sobre as zonas "livres de LGBT+" que haviam sido estabelecidas na Polônia, onde governos locais prometeram banir qualquer promoção de igualdade LGBT+, incluindo centros de apoio LGBT+ e qualquer menção positiva de vidas *queer* nas escolas.[61] Ele descobriu que sob o conhecido disfarce de proteger valores familiares tradicionais e da terrível confusão entre pedofilia e desejos pelo mesmo sexo, a Polônia havia se tornado um dos piores países na União Europeia para os direitos LGBT+. Sublinhando o quanto a situação era ruim, o presidente polonês Andrzej Duda proferiu um discurso em 2020 dizendo que as "crianças devem ser protegidas da sexualização agressiva" e que ele se opunha à adoção de crianças por parceiros do mesmo sexo. Ele também declarou que a "ideologia" LGBT+ era pior do que o comunismo, uma declaração que mexia diretamente com os medos da população polonesa que havia saído do opressor regime comunista em 1989.

Apesar de essa retórica anti-LGBT+ parecer ganhar força, isso não tem acontecido sem reação. Hunte viajou para a Polônia no início de 2020 e falou com pessoas *queer* locais e ativistas dos direitos LGBT+ que haviam ido às ruas com grandes bandeiras arco-íris e protestaram contra as ideologias políticas e públicas cada vez mais homofóbicas no que foi chamado de "Stonewall da Polônia". "Eles querem nos assustar", um ativista disse a Hunte. "Na nossa primeira Parada do Orgulho em Lublin, as pessoas estavam jogando pedras em nós. Na segunda Parada do Orgulho teve um casal que levou explosivos". As Paradas do Orgulho foram recebidas com tremenda presença e hostilidade policiais, e em 2021 organizações incluindo a Vigília dos Direitos Humanos chamaram a atenção da Polônia por romperem com obrigações da União Europeia sobre direitos das mulheres e LGBT+.[62]

A luta na Polônia continua, com organizações locais e *on-line*. Grupos bissexuais como o Biszkopty permaneceram ativos e oferecem um espaço bi positivo para celebrar e formar laços com base em uma sexualidade que continua a ser perseguida. Com a proliferação de espaços *queer on-line* está se tornando cada vez mais difícil para os governos impedirem que pessoas *queer* se organizem e apoiem umas às outras. Governos ao redor do mundo fingem que não têm comunidades *queer*, reprimem as pessoas e as aprisionam, ou até mesmo matam membros da comunidade. Mas isso nunca vai mudar o fato de que – como uma *drag queen* polonesa com um visual fabuloso disse para uma sala animada cheia de expatriados poloneses *queer* em Londres – "Nós somos *queer*, nós estamos aqui, e também na Polônia, em toda parte!".

Fora da Polônia, o movimento pelos direitos *gays*, ou mais amplamente o movimento LGBT+, tem lutado por proteção legal para casais homossexuais por pelo menos cem anos. A primeira organização por direitos *gays* documentada nos Estados Unidos, muitas vezes creditada como a primeira do mundo, foi criada em 1924 e apropriadamente chamada de Sociedade por Direitos Humanos. Voltando para esse século, vimos mudanças notáveis. Ainda assim, não foi há tanto tempo que uma fonte de proteção legal para casais homossexuais – o casamento *gay* – primeiro se tornou uma opção em lugares como a Holanda (o primeiro no mundo, em 2001),[63] o Reino Unido (2014),[64] em todos os estados dos Estados Unidos (2015)[65] e na Alemanha (2017).[66] Isso beneficiou todos os membros da comunidade LGBT+, mas não beneficiou a todos igualmente. Como aprendemos neste capítulo, em boa parte do mundo a comunidade LGBT+ ainda é forçada a viver nas sombras. E pessoas bissexuais são em grande parte invisíveis ou apagadas.

Em 2015, Nancy Marcus, então na Escola de Direito Tecnológico de Indiana, conduziu um estudo sistemático de questões bissexuais mencionadas em casos de direitos LGBT+, incluindo a litigação recente do casamento do mesmo sexo. Ela escreve:

> O estudo documentou um apagamento sistêmico quase completo das pessoas bissexuais nos *briefings* e opiniões, incluindo uma ausência de qualquer menção de pessoas bissexuais por opiniões da maioria em casos nos quais os *briefings* haviam estabelecido um tom de apagamento bi ao argumentar alternativamente por direitos "*gays* e lésbicos", "casamento *gay*" ou "casamento do mesmo sexo", enquanto omitia completamente referências a pessoas bissexuais.[67]

Até mesmo quando as pessoas que traziam o caso eram bissexuais, o termo quase nunca era mencionado. O artigo apresenta provas convincentes de apagamento bissexual por advogados, tribunais e pela mídia nos Estados Unidos, o que parece ser ecoado ao redor do mundo. Esse apagamento é o resultado de, e contribui para, estereótipos tóxicos sobre a bissexualidade que levam os sistemas legais a falharem com pessoas bissexuais. Advogados, juízes e legisladores precisam começar a falar e escrever a palavra bissexual. Começar a torná-la visível. E se engajarem.

Um modo poderoso de fazer isso é ser abertamente bissexual na política. Isso é importante em toda parte, e estamos começando a ver isso se tornar uma realidade.

Potências políticas

Em 1999, o Secretário de Estado de Wales e membro do Parlamento Ron Davies teve sua sexualidade revelada pela impressa de tabloides quando descobriram que ele estava tendo relações sexuais com homens. Davies foi forçado a fazer uma declaração pública na qual disse: "Após discutir o assunto com minha esposa... e para conter a corrente intolerável de histórias terríveis e imprecisas, não me sobrou alternativa a não ser confirmar que sou, e tenho sido por um bom tempo, bissexual".[68]

A imprensa reportou isso em grande parte como se Davies estivesse *admitindo* que era bissexual, como se fosse algo que o mundo tinha o direito de saber, como um segredo sujo. O público sempre se deliciou em saber o que enxerga como detalhes obscenos da vida sexual de políticos – sejam casos extraconjugais, fetiches ou identidades sexuais não heteronormativas. O que é diferente sobre essa história é que foi uma das primeiras vezes em que um parlamentar se assumiu publicamente como bissexual. O escândalo resultou em sua renúncia da posição, e pouco depois ele deixou de vez a política. O público, a imprensa e muitos de seus colegas reagiram tão mal quanto poderiam ao descobrir a sua sexualidade.

Quatorze anos depois, em 2013, outro membro do Parlamento do Reino Unido, um nervoso Daniel Kawczynski, contou a seus colegas que estava em um relacionamento com um homem e que era bissexual. "Quase imediatamente", relatou Kawczynski, "um cavalheiro na fileira da frente se levantou e disse: 'Eu acho que isso é uma notícia maravilhosa, muito bem', e começou a bater palmas", e os outros se juntaram a ele em seguida.[69] Provavelmente o fato de ele ter compartilhado a notícia voluntariamente em vez de isso fazer parte de um escândalo tenha ajudado. Foi uma experiência positiva para Kawczynski, e ele permaneceu na política e se tornou mais atuante sobre a bissexualidade nos anos que se seguiram. Ainda assim, uma salva de palmas de pé é a resposta correta para alguém dizendo que é bissexual? E isso significa que ser um político bissexual agora é aceitável, talvez até mesmo algo para ser celebrado?

O progresso não é uma linha reta e a aceitação não se aplica a todos igualmente. Em 2020, jornalistas do tabloide *Mail on Sunday* começaram a ligar para a membro do Parlamento Layla Moran e assediar as pessoas próximas a ela.[70] Assim como Davies duas décadas atrás, eles ameaçaram tirá-la do armário. Moran havia sido casada com um homem anteriormente, e o tabloide estava ameaçando revelar que ela agora estava em um relacionamento com uma mulher. Moran disse que o tabloide estava "tentando transformar o [meu] relacionamento em algo lascivo ou sensacionalista". Esse era o seu primeiro relacionamento com o mesmo sexo, e ela não estava fora do armário na época, o que resultou nela pedindo ao tabloide que segurasse a história até que ela mesma contasse para a avó de 92 anos. Como disse Moran, "Eu não suportaria a ideia de que ela veria isso antes de qualquer coisa".

Moran se sentiu forçada a sair do armário. Ela se assumiu como pansexual. Isso foi recebido de maneira esmagadoramente positiva pela comunidade *queer* e por veículos de imprensa. Também deflagrou uma conversa nacional sobre a pansexualidade, com o surgimento de muitos memes sobre pessoas se apaixonando por panelas [em inglês, "pan" significa "panela"], mas ao mesmo tempo muitas conversas importantes sobre essa sexualidade que costuma ser esquecida. E houve uma mudança marcada na linguagem em relação à cobertura de 1999. Em vez de os veículos de mídia dizerem que ela "admitiu" a sua sexualidade, eles escreveram que ela a "anunciou".

Aparentemente infeliz com essa resposta acima de tudo positiva, o *Mail on Sunday* ainda queria o seu escândalo, então publicou uma matéria invocando "mães" anônimas que supostamente acusavam Moran de usar a sua sexualidade como arma para parecer progressista. Isso estava tocando o que acadêmicos têm chamado de "lavender vote" [voto de lavanda"], eleitores *queer* que são mais propensos a votar em partidos socialmente liberais.⁷¹ Fazer parte de um partido desses, no caso de Moran o Partido Liberal Democrata, e ser *queer* poderia, de fato, atrair o "lavender vote". Porém, como Moran disse, "A história enquadra as minhas ações, como contei a minha história, como um plano calculado. Isso não poderia estar mais longe da verdade. Enquanto estou orgulhosa de quem sou, foi a mídia que eu senti me intimidar".

Eu me lembrei da história de Moran quando me encontrei com o dr. Andrew Reynolds, o fundador da organização de pesquisa LGBT+ Queer Politics na Universidade de Princeton. Reynolds é descrito por si mesmo como "homem branco sem graça", que ele enxerga como importante para ser invisível. É um tipo de visibilidade silenciosa. Quando conheci Reynolds em 2021, ele estava vestido exatamente do jeito que se esperaria que um professor de meia-idade de política se vestisse, sem nem mesmo um detalhe de cor ou símbolos *queer*. Enquanto eu bebericava o meu *matcha latte* verde detestável, em forte contraste à xícara sensata de chá dele, ele me contou sobre o seu trabalho.

O dr. Reynolds luta há muito tempo pelos direitos de comunidades marginalizadas ao redor do mundo. Especializado em democratização, projeto constitucional e política eleitoral, mais recentemente ele dirigiu sua atenção para políticos LGBT+ e como eles têm mudado o mundo, incluindo a publicação de um livro empoderador e comovente chamado *The Children of Harvey Milk*.

Começamos a falar sobre a pesquisa dele, que inclui catalogar quem está fora do armário na política. Pouco tempo depois do nosso encontro, ele compartilhou generosamente o seu banco de dados com mais de mil oficiais eleitos pelo mundo que estão fora do armário como LGBTQ. O banco de dados abrange de 1977 a 2021, e 58 pessoas são registradas como abertamente bissexuais, 4 como pansexuais e 19 como *queer*.⁷² De acordo com Reynolds, isso significa que "cerca de 7%" dos oficiais eleitos (incluindo pessoas como parlamentares e prefeitos) desde 1977 que se assumiram como LGBT+ se identificam como bi, pan ou *queer*.

Isso é desproporcionalmente baixo. Com base em outras estatísticas sobre sexualidade, esperaríamos que no banco de dados de pessoas LGBTQ uma pluralidade delas fosse bissexual. Esse banco de dados reporta apenas 62 oficiais bissexuais e pansexuais eleitos no mundo todo desde 1977. Essa porcentagem é insignificantemente pequena.

O número de pessoas que estão fora do armário e exercem cargos políticos importantes, porém, parece estar crescendo de modo substancial. Alguns exemplos de oficiais abertamente bissexuais eleitos recentemente incluem Libbie Davies do NDP (Novo Partido Democrático) no Canadá, as democratas Kyrsten Sinema e Katie Hill nos Estados Unidos, Tobias Billström do Partido Moderado na Suécia, Marieke Koekkoek do Volt na Holanda, Chlöe Swarbrick do Partido Verde na Nova Zelândia e Simon Emil AmmitzbøllBille do Partido Liberal na Dinamarca.

Sair do armário como bi não é necessariamente tratado com um interesse de mídia assediador e cheio de holofotes, mesmo se você está sob o olhar do público. Vários membros do Parlamento do Reino Unido recentemente saíram do armário silenciosamente como bi e *queer*, sem qualquer atenção notável da imprensa. Isso inclui Nadia Whittome, Charlotte Nichols e Olivia Blake. "Aos 24, 28 e 30 anos de idade, elas representam uma nova Inglaterra em que um número rapidamente crescente de jovens, em particular de jovens mulheres, agora sentem que têm espaço para se identificar como *queer*, bi ou pansexual", escreve Reynolds.[73] Tratar a bissexualidade como uma parte normal da vida dos políticos é uma nova realidade maravilhosa, apesar de ainda ser rara.

Quanto mais políticos bissexuais tivermos eleitos, é mais provável que as leis e políticas sejam inclusivas da população bi. Sempre existiram pessoas bissexuais na política, e certamente há muitas pessoas na política agora que não estão fora do armário como bi, mas ser visível as ajuda a compartilhar abertamente o seu lugar à mesa com a comunidade bi como um todo.

Em relação à melhoria do processo de pedido de asilo, a acadêmica de direito Jaclyn Gross recomenda que todos os juízes que tomam decisões em relação ao asilo devem completar um treinamento para reduzir estereótipos. Ela espera que, "com esse treinamento, os vieses pessoais dos tomadores de decisão, que levam ao ceticismo da credibilidade do requerente, possam ser reduzidos, portanto, evitando caracterizações errôneas dos indivíduos que desviam do gênero percebido ou do binário sexual". O treinamento pode ser o único período em que as pessoas realmente pensem e aprendam sobre bissexualidade. A quebra de mitos sobre todas as sexualidades, incluindo a bissexualidade, precisa estar inserida no treinamento legal.

Para aqueles de nós que não trabalham com leis ou justiça, ou na política, ou com requerentes de asilo ou refugiados, há muito que podemos fazer. Podemos compartilhar informações precisas sobre pessoas bissexuais. Podemos apoiar campanhas nacionais e internacionais pelos direitos *queer* e lembrar organizações de que a bissexualidade não deveria ser incorporada no meio da sigla LGBT+, mas que ela também precisa do seu próprio espaço.

Mas o mais importante é que precisamos continuar lutando pelo amor.

Capítulo 7

Amor Livre

Os MANTENEDORES DO conhecimento às vezes decidem que "bissexual" é uma palavra suja da qual precisamos ser protegidos.

Por exemplo, até 2014 o Google não autocompletava ou sugeria nada se as pessoas pesquisassem por "bissexual" ou termos relacionados. De acordo com um representante da empresa, isso acontecia porque "filtros automáticos detectam uma correlação forte na internet (sem filtros) entre esses termos [bissexual] e pornografia".[1] Foi necessária uma petição reivindicando que a gigante das buscas "desbloqueasse a palavra bissexual", assinada por 15.500 pessoas, para isso mudar.[2] Uma petição similar havia sido assinada um ano antes porque a Apple tinha um aviso que aparecia quando as pessoas tentavam incluir o termo bissexual na descrição de aplicativos.[3] Desde então tanto o Google quanto a Apple mudaram sua abordagem. Ainda assim, acho que esses exemplos mostram que a bissexualidade está na mente de muitas pessoas tão profundamente entrelaçada ao *conteúdo, que não é seguro para o local* de trabalho que interfere em nossa capacidade de criar e encontrar informação sobre a bissexualidade.

Não são só as ferramentas de busca que parecem dar erro quando o termo bissexual é inserido. Humanos na vida real também parecem travar e não funcionar direito. Como os algoritmos de busca do Google, nosso cérebro foi treinado com uma série de "filtros automáticos". Por causa disso, as pessoas costumam fazer aos bissexuais perguntas como estas a seguir: Uma única pessoa pode ser o suficiente para você? E você precisa fazer sexo com um homem *e* uma mulher para ser feliz?

Essas perguntas costumam ser apresentadas como se fossem perfeitamente razoáveis. Como se a atração por pessoas de múltiplos gêneros provocasse a necessidade de fazer sexo simultaneamente com todas elas. Como se essa pergunta não se aplicasse a pessoas que são heterossexuais porque se atrair por apenas um gênero significa que suas necessidades são obviamente atendidas por uma única pessoa. *Até parece*.

Não é uma *coisa de bi* se atrair por múltiplas pessoas, é uma coisa humana. Encontrar uma única pessoa que realize todas as nossas necessidades sexuais e emocionais é difícil. Apesar disso, quando as pessoas estabelecem relacionamentos, ou se casam ou se unem civilmente, elas costumam prometer uma à outra serem monogâmicas. Da mesma maneira como precisamos desestabilizar suposições sobre a heterossexualidade, também precisamos desafiar nossas suposições sobre a atração e a monogamia.

Um estudo publicado em 2011, no qual os pesquisadores perguntaram a mais de 900 participantes se eles já haviam "se envolvido em interações sexuais com alguém que não fosse seu(sua) parceiro(a) que pudesse prejudicar ou machucar o seu relacionamento", descobriu que quase um quarto dos homens (23,2%) e um quinto das mulheres (19,2%) indicaram já ter traído durante o seu relacionamento atual.[4] Isso não é a prevalência da traição ao longo da vida, é apenas a traição do(a) parceiro(a) *atual*. Metade da amostra era casada, e isso não mudou a probabilidade de traição. Outros estudos descobriram taxas ainda maiores, como uma revisão da literatura de 2005 sobre a infidelidade matrimonial que estabelece uma taxa próxima de 25%.[5] Apesar da natureza desenfreada desse comportamento, as repercussões da não monogamia em um mundo que enxerga a monogamia como um imperativo pode ser catastrófico.

Ninguém trai por acidente, é sempre uma escolha. Então por que tantas pessoas prometem a monogamia se não é assim que elas querem se comportar de verdade? E por que brigamos tanto sobre isso? Acho que para muitas pessoas que se envolvem na não monogamia, isso se resume bem a algo que foi sintetizado pelo escritor de ficção científica Kurt Vonnegut: "Eu falo que, quando casais brigam, não é sobre dinheiro ou sexo ou poder. O que eles estão dizendo de verdade é: 'Você não é gente suficiente!'".[6]

Acho que esse é um sentimento familiar para muitas pessoas, incluindo eu mesma. Uma pessoa não poderia acomodar a multiplicidade de comportamentos, pensamentos e sentimentos que eu sou.

Neste capítulo vamos falar sobre a bissexualidade e o sexo. E que lugar melhor para começar do que na configuração sexual que as pessoas parecem pensar primeiro quando o tópico da bissexualidade é mencionado: o sexo a três.

Brilho labial de cereja

Fazer sexo a três com pessoas de gêneros diferentes parece um ato inerentemente bissexual. Mas a maioria das pessoas não enxerga assim. As pessoas parecem pensar de pronto que a maioria das pessoas bissexuais faz sexo a três, mas também que a maioria das pessoas que faz sexo a três não são bissexuais.

Um motivo pelo qual não pensamos em sexo a três como algo inerentemente bissexual, ou precisando do envolvimento de pessoas bissexuais, é por causa de algo chamado "imaginário do sexo a três".[7] De acordo com o pesquisador do sexo Ryan Scoats, que em suas próprias palavras detém "o primeiro Ph.D. do mundo do sexo a três",[8] o imaginário do sexo a três envolve "entendimentos culturais coletivos em relação ao sexo a três que refletem e reproduzem as relações de poder e o privilégio social existentes".[9] Isso significa que há uma ideia geral acerca do que é um sexo a três aceitável. Scoats explica que, para os heterossexuais, isso envolve "um casal monogâmico temporariamente convidando uma terceira parte para se unir a eles, ou imaginando fazer isso", e que "esses tipos de sexo a três são um método tolerado pelo qual um casal pode revigorar sua vida sexual, contanto que não se torne uma prática sexual regular". Em outras palavras, presume-se que sexo a três não é sobre bissexualidade, em vez disso presume-se que é uma ferramenta para ajudar a fortalecer um casal heterossexual.

Há mais sobre o imaginário do sexo a três. Como Scoats explica, "Tanto para homens quanto para mulheres, o sexo a três MMH [mulher-mulher-homem] é visto como uma diversão inofensiva, enquanto o sexo a três HHM [homem-homem-mulher] é visto como impensável". Apesar de existir algumas provas de que essa crença está começando a diminuir e o sexo a três HHM está começando a se tornar mais socialmente aceito, essa parece ainda ser a suposição predominante. O que eu acho interessante é que o motivo pelo qual consideramos o sexo a três aceitável, ou não, é diferente para homens e mulheres. Não conheço nenhuma pesquisa sobre pessoas não binárias e sexo a três, mas presumo que boa parte da pesquisa a seguir ainda possa se aplicar se alguém é *lido* como uma mulher ou um homem.

Como a pesquisadora da sexualidade Breanne Fahs tem explorado, para as mulheres há em alguns cenários sociais e sexuais um tipo de bissexualidade compulsória. Isso envolve "mulheres que se identificam como heterossexuais se envolvendo em comportamento homoerótico com outras mulheres, normalmente na frente de homens e em cenários sociais como festas de fraternidades, bares e clubes". Esse comportamento pode partir de interesses bissexuais ou de pressão social para performar nesse jeito sexualizado por parceiros e observadores. As pessoas parecem ter a expectativa, ou pelo menos a esperança, de que as mulheres são pelo menos um pouco sexualmente flexíveis. Não do tipo *totalmente queer*, mas do tipo que é atraente para homens heterossexuais.

Foi exatamente isso que Katy Perry nos ensinou na sua canção de sucesso de 2008 "I Kissed a Girl". Ela nos mostrou como, em países como o Reino Unido, os Estados Unidos, o Canadá e a Alemanha, temos uma tendência a normalizar algumas formas de comportamento sexualmente lúdico para jovens mulheres, com a letra da música sendo um bom estudo de caso da percepção do público em relação ao comportamento bissexual feminino. A essa altura eu estava impressionada que uma música sobre qualquer tipo de comportamento bi estava sendo executada, e isso definitivamente me fez sair e comprar brilho labial de cereja. Mas eu não sou mais a garotinha bi colorida que eu costumava ser, sou a *queer* rabugenta e vou arruinar essa música para todo mundo.

Enquanto normaliza a experimentação sexual feminina, a música da Katy Perry também deixa muito claro que o comportamento bissexual feminino não precisa ameaçar a heterossexualidade. Ela nos lembra de que tem um namorado, alude o fato de que ele provavelmente não vai se importar que ela ficou com uma garota e, apesar de ela dizer que "felt so right" [pareceu tão certo], ela também nos lembra rapidamente de que ela não é *queer de verdade*: "Don't mean I'm in love tonight" [não significa que estou apaixonada essa noite]. Essas afirmações heterossexuais ficam ainda mais tóxicas quando ela deixa claro que a mulher não significa nada para ela, que ela é apenas o "jogo experimental" da Katy.

Com base na perspectiva das mulheres, a popularidade de ideias como essas são um dos motivos pelos quais o sexo a três MMH costuma ser visto como uma interação sexual lúdica para as mulheres envolvidas. Porém, isso não é verdadeiro para uma mulher que faz sexo a três HHM. Em vez de ser lúdico, nos preocupamos se ela foi coagida a isso ou se está tomando uma decisão ruim e, se consentido, é mais provável que seja "rotulada como uma vítima ou uma vadia", de acordo com Scoats. Em um estudo sobre mulheres que fizeram sexo a três, Scoats descobriu que, enquanto algumas têm interesse em sexo a três HHM e atitudes positivas em relação a isso, "Ainda há um receio em relação a sexo a três HHM, enxergando-o como ainda ligado a objetificação, misoginia e perigo – particularmente quando nenhuma interação sexual masculina precisa acontecer".[10] Em outras palavras, se os homens não estiverem interessados um no outro e só quiserem se revezar ao fazer sexo com a mulher, há uma preocupação de que isso vire o delirante sonho pornográfico de um homem, em vez de uma experiência sexual positiva para todos os envolvidos.

E quanto aos homens? Sexo a três com duas mulheres costuma ser visto como um item a ser riscado em uma lista de conquistas. Um troféu sexual de virilidade. Uma medalha por masculinidade. Isso acontece por causa da narrativa de que o sexo a três MMH é aquele em que um homem consegue atrair duas mulheres e é capaz de fazer sexo com ambas. Mas se envolver em sexo a três HHM é diferente, e é mais propenso a suscitar perguntas sobre a sexualidade do homem. A suposição de que qualquer homem que tem relações sexuais com outro homem deve ser *gay* permeia socialmente essa configuração, pelo menos quando observado de fora.

Porém, esse não é necessariamente o caso para homens que de fato *fizeram* sexo a três HHM. Em um estudo feito por Scoats e colegas sobre alunos de graduação homens heterossexuais, eles descobriram "uma disposição cultural para homens heterossexuais se envolverem não apenas em sexo a três MMH, mas também sexo a três HHM". Parece existir uma expansão das fronteiras culturais da heterossexualidade que está "permitindo mais contato sexual do mesmo sexo sem perturbar a regra de uma vez só da homossexualidade". A regra de uma vez só é a ideia de que homens podem tentar "coisas *gays*" uma vez para garantir que não são *gays*, mas essa "regra", argumenta Scoats, é ignorada em algumas situações de sexo a três HHM.[11]

Talvez isso seja porque, como já consideramos, às vezes os homens no sexo a três HHM não fazem mesmo nada *gay*. A não ser que você considere um homem observando outro homem se masturbar, alcançar o orgasmo, fazer sexo e potencialmente tocá-lo enquanto está nu... o que, para ser honesta, parece bem *gay*. Mas isso claramente não é como muitos homens se sentem, que preservam o seu verniz de ser 100% héteros. Não são só os homens, claro. Muitas das mulheres que fazem sexo a três estão em uma posição similar e, mesmo se elas já foram íntimas de várias formas com outra mulher, isso pode não ser visto como ameaça alguma para a sua heterossexualidade.

Em geral, essas configurações levam a uma erotização do comportamento bissexual das mulheres e a uma estigmatização do comportamento bissexual dos homens. Regras e ideias similares se aplicam a outros tipos de sexo grupal, incluindo orgias e troca de parceiros. Assim como com o sexo a três, em outros ambientes de sexo grupal costuma ser esperado que as mulheres interajam de um jeito sexualmente lúdico, e os homens não. Isso é consistente com as visões acerca da bissexualidade de homens e mulheres em geral, mas podemos ver isso em ação mesmo quando falamos às pessoas sobre sexo a três e sexo grupal.

Agora é hora de chegar ao cerne deste capítulo e mergulhar no impacto desses tipos de configurações sexuais. Então, faça uma malinha com seus pertences pessoais para uma virada de noite, aplique um pouco de brilho labial e vamos explorar algumas das questões ardentes que você provavelmente tem. Questões como: Quantas pessoas já fizeram sexo a três? Quem faz? Por que as pessoas fazem? E é tão divertido como parece?

Todo mundo ama sexo a três

Como o pesquisador do sexo Alfred Kinsey já havia percebido décadas atrás, nem todo mundo vai se abrir honestamente sobre sua vida sexual. Mas temos uma vantagem em relação a Kinsey – temos a internet. Fazer estudo *on-line* remove as exigências situacionais que podem fazer com que as pessoas na vida real exagerem ou diminuam as suas experiências sexuais. Isso acontece por causa da remoção de um dos principais motivos para que as pessoas mintam sobre sua vida sexual, que é fazer com que a outra pessoa a enxergue de uma determinada maneira. Alguém pode mentir sobre fazer sexo grupal e sexo a três para parecer mais aventureiro ou mais como uma *lenda*. É claro, as pessoas também podem mentir sobre nunca terem feito nada disso, temendo um julgamento. Mas se não há outra pessoa para impressionar porque as respostas são entradas de dados anônimas e *on-line*, então esse incentivo para mentir é excluído.

O que essas pesquisas *on-line* descobrem? Como um jornalista comentou em um artigo sobre sexo a três em 2020, fazer sexo a três é "tão comum quanto ter um gato de estimação".[12] Uma pesquisa *on-line* representativa de pouco mais de 2 mil adultos nos Estados Unidos, publicada em 2017, descobriu que 10,3% das mulheres e 17,8% dos homens já haviam feito sexo a três, 6,3% das mulheres e 11,5% dos homens já fizeram sexo grupal e 5,2% das mulheres e 6,3% dos homens já haviam ido a uma festa sexual ou festa de *swing*.[13]

Os outros poucos estudos conduzidos encontraram taxas similares. Perceba que todos poderiam escolher mais de uma pessoa, e presumo que há uma grande sobreposição entre as pessoas que fizeram essas três coisas. É até mesmo provável que para algumas pessoas isso tudo tenha feito parte do mesmo evento – se você vai a uma festa sexual em que primeiro faz sexo grupal e mais tarde faz sexo a três, então você disse sim para as três opções.

Isso também não significa que indivíduos que disseram sim incorporaram essas práticas nas suas atividades sexuais regulares, o que é indicado em outras respostas na pesquisa dos Estados Unidos. Apenas 1-2% das mulheres e 2-3% dos homens haviam se envolvido em qualquer um dos três comportamentos no último ano. Dito isso, se envolver nesses comportamentos pode ser uma escolha ou pode ser uma questão de logística e oportunidade. A maioria das pessoas não pode invocar uma orgia sempre que deseja participar de uma.

É mais provável que pessoas *queer* digam que já fizeram sexo grupal? Sim. Mas vamos colocar isso em perspectiva. Um estudo dos Estados Unidos publicado em 2020 incluiu uma faixa de idade mais diversa, foi conduzido fora do ambiente universitário e incluiu mais pessoas *queer* do que outras amostras (907 heterossexuais e 666 indivíduos LGBT+). Em geral nessa amostra, 30% disseram que já havia se envolvido em sexo a três com gêneros diferentes.[14] Mas, em linha com a expectativa dos pesquisadores, uma proporção maior (mais do que o dobro) daqueles que se identificaram como parte de uma minoria sexual disse que havia feito sexo a três com gêneros diferentes: 43% das pessoas *queer versus* 21% dos heterossexuais. Também acho interessante que, contrário às expectativas dos pesquisadores, os homens não foram estatisticamente mais propensos a relatar que haviam feito sexo a três com mulheres.

Também podemos nos voltar para o trabalho de Scoats para ver uma super-representação de indivíduos de minorias sexuais fazendo sexo a três. Em um dos seus estudos, apenas 16% das mulheres que haviam feito sexo a três se identificaram como inteiramente heterossexuais. A maioria (52%) se identificou como bi.[15] O inverso ocorreu com os homens: 45% dos homens se identificaram como inteiramente heterossexuais e apenas 16% se identificaram como bissexuais. Os outros se identificaram, em sua maioria, como heterossexuais ou totalmente homossexuais, e alguns poucos se identificaram como inteiramente homossexuais. Ainda assim, tanto para homens quanto para mulheres isso foi uma super-representação de pessoas bissexuais.

Identificar-se como algo diferente de totalmente heterossexual, em particular para as mulheres, parece fazer com que seja muito mais provável que as pessoas se envolvam em sexo a três ou outro tipo de sexo grupal. Mas o que não sabemos a partir desses dados é se as pessoas se identificavam como bissexuais antes do sexo grupal ou se o sexo grupal as fez se identificar como bi. O que vem primeiro? A identidade ou o sexo?

Ter uma boa experiência sexual com alguém do mesmo sexo provavelmente faz surgir algumas perguntas sobre sexualidade, ou faz surgir respostas. Então há também as interações em relação ao sexo a três e ao sexo grupal que podem encorajar as pessoas que ainda não questionaram ou mudaram sua identidade sexual a fazê-lo. Passar um tempo com uma ou mais pessoas bissexuais durante uma noite certamente terá algum efeito na introspecção sexual. Certo?

Dito isso, a maioria das pessoas não chega tão longe. Há muito mais pessoas *fantasiando* sobre sexo a três do que fazendo. Oitenta e um por cento dos participantes na amostra representativa de 2020 dos Estados Unidos indicou que atualmente tinham pelo menos algum interesse em fazer sexo a três. Em outro estudo envolvendo mais de 4 mil adultos, 93% dos homens e 84% das mulheres haviam fantasiado sobre sexo a três pelo menos uma vez, enquanto cerca de um em três participantes relatou que sexo a três era uma característica regular das suas fantasis sexuais.[16] A prevalência dessas fantasias significa que eu provavelmente não preciso contar a você por que as pessoas querem fazer isso... você e eu sabemos que elas parecem *gostosas*.

De acordo com Scoats, as diferenças entre pessoas que só fantasiam sobre sexo a três e aquelas que praticam são diversas, mas há alguns poucos motivos pelos quais as pessoas nas amostras dele faziam sexo a três. O primeiro era "coleta de experiência sexual" que trata o sexo a três como algo para ser riscado de uma lista de tarefas, idealmente antes que as pessoas fiquem muito velhas ou se estabeleçam em um relacionamento. (Note que outros pesquisadores descobriram que pessoas que estão casadas há algum tempo também desfrutam dessa coleta de experiência sexual, então podem existir alguns estágios da vida em que esse comportamento é mais provável.) Isso pode estar relacionado a uma mudança social que enxerga o sexo como fonte de prazer e o separa dos relacionamentos românticos. Scoats chama isso de uma visão geral da perspectiva do "consumidor de sexualidade", que envolve buscar o prazer sexual como um modo de experimentar algo diferente e novo, ao "ver o sexo como uma experiência inofensiva, saudável e consensual para ser consumida como uma atividade de lazer, só de vez em quando com seu parceiro romântico". Minha reação imediata a isso é que parece ligado a um traço de personalidade que os psicólogos chamam de "abertura à experiência".

Segundo, ele descobriu que algumas pessoas faziam sexo a três como uma forma de "altruísmo sexual". Ele define isso como tentativas de fazer os outros felizes ou como uma expressão da amizade. Por exemplo, ao saber que o(a) seu(ua) parceiro(a) sempre quis fazer sexo a três, você pode topar para deixar a pessoa feliz, da mesma forma que pode satisfazer o *kink* de alguém mesmo sem compartilhá-lo. Terceiro, e talvez o motivo mais esperado, o sexo a três às vezes era visto como um modo de se divertir. Por fim, Scoats acrescenta: "Talvez também a – qual é a palavra certa? – mundanidade. Para muitas dessas pessoas, isso não era nada demais".

O motivo pelo qual estou passando tanto tempo falando de sexo a três não é para excitar, mas porque acho interessante para o trabalho sobre bissexualidade. Sexo a três é um modo pelo qual muitas pessoas conseguem experimentar vários tipos de comportamentos do mesmo sexo, talvez pela primeira vez, de um jeito que não faz com que questionem imediatamente sua sexualidade. Essa é uma oportunidade ao mesmo tempo maravilhosa e perdida. Acho que falar sobre experiências de sexo a três e desejos é um ponto de entrada muito bom para conversas sobre desejos e comportamentos bissexuais e como esses dois podem se relacionar às identidades bissexuais.

Isso não quer dizer que toda pessoa que faz sexo a três ou sexo grupal é *queer*. Não acredito nisso. Mas acredito que esses são os tipos de desejos e experiências que podem acender novos começos sexuais, começos que acredito serem capazes de levar a uma vida mais rica se forem explorados de maneira apropriada.

Antes de deixarmos essa seção e falarmos sobre como sexo a três e bissexualidade se amarram com estruturas de relacionamentos, vou abordar mais uma questão: sexo a três é realmente prazeroso? Alguns resultados mostram que, em geral, o sexo a três atende às expectativas das pessoas, costuma ser prazeroso e positivo e ainda mais para indivíduos de minorias sexuais. É claro, se é altamente variável *qualquer* encontro sexual ser prazeroso, isso também é verdadeiro para sexo a três. Discutindo esse ponto da variabilidade, e que às vezes as coisas não acontecem como em nossas fantasias, o psicólogo Justin Lehmiller diz: "A maioria das pessoas não tem um roteiro para como o sexo a três deveria acontecer [...]. É muito fácil pensar 'Isso parece uma ótima ideia'... mas a realidade costuma ser muito diferente do modo como a imaginamos na nossa cabeça".[17]

Porque a não monogamia é um tópico tão tabu, mal a vemos representada de qualquer maneira saudável no mundo ao nosso redor. Isso significa que nossa imaginação quase necessariamente tem lacunas. Em vez disso, quando pensamos em pessoas que dormem com qualquer um a não ser com o(a) seu(ua) parceiro(a) heterossexual comprometido, nossa mente se volta para a traição e todos os sentimentos negativos que vêm com isso, como ciúmes e raiva. Os principais aspectos que impedem as pessoas que fantasiam sobre sexo a três de praticá-lo é o medo dos ciúmes e o medo da degradação do seu relacionamento monogâmico com o sexo diferente.

Acho muito trágico o fato de que muitas pessoas não considerem estruturas de relacionamento não monogâmico uma opção real. Em vez disso, elas presumem que aqueles que fazem sexo a três, ou que têm relacionamentos abertos, têm relacionamentos inferiores por causa disso. É a armadilha da monogamia compulsória, o dogma social de que o *único* relacionamento estável, bom e verdadeiro é o monogâmico.

Monogamia compulsória

Para questionar essa realidade, primeiro temos que considerar dois conceitos relacionados: heterossexualidade compulsória e monogamia compulsória. A heterossexualidade compulsória emergiu como um termo durante o Tribunal Internacional de Crimes Contra as Mulheres em 1976, em que foi nomeado como um dos "crimes contra as mulheres", particularmente no contexto de forçar lésbicas a fazer sexo heterossexual e permanecer em relações heterossexuais. Então o termo chegou ao vocabulário acadêmico mais amplo quando Adrienne Rich publicou um texto em 1980 no qual fez a conexão entre a heterossexualidade compulsória, o feminismo e a monogamia compulsória.[18] De acordo com a acadêmica de estudos de gênero Angela Willey, desde então, "monogamia compulsória" tem crescido como um termo e "tem sido usado para descrever o *status* profundamente normalizado de formação de casais, especialmente para mulheres".[19]

Por que isso importa? Willey continua: "Dizer que a monogamia é compulsória é chamar atenção para as restrições em nossa capacidade de imaginar alternativas. A visibilidade de modelos de relacionamento alternativo pode desafiar o domínio que a monogamia tem na nossa imaginação, mas também pode reforçar o seu *status*". Em outras palavras, é importante ver outras formas de relacionamento para que percebamos que elas são opções para nós mesmos, e devemos tomar cuidado para não tratar a não monogamia como uma alternativa desviante a ser zombada. "[O] casal permanece sendo a unidade legal primária... e um componente básico da cultura contemporânea". Isso é exemplificado pelo fato de que a maioria dos países não permite o reconhecimento legal de relações com mais de duas pessoas.

Atualmente parece que a maioria das pessoas se considera heterossexual e monogâmica, ou como elas provavelmente diriam, "normais". Eu vejo meus amigos se casando, tradicionalmente jurando que serão "amorosos e fiéis, até que a morte os separe". Leis e costumes sobre casamentos diferem muito ao redor do mundo e entre culturas e religiões, mas quase todos tratam a monogamia como a expectativa central de uma união romântica. Isso significa que as pessoas que se casam costumam supor que serão legalmente aceitas, felizes uma com a outra, e aceitas pelos outros, apenas se tiverem relações sexuais exclusivamente uma com a outra.

Dado que tantas pessoas fazem essa promessa de exclusividade sexual, é surpreendente quantas se envolvem no que chamamos de "não monogamia não consensual", ou traição. Isso tem sido chamado de o paradoxo da monogamia – "o paradoxo entre as intenções de monogamia e as altas taxas de infidelidade".[20]

As pessoas podem ser surpreendentemente ruins em se lembrar se já traíram e quantas vezes ao longo da vida, mas são muito boas em se lembrar com segurança se já traíram mais recentemente. Alinhados a isso, muitos estudos questionam apenas sobre o comportamento sexual recente, ou comportamento que está relacionado apenas ao seu relacionamento atual. Em 2005, Adrian Blow, chefe do Departamento de Desenvolvimento Humano e Estudos de Família na Universidade Estadual de Michigan, publicou uma revisão da literatura sobre infidelidade em relacionamentos comprometidos. "Podemos concluir que, ao longo dos casamentos, os relacionamentos heterossexuais nos Estados Unidos, o sexo extraconjugal ocorre em menos de 25% dos relacionamentos comprometidos".[21]

Taxas estimadas de traição sobem ou diminuem dependendo do estudo observado, como a pergunta é feita e o período a ser considerado pelos participantes. E, como a pesquisa geralmente é sobre os parceiros atuais, é inteiramente plausível que parte dos 75% dos participantes restantes tenha traído parceiros anteriores. Mas ao longo da literatura há uma concordância: Apesar de a *maioria* das pessoas provavelmente não ter traído seus parceiros atuais, uma grande minoria traiu.

Além da traição, é provável que esses indivíduos mentiram para seus parceiros ou parceiras na época, o que os pesquisadores chamam de "mentiras sexuais".[22] Mentir para o seu parceiro ou sua parceira sobre uma traição não vai deixá-lo apenas mal e aumentar a tensão e o segredo no relacionamento, mas também pode ser uma grande ameaça para a comunicação sexual e a saúde sexual.[23] Está claro que tanto trair quanto mentir sobre a traição são estratégias ruins para o relacionamento. Isso deveria nos fazer parar e nos perguntar por que trair é visto como um ato tão terrível, mas ao mesmo tempo é amplamente praticado. Além do sexo a três ocasional, qual é a alternativa?

Talvez uma das pessoas mais conhecidas a defender a não monogamia seja a musicista e atriz Willow Smith, que por acaso também é filha dos atores Will Smith e Jada Pinkett Smith. Em 2020, Willow se assumiu como bissexual e interessada na não monogamia, para o mundo e sua família. Com um *piercing* enfeitando o nariz, um visual casual de calça *jeans* e camiseta e uma cachoeira de *dreads* emoldurando seu rosto, Willow contou sobre sua visão para a mãe e a avó em uma série no Facebook chamada *Red Table Talk*.[24] Como ela disse:

> Eu me concentro muito na conexão emocional e sinto que se encontrasse duas pessoas de gêneros diferentes com quem eu me conectasse de verdade e tivéssemos uma conexão sexual e romântica, não sinto que precisaria tentar buscar mais.

Em 2021, a biografia do seu Instagram dizia com orgulho: "Estudante da Experiência Humana. Não monogamia ética". A sua mãe e a avó, e o mundo, parecem ter recebido isso muito bem. Mas a conversa da *Table Talk* ficava voltando para a suposição de que Willow só queria fazer sexo com mais pessoas, então será que entenderam mesmo o que ela quis dizer?

Em sua pesquisa sobre vários estilos de relacionamentos não monogâmicos, publicada em 2013, Jes Matsick e colegas escreveram que:

> A não monogamia consensual se refere a relacionamentos românticos nos quais todos os parceiros concordam em se envolver em relacionamentos sexuais, românticos e/ou emocionais com outros. Dentro da estrutura geral da não monogamia consensual, subtipos de relacionamentos diferem na medida em que parceiros pretendem que o envolvimento amoroso e emocional seja uma parte dos seus múltiplos relacionamentos.[25]

Outros termos que têm sido usados para "consensual" incluem "intencional", "sem segredo", "negociado", "responsável" e "ético", o que mostra a importância da ética e do consentimento. Surpreendentemente, as pessoas estão ansiosas para diferenciar esse estilo de relacionamento da forma mais comum de não monogamia (não consensual), infidelidade. Provavelmente foi por isso que Willow Smith se apressou em apontar que ficaria feliz com a "polifidelidade", que é uma forma de não monogamia em que todos os membros em um relacionamento são considerados parceiros iguais e concordam em só fazer sexo uns com os outros. Isso pode incluir estar em um "trisal", um neologismo para descrever três pessoas em um relacionamento comprometido. O outro motivo pelo qual as pessoas estão ansiosas para chamar de "consensual" é para distinguir de vários tipos de não monogamia forçada ou indesejada, incluindo a poligamia, a prática de ter mais do que um parceiro conjugal ao mesmo tempo.

Críticas à não monogamia consensual costumam ser similares aos argumentos escorregadios contra o casamento *gay*: O que vem em seguida? As pessoas vão se casar com cachorros?? Poligamia?! Como o renomado acadêmico da não monogamia Christian Klesse disse, "Na retórica dos oponentes da direita[,] conceder direitos de casamento do mesmo sexo é visto como um primeiro passo de uma longa espiral em direção à ruína moral, que sucessivamente vai normalizar toda uma gama de práticas problemáticas e 'indesejadas'".[26]

Pessoas em vários relacionamentos não tradicionais não estão se beneficiando de proteções legais que casais *gays* e heterossexuais desfrutam em muitas partes do mundo, o que faz com essas leis sejam em sua origem discriminatórias. Porém, antes que eu erga uma tenda do lado de fora da prefeitura com um cartaz colorido na mão que diz "Direitos iguais para não monogâmicos!", precisamos garantir que proteções apropriadas existam. O modo pelo qual boa parte da poligamia é praticada é profundamente sexista e ligada fortemente com deveres religiosos, em vez de ser por escolha. Ela costuma ser usada como arma por homens para explorar mulheres e passar por cima das suas preferências de relacionamento. É claro, é possível dizer a mesma coisa sobre casamentos entre duas pessoas, mas há fatores únicos que devem ser considerados na poligamia. O reconhecimento legal é alcançável, mas, como todas as uniões legais, exige proteções efetivas.

Trazendo isso de volta para a bissexualidade especificamente, podemos nos perguntar qual é a sobreposição entre a bissexualidade e a não monogamia consensual. Todas as pessoas bissexuais, seja explícita ou secretamente, querem estar em um trisal? Como Willow Smith, as pessoas bissexuais estão em busca daquela conexão extraespecial a três? E quais são os problemas com a conexão *presumida* entre a bissexualidade e a não monogamia?

Reação em cadeia

A monogamia e a bissexualidade não são incompatíveis.[27] A maioria dos humanos se atrai por mais de um tipo de pessoa, e isso não os torna incapazes de serem monogâmicos. Talvez você goste de mulheres (ou homens) baixas e altas, e o seu sonho seria estar com ambas. Para bissexuais, essas preferências podem simplesmente se estender para mais de um gênero. E, assim como muitas pessoas heterossexuais estão em relacionamentos monogâmicos, muitas pessoas bissexuais também estão.

Mas a experiência de estar em um relacionamento monogâmico é completamente diferente para pessoas bissexuais, porque costuma envolver bastante apagamento bi. As pessoas têm dificuldades para ler as pessoas como bissexuais em especial se elas estão em um relacionamento de longa data com uma pessoa. Isso significa que há uma noção de que, assim que as pessoas se casam, o gênero do seu parceiro ou da sua parceira é indicativo da sua sexualidade "real". Isso é algo que explorei anteriormente na seção sobre pais saírem do armário para seus filhos. Mas dado que as pessoas não podem, e provavelmente não querem, se casar com mais de uma pessoa, como elas podem ser lidas como bissexuais? Para ajudar a lidar com isso, proponho que você adicione um novo termo ao seu léxico: "relacionamentos de orientações diferentes". Reconhecer relacionamentos de orientações diferentes cria uma representação e uma visibilidade mais precisas das pessoas bissexuais, e essa linguagem nos permite ir além da terminologia de relacionamentos *"gay"* ou "hétero".[28]

Quanto às próprias pessoas bissexuais, há modos de se sentir pessoalmente mais bi. Em uma pesquisa sobre a visibilidade bi em relacionamentos monogâmicos, Julie Hartman-Linck descobriu que algumas mulheres bi exibem uma "aparência bi" para manter sua sexualidade viva quando não estão "comportamentalmente" bissexuais. Um tipo de exibição bissexual que as participantes relataram foi criar espaços bissexuais em casa, incluindo a escolha de imagens *queer*.

Como uma pessoa bissexual que está em uma união civil com um homem, isso conversa comigo. Eu me pego ansiando por imagens de afirmação. Provavelmente é por isso que há muitas obras de arte retratando mulheres nuas em nosso apartamento, ao lado de uma impressão litográfica empoderadora de uma boceta em *neon* da livraria *queer* Dog Eared Books e uma estante de livros escritos por autores *queer*. Além de lembrar os outros, quero lembrar a mim mesma que não apaguei a minha sexualidade só porque estou em um relacionamento duradouro com um homem. Assim como para os participantes do estudo de Hartman-Linck, isso nunca foi sobre atrair um parceiro ou uma parceira. Em vez disso, "Ser visível como uma mulher bissexual era importante não para ser reconhecida por potenciais parceiros ou parceiras sexuais, mas ser reconhecida por ser quem ela '*é*', por sua identidade autêntica".[29]

Então tenha tudo isso em mente enquanto avançamos com cuidado para a próxima seção.

Um estudo sobre atitudes em relação à monogamia publicado em 2014 descobriu que a maioria das pessoas bissexuais relatou "os seus próprios relacionamentos pessoais como monogâmicos e tradicionais".[30] Porém, "Em geral, indivíduos bi expressaram *atitudes* menos apoiadoras em relação à monogamia em comparação com outros grupos de identidade sexual". Pessoas bissexuais acharam que a monogamia era menos engrandecedora do que pessoas que se identificam como *gays*, lésbicas ou hétero. Em comparação a monossexuais, as pessoas bissexuais também acharam que a monogamia era mais um sacrifício. Isso não significa que eram contra a monogamia, só que a consideravam não ser muito um santo graal dos relacionamentos e, portanto, não demonstravam muito entusiasmo por esse tipo de relacionamento.

Em alguns estudos impressionantemente grandes e com boas amostras nos Estados Unidos, publicados em 2017, os resultados mostraram que "mais de um terço dos homens e mulheres bissexuais relataram já terem tido pelo menos um relacionamento aberto". Essa proporção permaneceu constante nos aspectos idade, nível de educação, renda, religião, região, afiliação política e raça.[31] Esmiuçando ainda mais, descobriram que 45% dos homens bissexuais haviam se envolvido em não monogamia consensual em algum momento de suas vidas, comparado a 32% dos homens *gays* e 25% dos homens heterossexuais. Além disso, 35% das mulheres bissexuais relataram ter se envolvido em não monogamia consensual, em comparação a 21% das mulheres lésbicas e 16% das mulheres heterossexuais.

Apesar de pessoas bissexuais serem mais propensas a se envolver em não monogamia consensual, os autores nos lembram que a maioria das pessoas que já teve esse tipo de relacionamento é heterossexual. "Na amostra em geral, a vasta maioria (78,7%-80%) daqueles que já tiveram um relacionamento aberto era heterossexual, consistente com a prevalência majoritária da heterossexualidade na população em geral".

Minha explicação favorita para o porquê de pessoas bissexuais serem mais propensas a se envolver em não monogamia consensual do que pessoas de outras sexualidades é que se identificar como bissexual força uma reação em cadeia de questionar suposições sobre sexo e relacionamentos. Quando você já está rompendo com binários sexuais antiquados e danosos, por que parar por aí? É bom já pegar a britadeira e espatifar a monogamia também. Além disso, as pessoas estão constantemente perguntando aos bissexuais se uma pessoa é o suficiente. Isso força a conversa e o engajamento crítico em relação ao assunto, de modo que monossexuais não precisam lidar. Um argumento similar foi feito por Alison Moss ao descrever a sua própria experiência como uma pesquisadora interessada na bissexualidade:

> Eu percebi logo que, com as discussões sobre a monogamia, vieram as discussões sobre a heteronormatividade.

Parecia que a discussão sobre uma não poderia vir sem a outra. Eu sugeriria que, porque a monogamia é tão contestada nas pessoas bissexuais (por exemplo, uma bissexual é *capaz mesmo* de se comprometer com um gênero? Ou ela estará sempre desejando alguém de outro gênero?), o simples fato de essas pessoas se autodenominarem bissexuais faz surgir outras contestações de identidade sexual.

Não importa qual é a sua identidade sexual, você pode ser promíscuo ou infiel ou nunca querer se estabelecer com uma única pessoa... ou pode ser sexualmente conservador ou fiel e querer se casar e ter uma casinha com cerca branca. A diferença, porém, é que como uma pessoa bissexual você é constantemente questionado sobre o *porquê*. Por que você quer essas coisas? Por que você faz sexo com essas pessoas? Como você pode saber que é isso que realmente quer? Você tem certeza? Como pode ter certeza? E se você mudar de ideia?

Eu sonho com um mundo no qual as pessoas parem de perguntar essas coisas aos bissexuais e, em vez disso, façam essas perguntas *para si mesmas*.

Transformação da intimidade

Em 2019, a Sociedade para Psicologia da Orientação Sexual e da Diversidade de Gênero formou uma força-tarefa para a não monogamia consensual, porque eles acreditavam que era hora de reconhecer a diversidade de relacionamentos e que isso se intersecciona com identidades sexuais e de gênero de maneiras interessantes.[32] Eles escrevem que houve "importantes mudanças na sociedade que afetam o modo como as pessoas abordam relacionamentos íntimos e formação de família" e que isso faz o tópico ser importante para melhor compreensão, particularmente para terapeutas e profissionais de saúde.

Parece que alternativas à monogamia estão não apenas sendo abraçadas pelos filhos dos anos 1960 ou pela Geração Z, elas estão sendo tratadas com um amplo interesse acadêmico e do público. Em 2020, a psicóloga social Annelise Murphy e colegas declararam que, em sua pesquisa sobre a abertura de relacionamentos românticos duradouros, "A não monogamia consensual é uma opção de relacionamento cada vez mais popular".[33] É claro que isso não é um conceito novo. Até mesmo o nosso pesquisador original da sexualidade Havelock Ellis estava em um relacionamento aberto no fim dos anos 1800. E, se lermos as cartas de Ellis para sua esposa, veremos uma admiração e um amor iluminados que crescem ao invés de diminuírem quanto mais abertos eles são um com o outro sobre seus sentimentos românticos por outras pessoas.

Em um estudo longitudinal relatado em 2021, os pesquisadores fizeram várias perguntas a 233 indivíduos que estavam planejando se envolver em não monogamia consensual, mas ainda não o haviam feito. Eles compararam o bem-estar relacional, sexual e pessoal antes e depois de abrirem o relacionamento. Aqueles que se envolveram em não monogamia consensual "experimentaram aumentos significativos na satisfação sexual, particularmente se fizeram isso com o objetivo explícito de lidar com incompatibilidades sexuais em seus relacionamentos".[34] Isso é consistente com uma revisão de pesquisas sobre não monogamia consensual que descobriu que o "Envolvimento em relacionamentos não monogâmicos consensuais está ligado a aspectos positivos da saúde sexual tais como conversas abertas sobre necessidades e riscos sexuais e um uso maior da camisinha".[35]

Para aqueles que não estão prontos para mudar o *status* do seu relacionamento, mas querem brincar um pouco, a pesquisa também tem boas notícias sobre o sexo a três. De acordo com Ryan Scoats, "em vez de desafiar a instituição da monogamia, o sexo a três na verdade pode apoiá-la, em especial quando envolve casais românticos. O sexo a três pode oferecer aos casais um "alívio" sexual... reafirmando a primazia do seu relacionamento comprometido". Em outras palavras, fazer sexo a três pode ser tanto divertido como bom para seu relacionamento.

Assim como os "filtros automáticos" do Google, nosso cérebro está sendo reprogramado, e com sorte, ao longo do tempo, as pessoas vão parar de travar tanto quando falam com pessoas bissexuais sobre suas estruturas de relacionamentos. Talvez, em vez disso, elas vão se olhar no espelho e se fazer essas mesmas perguntas.

Uma citação do famoso acadêmico da história *gay* Jeffrey Weeks é um ponto maravilhoso para terminar este capítulo: "Há muitas evidências de que a transformação da intimidade está em andamento, uma revolução de base".[36] Que todos nós possamos experienciar muitas transformações da intimidade no curso de nossas vidas.

Conclusão: Identidade Bi

Espero que este livro permita que mais corações sejam vistos.

Essa venda bissexual que há tanto tempo envolve o coração humano é sustentada por mitos e construções deliberadamente errados. A cada mito que é reconhecido como tal pelas pessoas, a venda desliza mais um pouquinho. Precisamos difundir informação e educação precisas para que as pessoas, incluindo a próxima geração, possam ser felizes com quem elas são e quem elas amam. As estruturas da opressão sexual perpassam tudo, incluindo os sistemas legais, mas, mais importante ainda, atravessam *direto* a nossa mente. Vamos queimar as nossas vendas e abraçar a habilidade humana de amar livremente.

Escrevi este livro porque ele não existia e eu tinha muitas perguntas sobre a bissexualidade. Como disse na introdução, senti que queria, precisava e desejava *mais*. Ainda não conheço muitas das respostas, mas pelo menos agora conheço alguns dos termos e estruturas que podem me ajudar a organizar meus pensamentos. Este livro foi um projeto de amor que me levou a um amplo desvio do meu trabalho como psicóloga criminal e sobre o qual passei a pensar como uma série de estágios.

Isso partiu da minha tentativa de contextualizar as diferentes ideias e atitudes que vi entre as pessoas bissexuais com as quais me encontrei enquanto fazia as pesquisas para este livro. É possível que esses sejam os estágios pelos quais todos precisemos passar para sermos capazes de nos sentir fundamentados de verdade e por completo em nossa identidade bissexual. Pelo menos, acho que explicar como vivenciei meus próprios estágios irá ajudar outras pessoas a se sentirem menos sozinhas e a saberem para onde elas podem seguir na sua jornada.

Apresento a você os seis estágios do desenvolvimento da minha identidade bi:

Estágio 1: Solidão

Começamos em nosso caminho rumo a uma identidade bissexual pensando que talvez sejamos os únicos que se sentem como nos sentimos. Infelizmente, acho que a maioria das pessoas no mundo que se identifica como bissexual, tem atrações bissexuais ou comportamentos bissexuais se sente dessa maneira. Ainda vivemos em um mundo que, em grande parte, pensa que a bissexualidade é pervertida, excessiva ou não é algo real. A bifobia da sociedade corre em nossas veias desde cedo, mesmo que não a reconheçamos como tal.

Estágio 2: Euforia

Quando saímos das sombras e adotamos uma identidade abertamente bissexual, a alegria pode ser inebriante. Nós nos sentimos corajosos, orgulhosos e empoderados. Queremos gritar para todo mundo ouvir que não somos seja lá o que as pessoas achavam que éramos. *Não*, dizemos, *eu sou bissexual*. A rede social faz com que seja mais fácil do que nunca sair para o mundo como um estreante bissexual e ser recebido pelo que parece ser uma grande festa do amor bi. Para algumas pessoas, esse é um dos maiores atos revolucionários que podem fazer. Ser visivelmente bissexual é assumir uma posição, desestabilizar suposições heteronormativas.

Estágio 3: Decepção

Depois que passa a fase da lua de mel, percebemos que o mundo bissexual não é só a Parada do Orgulho Bi e arco-íris. As pessoas dentro da comunidade bissexual têm argumentos vociferantes sobre rótulos de sexualidade e parece que ninguém acha que o outro é *suficiente* – bissexual o suficiente, ativista *queer* o suficiente ou interseccional o suficiente. Grupos bi que começaram com um ar de euforia se desfizeram por causa das suas brigas internas. Isso pode fazer parecer que essas comunidades talvez não sejam para nós. Mas não devemos deixar que a queda desse estágio nos impeça de continuar nossa jornada, o nosso crescimento.

Estágio 4: Luto

Quando estamos imersos o suficiente na comunidade bi, aprendemos sobre todas as coisas horríveis que acontecem com pessoas bissexuais. Ficamos de luto por aqueles que perdemos durante a crise da aids, aqueles que perdemos para o assédio e a violência sexual e aqueles que perdemos para os abusos de direitos humanos ao redor do mundo. Esse período de luto é incrivelmente importante, mas alguns grupos e indivíduos ficam presos nele. Porque vivemos em um mundo no qual a informação está sempre disponível, devemos tomar um cuidado especial para não deixar o luto das injustiças em relação às pessoas bissexuais nos debilitar. Em vez disso, devemos usar esse luto para identificar e expurgar a bifobia da sociedade.

Estágio 5: Raiva

Fervendo de raiva, queremos destruir aqueles que *fazem isso conosco*. Mas a raiva é difícil de apontar com precisão – o que significa ficar com raiva da heteronormatividade e do monossexismo? Com quem ou com o que estamos com raiva de verdade? Se nos permitirmos investigar esse sentimento, podemos viajar no tempo e ver como as pessoas bissexuais têm sido entendidas e oprimidas há séculos. Mas também aprendemos o que as pessoas bissexuais fizeram com essa raiva. Aprendemos que, por mais de cem anos, acadêmicos têm lutado contra a patologização da bissexualidade, que a mãe da Parada do Orgulho era bissexual e que ao enfrentar a adversidade e o estigma as pessoas bissexuais encontraram modos de criar seu próprio espaço.

Estágio 6: Paz

Aqueles que chegam ao estágio 6 internalizaram o conforto que vem de saber que sempre existiram, e sempre existirão, pessoas bissexuais. Nós percebemos a onipresença da bissexualidade no comportamento bissexual, na história, na cultura, na arte e na ciência. Crucialmente, nesse estágio ainda estamos lutando por mais visibilidade bi, inclusão e proteção legal. Mas em vez de fazer isso a partir da raiva, lutamos a partir do amor.

Excluir a bissexualidade das discussões de história, cultura ou ciência é menosprezar a habilidade humana para o amor e a atração. Isso também significa que as pessoas com desejos bissexuais costumam ser abandonadas em sua busca por um lugar no mundo.

Eu queria poder estar ao lado de cada pessoa bissexual, segurar sua mão gentilmente com um aperto leve que indica *Está tudo bem* e então dizer: *Olha só, você está aqui*, enquanto aponto para livros de história, pesquisas científicas e a mídia popular. Gostaria que fosse um momento afetuoso que instilasse uma sensação de pertencimento. Não são só as pessoas bissexuais que precisam saber disso. Eu quero que todos vejam a bissexualidade e os bissexuais em todos os aspectos do mundo ao redor deles.

Não estamos escondidos em lugares escuros e misteriosos.

Estamos aqui.

Sempre estivemos aqui.

Eu sei que este livro explorou muitos tópicos pesados, incluindo os tipos de opressão, apagamento e violência que são direcionados aos bissexuais e outras pessoas *queer*. Suavizar essas realidades seria fazer um desserviço e remover o potencial delas de acender as forças revolucionárias dentro de nós. Ainda temos um longo caminho a percorrer até que as pessoas bissexuais ao redor do mundo possam viver livres e com segurança. Até mesmo em lugares onde o comportamento bissexual é legal, outras ferramentas de opressão, incluindo o estigma e o isolamento, levam a taxas mais altas de consequências negativas para a saúde dos bissexuais. Eu quero que você se lembre disso. Quero que isso se torne parte da sua resposta para o *porquê* – por que precisamos da Parada do Orgulho Bi, por que precisamos da visibilidade bi e por que conversas sobre a bissexualidade estão longe de acabar. Por favor, nunca se esqueça do *porquê*.

E também, por favor, nunca se esqueça de que, para muitas pessoas, ser bissexual é uma coisa maravilhosa. Não estou sozinha ao pensar isso. No estudo que observamos lá atrás no Capítulo 4, sobre os aspectos positivos da bissexualidade, 157 adultos – a maioria dos Estados Unidos, do Canadá e do Reino Unido – indicaram que a "liberdade" era a melhor parte.[1] Especificamente, os participantes disseram que estimavam cinco tipos de liberdade que faziam parte de ser bissexual, incluindo a liberdade de amar sem se preocupar com sexo biológico ou gênero, a liberdade dos rótulos sociais e papéis de gênero, a liberdade de explorar relacionamentos e experiências diversos como a não monogamia consensual e a liberdade de expressão sexual. Por fim, os participantes declararam que experienciavam a "liberdade de viver com autenticidade e honestidade". Como uma pessoa de 34 anos participante do estudo dos Estados Unidos descreveu de um modo poético:

> Em vez de ser "isto e não aquilo", eu sou isto *e* aquilo [...]. Eu me senti como uma flor desabrochando. À medida que me torno mais eu e fico mais confortável com cada pétala da minha identidade, me abro e olho para o sol... como alguém que se identifica como bissexual e enxerga o mundo em uma multitude de planos, meu intelecto e minha criatividade, minha cabeça e meu coração apenas correspondem mais paralelos a como eu sou capaz de sentir atração por e amar tanto homens como mulheres.

Isso não quer dizer que os monossexuais não são livres, mas diz que abraçar quem você é costuma ser um exercício de liberdade. Espero que mais bissexuais se sintam capazes de *sair para* o mundo totalmente desacorrentados das expectativas que a sociedade colocou sobre eles e as que eles colocaram sobre si mesmos. Ter um único relacionamento consensual do mesmo sexo de modo recluso, ou beijar uma garota e gostar, ou fazer sexo a três, isso não torna as pessoas bissexuais. Mas ignorar essas experiências como sem sentido, como uma expressão de dominação ou como performativas, isso provavelmente vai deixar as pessoas insatisfeitas ou até mesmo rancorosas com um aspecto de si mesmas com o qual ainda não se engajaram.

Dizer que as pessoas deveriam se permitir ir até os cantos inexplorados de sua sexualidade é paternalista e um tanto freudiano. Mas quero que mais pessoas considerem que, da próxima vez que a curiosidade bater, elas não estão sozinhas, há toda uma comunidade de pessoas que pensaram profundamente sobre sua sexualidade e se sentiram enriquecidas por isso. Eu costumo pensar em uma frase do livro de 1943 do ganhador do prêmio Nobel Hermann Hesse, *The Glass Bead Game*: "Eu me entreguei ao êxtase da descoberta".

Agradecimentos

Obrigada ao meu parceiro sempre solidário e intelectualmente enriquecedor, Paul Livingston. Você permite que meu coração seja mais completo e mais livre do que eu sabia ser possível.

Obrigada também ao meu editor principal, Simon Thorogood na Canongate, por aquele dia em um café em Londres onde fiz a proposta do livro e você imediatamente entendeu a importância dele. Do mesmo modo, obrigada a Jamison Stoltz e Sarah Robbins na Abrams que me apoiaram e deram *feedback* atencioso do início ao fim. Obrigada também a Christian Koth e à minha editora alemã, Nicola Bodman na Hanser, por continuar a apoiar o meu trabalho, mesmo que ele me leve por caminhos inesperados.

Obrigada também aos especialistas que me deram *feedback* em partes deste livro. Eles incluem dois dos meus professores no programa de História *Queer* em Goldsmiths, na Universidade de Londres, Justin Bengry e Benno Gammerl (agora no Instituto Universitário Europeu), a advogada Antonia Benfield da Doughty Chambers, a pesquisadora de sexualidade Helen Bowes-Catton na Universidade Aberta e a cientista da psicologia Noemi Dreksler na Universidade de Oxford.

Obrigada à minha gerente alemã, Annette Brüggemann e à minha agente do Reino Unido, Kirsty McLachlan, por sua confiança espetacular na minha capacidade de escrever um livro sobre algo que eu mal conhecia quando comecei.

Obrigada a todos os pesquisadores e ativistas da bissexualidade e aos indivíduos que me permitiram encher um livro com o seu trabalho.

Obrigada a você, leitor ou leitora, por oferecer um espacinho na sua estante de livros para a visibilidade bi. Você está ajudando a fazer do mundo um lugar mais inclusivo e amoroso.

Notas

1: A Opção Bi

1. American Historical Association (2017). "Buy the bi: Selling bisexual chic in the 1970s." Apresentação de Conferência. https://aha.confex.com/aha/2017/webprogram/Paper21442.html.

2. *Newsweek* (1995). "Bisexuality." https://www.newsweek.com/bisexuality-184830.

3. Katz, J. (2007). *The Invention of Heterosexuality*. University of Chicago Press.

4. Herzer, M. (1986). "Kertbeny and the nameless love." *Journal of Homosexuality*, 12(1), 1-26. https://doi.org/10.1300/j082v12n01_01.

5. Takács, J. (2004). "The double life of Kertbeny." *In* G. Hekma (org.), *Past and Present of Radical Sexual Politics* (pp. 26-40). Universidade de Amsterdã/Fundação Mosse.

6. Krafft-Ebing, R. & Chaddock, C. G. (1893). *Psychopathia Sexualis: With Especial Reference to Contrary Sexual Instinct: A Medico-legal Study*. F. A. Davis. https://www.gutenberg.org/ebooks/64931.

7. Blank, H. (2012). *Straight: The Surprisingly Short History of Heterosexuality*. Beacon Press.

8. Jabbour, J., Holmes, L., Sylva, D., Hsu, K. J., Semon, T. L., Rosenthal, A. M., ... & Bailey, J. M. (2020). "Robust evidence for bisexual orien-

tation among men." *Proceedings of the National Academy of Sciences*, 117(31), 18369-77. https://doi.org/10.1073/pnas.2003631117.

9. Engelberg, J., Lawton, S. & Shaw, J. (2021). "The futile search for 'physiological evidence' of male bisexuality: a response to Jabbour et al." *Psychology of Sexualities Review*. http://dx.doi.org/10.13140/RG.2.2.32243.86567.

10. Waidzunas, T. & Epstein, S. (2015). "For men arousal is orientation: Bodily truthing, technosexual scripts, and the materialization of sexualities through the phallometric test." *Social Studies of Science*, 45(2), 187-213. https://doi.org/10.1177/0306312714562103.

11. Drucker, D. (2012). "Marking sexuality from 0-6: The Kinsey Scale in online culture." *Sexuality & Culture*, 16(3), 241-62. http://dx.doi.org/10.1007/s12119-011-9122-1.

12. Bullough, V. L. (1998). "Alfred Kinsey and the Kinsey Report: Historical overview and lasting contributions." *Journal of Sex Research*, 35(2), 127-31. https://doi.org/10.1080/00224499809551925.

13. Kinsey, et al. (1953, reimpresso em 1981). *Sexual Behavior in the Human Female*. Indiana University Press.

14. Reproduzido a partir do Kinsey Institute for Research in Sex, Gender, and Reproduction, Inc. https://kinseyinstitute.org/research/publications/kinsey-scale.php.

15. Kinsey A. C. (1941). "Criteria for a hormonal explanation of the homosexual." *Journal of Clinical Endocrinology and Metabolism*, 1(5), 424-28.

16. Germon, J. E. (2008). "Kinsey and the politics of bisexual authenticity." *Journal of Bisexuality*, 8(3-4), 243-58. https://doi.org/10.1080/15299710802501652.

17. Kinsey, A. C. (1940). Carta para G. V. Ramsey. Pasta 1, G. V. Ramsey File, Coleção de Correspondências de Alfred C. Kinsey, Arquivos do Instituto Kinsey, Bloomington, IN. Como citado em Drucker, D. (2012). Marking sexuality from 0–6: The Kinsey Scale in online culture. *Sexuality & Culture*, 16(3), 241–62. http://dx.doi.org/10.1007/s12119-011-9122-1.

18. Drucker, D. (2012). "Marking sexuality from 0–6: The Kinsey Scale in online culture." *Sexuality & Culture*, 16(3), 241–62. http://dx.doi.org/10.1007/s12119-011-9122-1.

19. *British Medical Journal* (2006). Obituaries: Fritz Klein. https://doi.org/10.1136/bmj.333.7557.47.

20. Klein, F. (1978). *The Bisexual Option: A Concept of One Hundred Percent Intimacy*. Arbor House.

21. Reinhardt, R., Foreword, *in* Klein, F. (1993). *The Bisexual Option: Second Edition*. Routledge.

22. Halperin, D. M. (2009). "Thirteen ways of looking at a bisexual." *Journal of Bisexuality*, 9(3-4), 451-55. https://doi.org/10.1080/15299710903316679.

23. Flanders, C. E., LeBreton, M. E., Robinson, M., Bian, J. & Caravaca-Morera, J. A. (2017). "Defining bisexuality: Young bisexual and pansexual people's voices." *Journal of Bisexuality*, 17(1), 39-57. https://doi.org/10.1080/15299716.2016.1227016.

24. Ochs, R. (2009). "What is bisexuality?" *In* R. Ochs & S. E. Rowley (orgs.), *Getting Bi: Voices of Bisexuals Around the World* (2ª ed., 7-9). Bisexual Resource Center.

25. Gates, G. J. (2011). "How many people are lesbian, gay, bisexual, and transgender?" The Williams Institute, UCLA. https://escholarship.org/uc/item/09h684x2.

26. Bridges, T., & Moore, M. R. (2018). "Young women of color and shifting sexual identities." *Contexts*, 17(1), 86-8. https://doi.org/10.1177%2F1536504218767125.

27. YouGov (2015). "1 in 2 young people say they are not 100% heterosexual." https://yougov.co.uk/topics/lifestyle/articles-reports/2015/08/16/half--young-not-heterosexual.

28. YouGov (2019). "One in five young people identify as gay, lesbian or bisexual." https://yougov.co.uk/topics/relationships/articles-reports/2019/07/03/one-five-young-people-identify-gay-lesbian-or-bise.

29. BiNe (2017). *Bijou 31*. http://www.bine.net/sites/default/files/bijou-31de_doppelseiten.pdf.

30. *Advocate* (2015). https://www.advocate.com/world/2015/08/31/study-one-third-israelis-are-bisexual.

31. YouGovAmerica (2015). "A third of young Americans say they aren't 100% heterosexual." https://today.yougov.com/topics/lifestyle/articles-reports/2015/08/20/third-young-americansexclusively-heterosexual.

2. Nossa História

1. Página do memorial de Brenda Howard: http://www.nyabn.org/brenda/.

2. 'My Earthgirl', transcrição do discurso escrito por Lawrence Nelson: http://www.nyabn.org/brenda/spacealiensays.html.

3. Ka'ahumanu, L. & Hutchins, L., "Eulogy to Brenda Howard": http://www.nyabn.org/brenda/others.html.

4. Jagose, A. (1996). *Queer Theory: An Introduction*. Melbourne University Press, p. 47.

5. Oram, A. & Turnbull, A. (2013). *The Lesbian History Sourcebook: Love and Sex Between Women in Britain from 1780–1970*. Routledge, pp. 1-8.

6. Hartley, L. P., (1997). *The Go-Between*. Penguin Books, p. 5.

7. Halperin, D. M. (1989). "Is there a history of sexuality?" *History and Theory*, 28(3), 257-74.

8. Foucault, M. (1990). *The History of Sexuality: An Introduction*, Volume I, trad. Robert Hurley. Vintage Books, p. 95.

9. Weeks, J. (2012). "Queer(y)ing the 'modern homosexual'." *Journal of British Studies*, 51(3), 523-39. https://www.jstor.org/stable/23265593.

10. Foucault, M. (1990). *The History of Sexuality: An Introduction*, Volume I, trad. Robert Hurley. Vintage Books, p. 95.

11. Cantarella, E., & Ó Cuilleanáin, C. (1992). *Bisexuality in the Ancient World*. Yale University Press, p. 211.

12. MacDowall, L. (2009). "Historicising contemporary bisexuality." *Journal of Bisexuality*, 9(1), 3-15. https://doi.org/10.1080/15299710802659989.

13. Angelides, S. (2010). "Historicizing (bi)sexuality." *Journal of Homosexuality*, 52(1-2), 128. https://doi.org/10.1300/J082v52n01_06.

14. Ellis, H. (1939). *My Life: Autobiography of Havelock Ellis*. Houghton Mifflin. https://doi.org/10.1037/11348-000.

15. Ellis, H. & Symonds, A. (2008). *Sexual Inversion: A Critical Edition*. Palgrave Macmillan, p. 92.

16. Ellis, H. & Symonds, A. (1927). *Sexual Inversion*, 3ª edição. http://www.gutenberg.org/files/13611/13611-h/13611-h.htm.

17. Amy, J. J. & Rowlands, S. (2018). "Legalised non-consensual sterilisation – eugenics put into practice before 1945, and the after-

math. Part 1: USA, Japan, Canada and Mexico." *European Journal of Contraception and Reproductive Health Care*, 23(2), 121-29. https://doi.org/10.1080/13625187.2018.1450973.

18. Rapoport, E. (2009). "Bisexuality in psychoanalytic theory: Interpreting the resistance." *Journal of Bisexuality*, 9(3-4), 279-95. https://doi.org/10.1080/15299710903316588.

19. *Frankfurter Engel*, Rosemarie Trockel, 1994. https://yesterdaytomorrow.nsdoku.de/kuenstlerinnen/trockel.

20. Lautmann, R. (1981). "The pink triangle: The persecution of homosexual males in concentration camps in Nazi Germany." *Journal of Homosexuality*, 6(1-2), 141-60. https://doi.org/10.1300/J082v06n01_13.

21. The Holocaust Exhibition and Learning Centre, University of Huddersfield (2021). "Reclaiming the pink triangle: LGBT+ people and the holocaust." https://holocaustlearning.org.uk/latest/reclaiming-the-pink-triangle/.

22. COC Nederland. https://www.coc.nl/over-ons.

23. van Alphen, E. C. (2017). "Erasing bisexual identity: The visibility and invisibility of bisexuality as a sexual identity in the Dutch homosexual movement, 1946-1972." *Journal of homosexuality*, 64(2), 273–88. https://doi-org.libproxy.ucl.ac.uk/10.1080/00918369.2016.1179032.

24. Robinson Rhodes, M. (2020). "Bisexuality, multiple-genderattraction, and gay liberation politics in the 1970s." *Twentieth Century British History*, 32(1), 119-42. https://doi.org/10.1093/tcbh/hwaa018.

25. Dodge, B., Reece, M. & Gebhard, P. H. (2008). "Kinsey and beyond: Past, present, and future considerations for research on male bisexuality." *Journal of Bisexuality*, 8(3-4), 175-89. https://doi-org.libproxy.ucl.ac.uk/10.1080/15299710802501462.

26. Robinson Rhodes, M. (2020). "Bisexuality, multiple-genderattraction, and gay liberation politics in the 1970s." *Twentieth Century British History*, 32(1), 119-42. https://doi.org/10.1093/tcbh/hwaa018.

27. Robinson Rhodes, M. (2020). "Bisexuality, multiple-genderattraction, and gay liberation politics in the 1970s." *Twentieth Century British History*, 32(1), 23. https://doi.org/10.1093/tcbh/hwaa018.

28. Boone, M., Cook, S. & Wilson, P. (2016). "Sexual identity and HIV status influence the relationship between internalized stigma and psychological distress in black gay and bisexual men." *AIDS Care* 28(6), 764-70. https://dx.doi.org/10.1080%2F09540121.2016.1164801.

29. Pell, S. (2002). "Inescapable essentialism: bisexually-identified women's strategies in the late 80s and early 90s." *Thirdspace: A Journal of Feminist Theory & Culture*, 2(1), 1-18.

30. Stone, S. D. (1996). "Bisexual women and the 'threat' to lesbian space: or what if all the lesbians leave?" *Frontiers: A Journal of Women Studies*, 16(1), 101. https://doi.org/10.2307/3346927.

31. Pell, S. (2002). "Inescapable essentialism: bisexually-identified women's strategies in the late 80s and early 90s." *Thirdspace: A Journal of Feminist Theory & Culture*, 2(1), 8.

32. Bay Area Bisexual and Pansexual Network (acessado em 2022). *An introduction to the San Francisco Bay Area Bi+ Community History*. Acessado via https://www.babpn.org/about.html.

33. Rossi, K. (1991). "What Anything That Moves and My Mother Have In Common." *Anything that Moves*, Issue 1. Acessado via arquivo digital Anything that Moves: https://anythingthatmovesarchive.carrd.co/.

34. Randen, H. (2000). "Bi signs and wonders." *Journal of Bisexuality*, 1(1), 5-26. https://doi-org.libproxy.ucl.ac.uk/10.1300/J159v01n01_02.

35. Bisexual Resource Centre (2021). "Our History." https://biresource.org/about/our-history/.

36. BiNe (2021). "Der Verein." https://www.bine.net/content/der-verein.

37. BiCon (2021). "1980s – BiCon – the UK's main bisexual gathering." https://bicon.org.uk/bicon-past/1980s/.

38. Taylor, J. (2018). "Out of the darkness and into the shadows: the evolution of contemporary bisexuality." *Canadian Journal of Human Sexuality*, 27(2), 107. https://doi.org/10.3138/cjhs.2018-0014.

3. Nada Além de Mamíferos

1. Hamer, D. H. (1999). "Genetics and male sexual orientation." *Science*, 285(5429), 803. https://doi.org/10.1126/science.285.5429.803a.

2. Hamer, D. H., Hu, S., Magnuson, V. L., Hu, N. & Pattatucci, A. M. (1993). "A linkage between DNA markers on the X chromosome and male sexual orientation." *Science*, 261(5119), 321–7. https://doi.org/10.1126/science.8332896.

3. PBS Frontline (2021). "The Gay Gene Debate." https://www.pbs.org/wgbh/pages/frontline/shows/assault/genetics/.

4. Hu, S., Pattatucci, A. M., Patterson, C., Li, L., Fulker, D. W., Cherny, S. S., . . . & Hamer, D. H. (1995). "Linkage between sexual orientation and chromosome Xq28 in males but not in females." *Nature genetics*, 11(3), 248-56. https://doi.org/10.1038/ng1195-248.

5. Ganna, A., Verweij, K. J., Nivard, M. G., Maier, R., Wedow, R., Busch, A. S., . . . & Lundström, S. (2019). "Large-scale GWAS reveals insights into the genetic architecture of same-sex sexual behavior." *Science*, 365(6456), 896. https://doi.org/10.1126/science.aat7693.

6. Genetics of Sexual Behavior Study (2021). "A website to communicate and share the results from the largest study on the genetics of sexual behavior." https://geneticsexbehavior.info/.

7. Parsons, V. (2019). "Experts are now divided as to whether or not giraffes are actually gay." *Pink News*. https://www.pinknews.co.uk/2019/10/30/gay-giraffe-row-experts-labour-generalelection--politics-dawn-butler/.

8. Parsons, V. (2019). "Dawn Butler has no regrets about starting gay giraffe row and wants you to know being gay is natural." *Pink News*. https://www.pinknews.co.uk/2019/10/31/dawnbutler-gay-giraffe-row-regrets-robert-peston-itv-labour/.

9. Bagemihl, B. (1999). *Biological Exuberance: Animal Homosexuality and Natural Diversity*. St. Martin's Press.

10. Baume, M. (2019). "British politicians are fighting over giraffe sexuality." *Out*. https://www.out.com/politics/2019/10/28/britishpoliticians-are-fighting-over-giraffe-sexuality.

11. Benedictus, L. (2019). "Are 90% of giraffes gay – or have their loving looks been misunderstood?" *Guardian*. https://www.theguardian.com/science/shortcuts/2019/oct/29/99-per-centgiraffes-gay-loving--looks-misunderstood.

12. Ziarnowski, P. & Fenrich, K. (2016). "Social behavior in a herd of captive male giraffes." *Pegasus Review: UCF Undergraduate Research Journal*, 9(1), 4.

13. Pratt, D. M. & Anderson, V. H. (1985). "Giraffe social behaviour." *Journal of Natural History*, 19(4), 771-81. https://doi.org/10.1080/00222938500770471.

14. Monk, J. D., Giglio, E., Kamath, A., Lambert, M. R. & McDonough, C. E. (2019). "An alternative hypothesis for the evolution of

same-sex sexual behaviour in animals." *Nature Ecology & Evolution*, 3(12), 1-10. https://doi.org/10.1038/s41559-019-1019-7.

15. Kinsey, A. C., Pomeroy, W. B., Martin, C. E., & Gebhard, P. H. (1953). *Sexual Behavior in the Human Female*. Saunders, p. 448.

16. Monk, J. D., Giglio, E., Kamath, A., Lambert, M. R., & McDonough, C. E. (2019). "An alternative hypothesis for the evolution of same-sex sexual behaviour in animals." *Nature Ecology & Evolution*, 3(12), 1–10. https://doi.org/10.1038/s41559-019-1019-7.

17. Saner, E. (2019). "Farmer Sutra! Are gay rams really a problem in the sheep industry?" *Guardian*. https://www.theguardian.com/environment/shortcuts/2019/jun/03/farmer-sutra-are-gayrams-really-a-problem-in-the-sheep-industry.

18. LeVay, S. (2016). *Gay, Straight, and the Reason Why: The Science of Sexual Orientation*. Oxford University Press.

19. Roselli, C. E. Larkin, K., Schrunk, J. M. & Stormshak, F. (2004). "Sexual partner preference, hypothalamic morphology and aromatase in rams." *Physiology and Behavior*, 83(2), 233–45. https://doi.org/10.1016/j.physbeh.2004.08.017.

20. Roselli, C. E. (2020). "Programmed for preference: The biology of same-sex attraction in rams." *Neuroscience and Biobehavioral Reviews*, 114, 12–15. https://doi.org/10.1016/j.neubiorev.2020.03.032.

21. Mcgraw, K. J. e Hill, G. E. (1999). "Induced homosexual behaviour in male house finches (Carpodacus mexicanus): the 'prisoner effect'." *Ethology, Ecology and Evolution*, 11(2), 197-201. https://doi.org/10.1080/08927014.1999.9522837.

22. Bonnet, X., Golubović, A., Arsovski, D., Đorđević, S., Ballouard, J. M., Sterijovski, B., . . . & Tomović, L. (2016). "A prison effect in a wild population: a scarcity of females induces homosexual beha-

viors in males." *Behavioral Ecology*, 27(4), 1206-15. https://doi.org/10.1093/beheco/arw023.

23. Pulley, A. (2015). "Why won't *Orange Is the New Black* acknowledge that bisexuals exist?" *Buzzfeed*. https://www.buzzfeed.com/annapulley/bisexual-erasure-on-television.

24. Ashenden, A. (2019). "*Orange Is the New Black*'s hottest lesbian relationships." *Pink News*. https://www.pinknews.co.uk/2019/07/03/orange-is-the-new-black-best-lesbian-relationships/.

25. Gilchrist, T. (2019). "*Orange Is the New Black* finally says 'bisexual'. . . *Advocate*." https://www.advocate.com/television/2019/8/02/orange-new-black-finally-says-bisexual-its-89th-episode.

26. "The Bent Bars Project": https://www.bentbarsproject.org/about

27. Case of Fred Undrits v Northern Circuit Prosecutors Office Estonia, *in* the High Court of Justice. Neutral Citation Number: [2009] EWHC 3430 (Admin).

28. Stevens, A. (2015). *Sex in Prison: Experiences of Former Prisoners*. Howard League for Penal Reform. https://howardleague.org/publications/sex-in-prison-experiences-of-former-prisoners/.

29. Rashid, I. (2020). "Unnamed Premier League footballer reveals he is gay in letter . . . Sky News." https://news.sky.com/story/unnamed-premier-league-footballer-reveals-he-is-gay-inletter-but-says-he-cant-go-public-12026295.

30. Fowler, C. (2021). "Former Hearts starlet 'happiest he's ever been' after coming out as bisexual." *Edinburgh News*. https://www.edinburghnews.scotsman.com/sport/football/hearts/former-hearts-starlet-happiest-hes-ever-been-after-comingout-as-bisexual-3329344.

31. Clay, Z. & de Waal, F. B. (2014). "Sex and strife: post-conflict sexual contacts in bonobos." *Behaviour*, 152(3-4). 67-88. http://dx.doi.org/10.1163/1568539X-00003155.

32. de Waal, F. (2010). "Frans de Waal on the human primate: Make love not war." *Scientific American*. https://blogs.scientificamerican.com/guest-blog/frans-de-waal-on-the-human-primatemake-love-not-war/.

33. Paciulli, L. M. & Emer, L. K. (2018). "Sociosexual behavior (nonhuman primates)." *International Encyclopedia of Biological Anthropology*, Wiley-Blackwell, pp. 1-2.

34. Owen, J. (2004). "Homosexual activity among animals stirs debate." *National Geographic*. https://www.nationalgeographic.com/science/2004/07/homosexual-animals-debate/.

35. Barron, A. B. & Hare, B. (2020). "Prosociality and a sociosexual hypothesis for the evolution of same-sex attraction in humans." *Frontiers in Psychology*, 10, 2955. https://doi.org/10.3389/fpsyg.2019.02955.

4. O Armário Bissexual

1. Chauncey, G. (2008). *Gay New York: Gender, Urban Culture, and the Making of the Gay Male World*, 1890-1940. Hachette UK, p. 7.

2. George Chauncey, Columbia University profile: https://history.columbia.edu/person/chauncey-george/.

3. Chauncey, G. (2008). *Gay New York: Gender, Urban Culture, and the Making of the Gay Male World*, 1890-1940. Hachette UK, p. 375.

4. Pachankis, J. E. & Bränström, R. (2019). "How many sexual minorities are hidden? Projecting the size of the global closet with implications for policy and public health." *PloS one*, 14(6), e0218084. https://doi.org/10.1371/journal.pone.0218084.

5. Brown, A. (2019). "Bisexual people are far less likely than gay men and lesbians to be 'out' to people in their lives. Pew Research Center." https://www.pewresearch.org/fact-tank/2019/06/18/bisexual-adults-are-far-less-likely-than-gay-men-andlesbians-to-be-out-to-the-people-in-their-lives/.

6. Pew Research Center (2013). *A Survey of LGBT Americans*, Chapter 3: 'The Coming Out Experience'. https://www.pewresearch.org/social-trends/2013/06/13/chapter-3-the-comingout-experience/.

7. *Telegraph* (2021). "My woke daughter is a shadow of her former fun-loving self – and I'm starting to dislike her." https://www.telegraph.co.uk/family/parenting/woke-daughter-shadow-former-fun-loving-self-starting-dislike/.

8. Haus, R. (2021). "Making visible the invisible: Bisexual parents ponder coming out to their kids." *Sexualities*, 24(3), 341–69. https://doi.org/10.1177%2F1363460720939046.

9. Bowling, J., Dodge, B. & Bartelt, E. (2017). "Sexuality-related communication within the family context: Experiences of bisexual parents with their children in the United States of America." *Sex Education*, 17(1), 86-102. https://doi.org/10.1080/14681811.2016.1238821; Bartelt, E., Bowling, J., Dodge, B. & Bostwick, W. (2017). "Bisexual identity in the context of parenthood: An exploratory qualitative study of self-identified bisexual parents in the United States." *Journal of Bisexuality*, 17(4), 378-99. https://doi.org/10.1080/15299716.2017.1384947.

10. Manley, M. H., Goldberg, A. E. & Ross, L. E. (2018). "Invisibility and involvement: LGBTQ community connections among plurisexual women during pregnancy and postpartum." *Psychology of Sexual Orientation and Gender Diversity*, 5(2), 169. https://dx.doi.org/10.1037%2Fsgd0000285; Ross, L. E., Goldberg, A. E., Ta-

rasoff, L. A. & Guo, C. (2018). "Perceptions of partner support among pregnant plurisexual women: A qualitative study." *Sexual and Relationship Therapy*, 33(1–2), 59–78. https://dx.doi.org/10.1080%2F14681994.2017.1419562.

11. Arena, D. F. & Jones, K. P. (2017). "To 'B' or not to 'B': Assessing the disclosure dilemma of bisexual individuals at work." *Journal of Vocational Behavior*, 103(Part A), 86–98. https://doi.org/10.1016/j.jvb.2017.08.009.

12. Takács J. (2016). "'LGBT+ employees in the Hungarian labor market'." *In* T. Köllen (org.), *Sexual Orientation and Transgender Issues in Organizations*. Springer. https://doi.org/10.1007/978-3-319-29623-4_14.

13. Arena, D. F. & Jones, K. P. (2017). "To 'B' or not to 'B': Assessing the disclosure dilemma of bisexual individuals at work." *Journal of Vocational Behavior*, 103(Part A), 86–98. https://doi.org/10.1016/j.jvb.2017.08.009.

14. Trades Union Congress (2021). "LGBT sexual harassment." https://www.tuc.org.uk/campaigns/lgbt-sexual-harassment.

15. Lloyd, T. (2020). "Protecting bisexual victims instead of harassers: alternatives to monosexist theories of sexual orientation discrimination under Title VII." *Fordham Urban Law Journal*, 47, 431. https://ir.lawnet.fordham.edu/ulj/vol47/iss2/8.

16. Stonewall (2020). "LGBT in Britain: Bi Report." https://www.stonewall.org.uk/about-us/news/new-research-bi-people-lesslikely-be-out.

17. Pachankis, J. E. & Bränström, R. (2019). "How many sexual minorities are hidden? Projecting the size of the global closet with impli-

cations for policy and public health." *PloS one*, 14(6), e0218084. https://doi.org/10.1371/journal.pone.0218084.

18. Sianko, N. (2011). Introducing ORTHO: the American Orthopsychiatric Association. *American Psychological Association*. https://www.apa.org/international/pi/2011/07/ortho.

19. la Roi, C., Meyer, I. H. & Frost, D. M. (2019). "Differences in sexual identity dimensions between bisexual and other sexual minority individuals: Implications for minority stress and mental health." *American Journal of Orthopsychiatry*, 89(1), 40–51. https://dx.doi.org/10.1037%2Fort0000369.

20. Dunlop, B. J., Hartley, S., Oladokun, O. e Taylor, P. J. (2020). "Bisexuality and non-suicidal self-injury (NSSI): a narrative synthesis of associated variables and a meta-analysis of risk." *Journal of Affective Disorders*, 1(276), 1159-72. https://doi.org/10.1016/j.jad.2020.07.103.

21. Roberts, T. S., Horne, S. G. & Hoyt, W. T. (2015). "Between a gay and a straight place: Bisexual individuals' experiences with monosexism." *Journal of Bisexuality*, 15(4), 554–69. https://doi.org/10.1080/15299716.2015.1111183.

22. Brewster, M. E. & Moradi, B. (2010). "Perceived experiences of anti-bisexual prejudice: Instrument development and evaluation." *Journal of Counseling Psychology*, 57(4), 451. https://doi.org/10.1037/a0021116.

23. Mohr, J. J., Jackson, S. D. & Sheets, R. L. (2017). "Sexual orientation self-presentation among bisexual-identified women and men: Patterns and predictors." *Archives of Sexual Behavior*, 46(5), 1465–79. https://doi.org/10.1007/s10508-016-0808-1.

24. Riggle, E. D., Rostosky, S. S., Black, W. W. & Rosenkrantz, D. E. (2017). "Outness, concealment, and authenticity: Associations with LGB individuals' psychological distress and well-being." *Psychology of Sexual Orientation and Gender Diversity*, 4(1), 54. https://doi.org/10.1037/sgd0000202.

25. Balsam, K. F. & Mohr, J. J. (2007). "Adaptation to sexual orientation stigma: A comparison of bisexual and lesbian/gay adults." *Journal of Counseling Psychology*, 54(3), 306. https://doi.org/10.1037/0022-0167.54.3.306.

26. Maliepaard, E. (2017). "Bisexual safe space(s) on the internet: Analysis of an online forum for bisexual people." *Tijdschrift voor Economische en Sociale Geografie*, 108(3), 318–30. https://dx.doi.org/10.1111/tesg.12248.

27. Taylor, J., Power, J., Smith, E., & Rathbone, M. (2019). "Bisexual mental health: Findings from the 'Who I Am' study." *Australian Journal of General Practice*, 48(3), 138. https://doi.org/10.31128/ajgp-06-18-4615.

28. Taylor, J., Power, J. & Smith, E. (2021). "Bisexual people's experiences of mental health services: Findings from the Who I Am study." *Sexuality Research and Social Policy*, 18(1), 27–38. https://doi.org/10.1007/s13178-020-00440-2.

29. Doan Van, E. E., Mereish, E. H., Woulfe, J. M. & Katz-Wise, S. L. (2019). "Perceived discrimination, coping mechanisms, and effects on health in bisexual and other non-monosexual adults." *Archives of Sexual Behavior*, 48(1), 159–74. https://doi.org/10.1007/s10508-018-1254-z.

30. Callander, D., Holt, M. & Newman, C. E. (2016). "'Not everyone's gonna like me': Accounting for race and racism in sex and dating

web services for gay and bisexual men." *Ethnicities*, 16(1), 3-21. https://doi.org/10.1177%2F1468796815581428.

31. Millett, G., Malebranche, D., Mason, B. & Spikes, P. (2005). "Focusing 'down low': bisexual black men, HIV risk and heterosexual transmission." *Journal of the National Medical Association*, 97(7 Suppl), 52S.

32. Ghabrial, M. A. & Ross, L. E. (2018). "Representation and erasure of bisexual people of color: A content analysis of quantitative bisexual mental health research." *Psychology of Sexual Orientation and Gender Diversity*, 5(2), 132. https://doi.org/10.1037/sgd0000286.

33. Robinson, M. (2017). "Two-spirit and bisexual people: Different umbrella, same rain." *Journal of Bisexuality*, 17(1), 7-29. https://doi.org/10.1080/15299716.2016.1261266.

34. Santinele Martino, A. (2017). "Cripping sexualities: An analytic review of theoretical and empirical writing on the intersection of disabilities and sexualities." *Sociology Compass*, 11(5), e12471. https://doi.org/10.1111/soc4.12471.

35. Toft, A. (2020). "Parallels and alliances: The lived experiences of young, disabled bisexual people." *Journal of Bisexuality*, 20(2), 183-201. https://doi.org/10.1080/15299716.2020.1774460.

36 Rude, M., (2018). "Not that kind of gay: On being a bisexual trans woman." *Them*. https://www.them.us/story/im-a-bisexualtrans-woman.

37. Klesse, C. (2011). "Shady characters, untrustworthy partners, and promiscuous sluts: Creating bisexual intimacies in the face of heteronormativity and biphobia." *Journal of Bisexuality*, 11(2-3), 227-44. https://doi.org/10.1080/15299716.2011.571987.

38. Canan, S. N., Jozkowski, K. N., Wiersma-Mosley, J. D., Bradley, M. & Blunt-Vinti, H. (2019). "Differences in lesbian, bisexual, and heterosexual women's experiences of sexual assault and rape in a national US sample." *Journal of Interpersonal Violence*, 36(19–20), 9100–20. https://doi.org/10.1177%2F0886260519863725.

39. Stonewall (2020). "LGBT in Britain: Bi Report." https://www.stonewall.org.uk/about-us/news/new-research-bi-people-lesslikely-be-out.

40. Office for National Statistics (2018). "Domestic abuse: findings from the Crime Survey for England and Wales: year ending March 2018." https://www.ons.gov.uk/peoplepopulationandcommunity/crimeandjustice/articles/domesticabusefindingsfromthecrimesurveyforenglandandwales/yearendingmarch2018.

41. Seabrook, R. C., McMahon, S., Duquaine, B. C., Johnson, L. & DeSilva, A. (2018). "Sexual assault victimization and perceptions of university climate among bisexual women." *Journal of Bisexuality*, 18(4), 425-45. https://doi.org/10.1080/15299716.2018.1485070.

42. Johnson, N. L. & Grove, M. (2017). "Why us? Toward an understanding of bisexual women's vulnerability for and negative consequences of sexual violence." *Journal of Bisexuality*, 17(4), 435-50. https://doi.org/10.1080/15299716.2017.1364201.

43. Dyar, C., Feinstein, B. A. & Anderson, R. E. (2019). "An experimental investigation of victim blaming in sexual assault: The roles of victim sexual orientation, coercion type, and stereotypes about bisexual women." *Journal of Interpersonal Violence*. https://doi.org/10.1177%2F0886260519888209.

44. Klesse, C. (2005). "Bisexual women, non-monogamy and differentialist anti-promiscuity discourses." *Sexualities*, 8(4), 445-64. https://doi.org/10.1177%2F1363460705056620.

45. Schuler, M. S. & Collins, R. L. (2020). "Sexual minority substance use disparities: Bisexual women at elevated risk relative to other sexual minority groups." *Drug and Alcohol Dependence*, 206, 107755. https://doi.org/10.1016/j.drugalcdep.2019.107755.

46. Sigurvinsdottir, R. & Ullman, S. E. (2016). "Sexual assault in bisexual and heterosexual women survivors." *Journal of Bisexuality*, 16(2), 163-80. https://doi.org/10.1080/15299716.2015.1136254

47. Fredriksen-Goldsen, K. I., Shiu, C., Bryan, A. E., Goldsen, J. & Kim, H. J. (2017). "Health equity and aging of bisexual older adults: Pathways of risk and resilience." *Journals of Gerontology Series B*, 72(3), 468-78. https://doi.org/10.1093/geronb%2Fgbw120.

48. Scales Rostosky, S., Riggle, E. D., Pascale-Hague, D. & McCants, L. E. (2010). "The positive aspects of a bisexual selfidentification." *Psychology & Sexuality*, 1(2), 131-44. https://doi.org/10.1080/19419899.2010.484595.

5. Invisi-bi-lidade

1. Tyner, K. & Ogle, J. P. (2007). "Feminist perspectives on dress and the body: An analysis of Ms. magazine, 1972 to 2002." *Clothing and Textiles Research Journal*, 25(1), 74-105. https://doi.org/10.1177%-2F0887302X06296874.

2. Hayfield, N., Clarke, V., Halliwell, E., & Malson, H. (2013). "Visible lesbians and invisible bisexual people: Appearance and visual identities among bisexual women." *In Women's Studies International Forum*, 40, 172–82. https://uwe-repository.worktribe.com/output/928933.

3. Clarke, V. & Turner, K. (2007). "V. Clothes Maketh the Queer? Dress, Appearance and the Construction of Lesbian, Gay and Bisexual

Identities." *Feminism & Psychology*, 17(2), 267–76. https://doi.org/10.1177%2F0959353507076561.

4. *Psychologist* (2015). "One on One… with Victoria Clarke." https://thepsychologist.bps.org.uk/volume-28/august-2015/one-one-victoria-clarke.

5. Hayfield, N. (2011). "Bisexual women's visual identities: A feminist mixed-methods exploration" (dissertação de doutorado). https://ethos.bl.uk/OrderDetails.do?uin=uk.bl.ethos.573124.

6. Nelson, R. (2020). "'What do bisexual people look like? I don't know!' Visibility, gender, and safety among plurisexuals." *Journal of Sociology*, 56(4), 591-607. https://doi.org/10.1177%2F1440783320911455.

7. Hartman, J. E. (2013). "Creating a bisexual display: Making bisexuality visible." *Journal of Bisexuality*, 13(1), 39-62. https://doi.org/10.1080/15299716.2013.755727.

8. Gurevich, M., Bower, J., Mathieson, C. M. & Dhayanandhan, B. (2007). "'What do they look like and are they among us?: Bisexuality, (dis)closure and (un)viability'." *In* V. Clarke and E. Peel (orgs.), *Out In Psychology: Lesbian, Gay, Bisexual, Trans and Queer Perspectives* (pp. 217-41). Wiley and Sons. https://doi.org/10.1002/9780470713099.ch11.

9. Evans, M. (2019). "The biggest bi gathering in history." Stonewall. https://www.stonewall.org.uk/about-us/news/biggest-bigathering-history.

10. Voss, G., Browne, K. & Gupta, C. (2014). "Embracing the 'And': Between queer and bisexual theory at Brighton BiFest." *Journal of Homosexuality* 61(11), 1610. https://doi.org/10.1080/00918369.2014.944055.

11. Foucault, M. & Miskowiec, J. (1986). "Of other spaces." *Diacritics* 16(1), 22-7. https://doi.org/10.2307/464648.

12. Bowes-Catton, H., Barker, M. & Richards, C. (2011). "I didn't know that I could feel this relaxed in my body." *In* P. Reavey (org.), *Visual Methods in Psychology: Using and Interpreting Images in Qualitative Research*, Routledge, pp. 255-70.

13. Bowes-Catton, H. (2016). "'Like a playground should be?' Experiencing and producing bi subjectivities in bisexual space" (dissertação de doutorado). https://doi.org/10.21954/ou.ro.0000c67a.

14. Betsky, A. (1997). *Queer Space: Architecture and Same-Sex Desire*, William Morrow & Co.

15. Bowes-Catton, H. (2016). "'Like a playground should be?' Experiencing and producing bi subjectivities in bisexual space" (dissertação de doutorado). https://doi.org/10.21954/ou.ro.0000c67a.

16. Klesse, C. (2005). Resenha de livros: *Bisexual Spaces. A Geography of Sexuality and Gender*, por Clare Hemmings (Routledge, 2002), *Sociological Review* 53(2), 365-8. https://doi.org/10.1111%2Fj.1467-954X.2005.00518_4.x.

17. BiCon 2020. "BiCon is Racist." https://2020.bicon.org.uk/antiracism/bicon-is-racist-and-its-about-time-we-stop-makingexcuses.

18. Morris, M. K. (2002). "Audre Lorde: Textual authority and the embodied self." *Frontiers: A Journal of Women Studies*, 23(1), 168-88. http://www.jstor.org/stable/3347282.

19. Kawale, R. (2003). "A kiss is just a kiss . . . or is it? South Asian lesbian and bisexual women and the construction of space." *In* N. Puwar & P. Raghuram (orgs.), *South Asian Women in the Diaspora* (179-98). Routledge.

20. Held, N. (2017). "'They look at you like an insect that wants to be squashed': An ethnographic account of the racialized sexual spaces of Manchester's Gay Village." *Sexualities*, 20(5-6), 535-57. https://doi.org/10.1177/1363460716676988.

21. Maliepaard, E. (2017). "Bisexual safe space(s) on the internet: analysis of an online forum for bisexual people." *Tijdschrift voor Economische en Sociale Geografie*, 108(3), 326.

22. White, P. (1999). *Uninvited: Classical Hollywood Cinema and Lesbian Representability*. Indiana University Press.

23. San Filippo, M. (2013). *The B Word: Bisexuality in Contemporary Film and Television*. Indiana University Press.

24. Hartmann, T. & Goldhoorn, C. (2011). "Horton and Wohl revisited: Exploring viewers' experience of parasocial interaction." *Journal of Communication*, 61(6), 1104–21. https://doi.org/10.1111/j.1460-2466.2011.01595.x.

25. Horton, D. & Wohl, R. (1956). Mass communication and para-social interaction: Observations on intimacy at a distance. *Psychiatry*, 19, 215–29. https://doi.org/10.1080/00332747.1956.11023049

26. Klimmt, C., Hartmann, T. & Schramm, H. (2006). "Parasocial interactions and relationships." *In* J. Bryant & P. Vorderer (orgs.), *Psychology of Entertainment* (291-313). Routledge.

27. Schiappa, E., Gregg, P. B. & Hewes, D. E. (2005). "The parasocial contact hypothesis." *Communication Monographs*, 72(1), 92-115. https://doi.org/10.1080/0363775052000342544.

28. Pettigrew, T. F. & Tropp, L. R. (2008). "How does intergroup contact reduce prejudice? Meta-analytic tests of three mediators." *European Journal of Social Psychology*, 38(6), 922–34. https://doi.org/10.1002/ejsp.504.

29. Smith, S. J., Axelton, A. M. & Saucier, D. A. (2009). "The effects of contact on sexual prejudice: A meta-analysis." *Sex Roles*, 61(3-4), 178-91. https://doi.org/10.1007/s11199-009-9627-3.

30. Lytle, A., Dyar, C., Levy, S. R. & London, B. (2017). "Contact with bisexual individuals reduces binegativity among heterosexuals and lesbian women and gay men." *European Journal of Social Psychology*, 47(5), 580-99. https://doi.org/10.1002/ejsp.2241.

31. Mohr, J. J. & Rochlen, A. B. (1999). "Measuring attitudes regarding bisexuality in lesbian, gay male, and heterosexual populations." *Journal of Counseling Psychology*, 46(3), 353. https://doi.org/10.1037/0022-0167.46.3.353.

32. Schiappa, E., Gregg, P. B. e Hewes, D. E. (2005). "The parasocial contact hypothesis." *Communication Monographs*, 72(1), 92-115. https://doi.org/10.1080/0363775052000342544.

33. Davis, Y. A. (2008). "The parasocial contact hypothesis: Implications for changing racial attitudes" (dissertação de doutorado, Ohio State University). https://www.academia.edu/53215805/The_parasocial_contact_hypothesis.

34. Wong, N. C., Lookadoo, K. L. & Nisbett, G. S. (2017). "'I'm Demi and I have bipolar disorder': Effect of parasocial contact on reducing stigma toward people with bipolar disorder." *Communication Studies*, 68(3), 314-33. https://doi.org/10.1080/10510974.2017.1331928.

35. Suggs, D. W. & Guthrie, J. L. (2017). "Disabling prejudice: A case study of images of paralympic athletes and attitudes toward people with disabilities." *International Journal of Sport Communication*, 10(2), 258-76. https://doi.org/10.1123/IJSC.2017-0030.

36. Miller, P. R., Flores, A. R., Haider-Markel, D. P., Lewis, D. C., Tadlock, B. & Taylor, J. K. (2020). "The politics of being 'Cait': Caitlyn Jenner, transphobia, and parasocial contact effects on transgender--related political attitudes." *American Politics Research*, 48(5), 622-34. https://doi.org/10.1177%2F1532673X20906460.

37. Bond, B. J. e Compton, B. L. (2015). "Gay on-screen: The relationship between exposure to gay characters on television and heterosexual audiences' endorsement of gay equality." *Journal of Broadcasting & Electronic Media*, 59(4), 717-32. https://doi.org/10.1080/08838151.2015.1093485.

38. Farrimond, K. (2017). *The Contemporary Femme Fatale: Gender, Genre and American Cinema*, Taylor & Francis. https://doi.org/10.4324/9781315617510.

39. Däumer, E. D. (1992). "Queer ethics; or, the challenge of bisexuality to lesbian ethics." Extraído de M. Storr (org.), *Bisexuality: A Critical Reader* (pp. 152-61), Routledge. https://doi.org/10.1111/j.1527-2001.1992.tb00720.x.

40. Farrimond, K. (2012). "Stay still so we can see who you are: Anxiety and bisexual activity in the contemporary femme fatale film." *Journal of Bisexuality*, 12(1), 138-54. https://doi.org/10.1080/15299716.2012.645725.

41. Brod, H. (2007). "They're bi shepherds, not gay cowboys: The misframing of *Brokeback Mountain*." *Journal of Men's Studies*, 14(2), 252-53. https://doi.org/10.1177%2F106082650601400202.

42. White, J. D. (2001). "Bisexual people who kill: Hollywood's bisexual crimewave, 1985-1998." *Journal of Bisexuality*, 2(1), 39-54. https://doi.org/10.1300/J159v02n01_04.

43. Bryant, W. M. (2000). "Stereotyping bisexual men in film." *Journal of Bisexuality*, 1(2-3), 213-19. https://doi.org/10.1300/J159v01n02_09.

6. É Político

1. BBC News, 12 de maio de 2021. "Homosexuality: the countries where it is illegal to be gay." https://www.bbc.co.uk/news/world-43822234.
2. Madrigal-Borloz, V. (2018). "Report of the Independent Expert on protection against violence and discrimination based on sexual orientation and gender identity." United Nations General Assembly. https://digitallibrary.un.org/record/1630003.
3. UN General Assembly. (1948). "Universal Declaration of Human Rights." https://www.un.org/en/about-us/universaldeclaration-of-human-rights.
4. Watson, L. B., Craney, R. S., Greenwalt, S. K., Beaumont, M., Whitney, C. & Flores, M. J. (2021). "'I Was a Game or a Fetish Object': Diverse bisexual women's sexual assault experiences and effects on bisexual identity." *Journal of Bisexuality*, 21(2), 1-37. https://doi.org/10.1080/15299716.2021.1932008.
5. University of Missouri-Kansas City (2021). Faculty and Staff: Laurel Watson. https://education.umkc.edu/directory/watsonlaurel/.
6. Gender, Race, and Sexuality Research Team (2021). Nossa Equipe de Pesquisa. https://researchteamweb.wordpress.com/about/.
7. Human Rights Watch (2011). "We'll show you you're a woman: violence and discrimination against black lesbians…" https://www.hrw.org/report/2011/12/05/well-show-you-youre-woman/violence-and-discrimination-against-black-lesbians-and.
8. Adamson, T. M., Howell, S., Garner, A. & Hanley, M. (2020). "The global state of conversion therapy – a preliminary report and current

evidence brief. LGBT+ Foundation." http://dx.doi.org/10.31235/osf.io/9ew78.

9. Mallory, C., Brown, T. N. & Conron, K. J. (2018). "Conversion therapy and LGBT+ youth." Williams Institute, UCLA School of Law. https://williamsinstitute.law.ucla.edu/publications/conversion-therapy-and-lgbt-youth/.

10. BBC (2020). "Germany passes law banning 'gay conversion therapy' for minors." https://www.bbc.co.uk/news/worldeurope-52585162.

11. Farley, H. & Lawrie, E. (2021). "What is conversion therapy and when will it be banned?" BBC News. https://www.bbc.co.uk/news/explainers-56496423.

12. "Professional profile of Antonia Benfield at Doughty Street Chambers.": https://www.doughtystreet.co.uk/barristers/antoniabenfield.

13. "UK government immigration statistics, year ending March 2019." https://www.gov.uk/government/statistics/immigrationstatistics--year-ending-march-2019; Comissão Europeia (2018). "First instance decisions on applications by citizenship, age and sex – annual aggregated data (rounded)." https://appsso.eurostat.ec.europa.eu/nui/show.do?dataset=migr_asydcfsta&lang=en.

14. R. (Ibidokun) v Secretary of State for the Home Department. [2017] EWHC 3178 (Admin). https://www.casemine.com/judgement/uk/5b2897d82c94e06b9e19c30e.

15. JS (Uganda) v Secretary of State for the Home Department. [2019] EWCA Civ 1670. https://www.casemine.com/judgement/uk/5da-01b3b2c94e046175a22c9.

16. R (Oy) v Secretary of State for the Home Department [2016] EWHC 2883 (Admin) EWCA Civ 1670.

17. Sternglanz, R. W., Morris, W. L., Morrow, M. & Braverman, J. (2019). "A Review of meta-analyses about deception detection." *In* T. Docan-Morgan (org.), *The Palgrave Handbook of Deceptive Communication* (pp. 303-26). Palgrave Macmillan. https://doi.org/10.1007/978-3-319-96334-1_16.

18. NR (Jamaica) v Secretary of State for the Home Department [2009] EWCA Civ 856, United Kingdom: Court of Appeal (Inglaterra e Gales), 5 de agosto de 2009, disponível em: https://www.refworld.org/cases,GBR_CA_CIV,4a93fe4a2.html.

19. R (Drammeh) v Secretary of State for the Home Department. [2015] EWHC 2984 (Admin). https://www.casemine.com/judgement/uk/5a8ff76460d03e7f57eac0e0.

20. Rehaag, S. (2009). "Bisexual people need not apply: A comparative appraisal of refugee law and policy in Canada, the United States, and Australia." *International Journal of Human Rights*, 13(2-3), 415-36. https://ssrn.com/abstract=1683623.

21. Gross, J. (2017). "Neither here nor there: The bisexual struggle for American asylum." *Hastings Law Journal*, 69(3), 985. https://repository.uchastings.edu/hastings_law_journal/vol69/iss3/6.

22. Clarke, J. (2015). "Against immutability." *Yale Law Journal*, 125(1). https://www.yalelawjournal.org/article/against-immutability.

23. "United Nations High Commissioner for Refugees. (2012). Guidelines on International Protection No. 9: Claims to refugee status basado on sexual orientation and/or gender identity within the context of article 1a (2) of the 1951 convention and/or its 1967 protocol relating to the status of refugees." https://www.unhcr.org/509136ca9.pdf.

24. Gawronski, Q., (2019). "Uganda charges 67 people after raid of LGBTQ-friendly bar." NBC News. https://www.nbcnews.com/feature/nbc-out/uganda-charges-67-people-after-raidlgbtq-friendly-bar-n1080811.

25. Sparks, J. (2020). "Uganda using coronavirus laws to target marginalised LGBT groups." *Sky News*. https://news.sky.com/story/uganda-using-coronavirus-laws-to-target-marginalisedlgbt-groups-11985888.

26. Ghoshal, N., (2020). "Uganda LGBT shelter residents arrested on COVID-19 pretext. Human Rights Watch." https://www.hrw.org/news/2020/04/03/uganda-lgbt-shelter-residents-arrestedcovid-19-pretext.

27. Amnesty International (2019). "Uganda: Reintroduction of 'kill the gays' bill is outrageous." https://www.amnesty.org.uk/pressreleases/uganda-reintroduction-kill-gays-bill-outrageous.

28. Deutsche Welle (2019). "Uganda introduces 'Kill the Gays' bill." https://www.dw.com/en/uganda-introduces-kill-the-gays-bill/a-50797504.

29. Amnesty International (2019). "Uganda: Reintroduction of 'kill the gays' bill is outrageous." https://www.amnesty.org.uk/pressreleases/uganda-reintroduction-kill-gays-bill-outrageous.

30. Rice, X. (2009). "Sudan police beat protestors as woman goes on trial for wearing trousers." *Guardian*. https://www.theguardian.com/world/2009/aug/04/sudan-woman-trousers-court.

31. Vahdat, A. (2019). "Iran introduces 2000 new morality police units in response to women's hijab protests." *Telegraph*. https://www.telegraph.co.uk/news/2019/06/07/iran-introduces-2000-new-morality-police-units-response-womens/.

32. Human Dignity Trust (2021). "Singapore: Types of criminalization." https://www.humandignitytrust.org/country-profile/singapore/.

33. Borile, S. (2019). "Bacha Bazi: cultural norms and violence against poor children in Afghanistan." *International Review of Sociology*, 29(3), 498-507. https://doi.org/10.1080/03906701. 2019.1672346.

34. Human Terrain Team (s.d.). "AF-6 Research Update and Findings, Pashtun Sexuality." https://info.publicintelligence.net/HTT-PashtunSexuality.pdf.

35. Reynolds, M. (2002). "Kandahar's lightly veiled homosexual habits." *Los Angeles Times*. https://www.latimes.com/archives/la-xpm-2002-apr-03-mn-35991-story.html.

36. Jaspal, R. & Cinnirella, M. (2010). "Coping with potentially incompatible identities: Accounts of religious, ethnic, and sexual identities from British Pakistani men who identify as Muslim and gay." *British Journal of Social Psychology*, 49(4), 849-70. https://doi.org/10.1348/014466609X485025.

37. Ward, J. (2015). *Not Gay: Sex Between Straight White Men*. New York University Press.

38. Singal, J. (2015). "Why straight men have sex with each other." *The Cut*. https://www.thecut.com/2015/08/why-straight-menhave-sex-with-each-other.html.

39. Shepherd, C. A. (2019). "The damage of silence: Bisexual Christians discuss mental health." *In Bisexuality and the Western Christian Church* (pp. 71-115), Palgrave Macmillan.

40. Jeffries, W. L., Dodge, B. & Sandfort, T. G. (2008). "Religion and spirituality among bisexual Black men in the USA." *Culture, Health & Sexuality*, 10(5), 463-77. https://doi.org/10.1080/13691050701877526.

41. Puar, J. (2013). "Rethinking homonationalism." *International Journal of Middle East Studies*, 45(2), 336-39. https://doi.org/10.1017/S002074381300007X.

42. Lopes Heimer, R. (2020). "Homonationalist/Orientalist negotiations: The UK approach to queer asylum claims." *Sexuality & Culture* 24, 174-96. https://doi.org/10.1007/s12119-019-09633-3.

43. Eskridge Jr., W. N. (2000). "*No promo homo*: The sedimentation of antigay discourse and the channeling effect of judicial review." *New York University Law Review*, 75(5), 1327.

44. Ver https://law.yale.edu/william-eskridge-jr.

45. "Texas Legislature Health and Safety Code, Public Health Provisions Chapter 163." https://statutes.capitol.texas.gov/Docs/HS/htm/HS.163.htm.

46. BBC News (2019). "Birmingham LGBT teaching row: How did it unfold?" https://www.bbc.com/news/uk-england-48351401.

47. Kotecha, S. (2019). "LGBT teaching row: Schools minister rejects 'silence' claim." BBC News. https://www.bbc.com/news/uk-england-birmingham-49755250.

48. BBC News (2019). "Birmingham LGBT teaching row: How did it unfold?" https://www.bbc.com/news/uk-england-48351401.

49. Adeley, H. (2020). "NJ parents and clergy protest new LGBTQ curriculum, say lessons violate religious beliefs." *NorthJersey.com*. https://eu.northjersey.com/story/news/new-jersey/2020/02/10/new-lgbtq-curriculum-violates-our-beliefs-say-nj-religiousgroups/4658223002/.

50. Knox, L. (2020). "New Jersey schools roll out LGBTQ curriculum pilot program." NBC News. https://www.nbcnews.com/feature/nbc-out/12-new-jersey-schools-roll-out-lgbtqcurriculum-pilot-program-n1134436.

51. Mooney, J. & Mishkin, L. (2020). "Parents raise voices as BOE tackles teaching LGBTQ history in school." *NJ Spotlight News*. https://www.njtvonline.org/news/video/as-new-lgbt-curriculumis-rolled-out-parents-protest-in-trenton/.

52. Washburn, D. (2019). "Conservative religious groups targeting California's sex education guidance." *EdSource*. https://edsource.org/2019/conservative-religious-groups-targeting-californiassex-education-guidance/611932.

53. Stonewall (2019). "LGBT-inclusive education: Everything you need to know." https://www.stonewall.org.uk/lgbt-inclusiveeducation-everything-you-need-know.

54. Pound, P., Denford, S., Shucksmith, J., Tanton, C., Johnson, A. M., Owen, J., . . . & Campbell, R. (2017). "What is best practice in sex and relationship education? A synthesis of evidence, including stakeholders' views." *BMJ open*, 7(5), e014791. https://doi.org/10.1136/bmjopen-2016-014791.

55. Pallotta-Chiarolli, M. (2014). "Erasure, exclusion by inclusion, and the absence of intersectionality: Introducing bisexuality in education." *Journal of Bisexuality*, 14(1), 7–17. https://doi.org/10.1080/15299716.2014.872454.

56. Pallotta-Chiarolli, M. (2014). "Erasure, exclusion by inclusion, and the absence of intersectionality: Introducing bisexuality in education." *Journal of Bisexuality*, 14(1), 7–17. https://doi.org/10.1080/15299716.2014.872454.

57. Woolley, S. W. (2020). "Bisexuality, bad girls, and bullying." *Journal of Bisexuality*, 20(1), 40–65. https://doi.org/10.1080/15299716.2020.1711840.

58. Elia, J. P. (2010). "Bisexuality and school culture: School as a prime site for bi-intervention." *Journal of Bisexuality*, 10(4), 452-71. https://doi.org/10.1080/15299716.2010.521060.

59. Verhoeven, M., Poorthuis, A. M. & Volman, M. (2019). "The role of school in adolescents' identity development. A literature review." *Educational Psychology Review*, 31(1), 35–63. https://dx.doi.org/10.1007/s10648-018-9457-3.

60. Kuhar. R. & Takács, J. (2007). *Beyond the Pink Curtain: Everyday Life of LGBT+ People in Eastern Europe*, Mirovni Institut.

61. BBC News (2020). "LGBT in Poland: The fight for rights." https://www.bbc.co.uk/news/av/world-europe-53342667.

62. Reid, G. (2021). "Poland breaches EU obligations over LGBT, women's rights. Human Rights Watch." https://www.hrw.org/news/2021/02/24/poland-breaches-eu-obligations-over-lgbtwomens-rights#.

63. "Government of the Netherlands: Marriage, registered partnership and cohabitation agreements." https://www.government.nl/topics/family-law/same-sex-marriage.

64. UK government (2013). "Same sex marriage becomes law." https://www.gov.uk/government/news/same-sex-marriagebecomes-law.

65. "BBC News (2015). "US Supreme Court rules gay marriage is legal nationwide." https://www.bbc.co.uk/news/world-uscanada-33290341.

66. BBC News (2017). "Germany gay marriage: Couple are first to marry under new law." https://www.bbc.co.uk/news/worldeurope-41460032.

67. Marcus, N. C. (2015). "Bridging bisexual erasure in LGBTrights discourse and litigation." *Michigan Journal of Gender & Law*, 22, 291. https://ssrn.com/abstract=2544009.

68. BBC News (1999). "Davies reveals bisexuality." http://news.bbc.co.uk/1/hi/uk_politics/367713.stm.

69. Andrews, M. (2019). "It was news I was scared to tell." *Shropshire Star*. https://www.shropshirestar.com/news/politics/2019/09/05/mp-daniel-calls-for-understanding-of-same-sex-relations/.

70. Perrigo, B. (2020). "British lawmaker comes out as pansexual." *Time*. https://time.com/5759523/layla-moran-outed-pansexualpolitician/.

71. Turnbull-Dugarte, S. J. (2020). "The European lavender vote: Sexuality, ideology and vote choice in Western Europe." *European Journal of Political Research*, 59(3), 517-37. https://doi.org/10.1111/1475-6765.12366.

72. Andrew Reynolds. "Queer Politics, School of Public and International Affairs, Princeton." https://www.queerpolitics.org/andrewreynolds.

73. Parsons, V. (2020). "Labour's Nadia Whittome expertly explains why transallyship is essential to queerness, feminism and socialism." *Pink News*. https://www.pinknews.co.uk/2020/12/04/nadia-whittome-labour-mp-nottingham-east-trans-rightsclimate-crisis-socialism-interview/.

7. Amor Livre

1. Cheltenham, F. (2017). "Google's bisexual problem." *HuffPost*. https://www.huffpost.com/entry/google-instant-searchbisexual_b_1682654.

2. Cheltenham, F. (2013). "Unblock the word 'bisexual'." Change.org. https://www.change.org/p/allow-bisexual-on-google-instant-search.

3. Change.org (2013). "Apple: remove 'bisexual' as an unacceptable word for use in app descriptions." https://www.change.org/p/apple-remove-bisexual-as-an-unacceptable-word-foruse-in-app-descriptions.

4. Mark, K. P., Janssen, E. & Milhausen, R. R. (2011). "Infidelity in heterosexual couples: Demographic, interpersonal, and personalityrelated predictors of extradyadic sex." *Archives of Sexual Behavior*, 40(5), 971-82. https://doi.org/10.1007/s10508-011-9771-z.

5. Blow, A. J. & Hartnett, K. (2005). "Infidelity in committed relationships II: A substantive review." *Journal of Marital and Family Therapy*, 31(2), 217-33. https://doi.org/10.1111/j.1752-0606.2005.tb01556.x.

6. Vonnegut, K. (1997). *Timequake*. Putnam's.

7. Schippers, M. (2016). *Beyond Monogamy: Polyamory and the Future of Polyqueer Sexualities*. New York University Press.

8. Scoats, R. (2017). "I've got the world's first threesomes PhD. This is what I've learned." BBC Three. https://www.bbc.co.uk/bbcthree/article/69326cfe-2511-4905-a43b-4f22c6f14c37.

9. Scoats, R. (2019). "'If there is no homo, there is no trio': women's experiences and expectations of MMF threesomes." *Psychology & Sexuality*, 10(1), 45-55. https://doi.org/10.1080/19419899.2018.1546766.

10. Scoats, R. (2019). "'If there is no homo, there is no trio': women's experiences and expectations of MMF threesomes." *Psychology & Sexuality*, 10(1), 45-55. https://doi.org/10.1080/19419899.2018.1546766.

11. Scoats, R., Joseph, L. J. & Anderson, E. (2018). "'I don't mind watching him cum': Heterosexual men, threesomes, and the erosion

of the one-time rule of homosexuality." *Sexualities*, 21 (1-2), 30-48. https://doi.org/10.1177%2F1363460716678562.

12. Hunt, E. (2020). "The psychology of the threesome." *Guardian*. https://www.theguardian.com/lifeandstyle/2020/feb/11/threesomes-men-women-sex-psychology.

13. Herbenick, D., Bowling, J., Fu, T. C., Dodge, B., Guerra-Reyes, L. & Sanders, S. (2017). "Sexual diversity in the United States: Results from a nationally representative probability sample of adult women and men." *PloS one*, 12(7), e0181198. https://doi.org/10.1371/journal.pone.0181198.

14. Thompson, A. E., Cipriano, A. E., Kirkeby, K. M., Wilder, D. & Lehmiller, J. J. (2020). "Exploring variations in North American adults' attitudes, interest, experience, and outcomes related to mixed-gender threesomes: a replication and extension." *Archives of Sexual Behavior*, 50(4), 1433-48. https://doi.org/10.1007/s10508-020-01829-1.

15. Scoats, R. (2019). *Understanding Threesomes: Gender, Sex, and Consensual Non-Monogamy*. Routledge.

16. Lehmiller, J. J. (2018). *Tell Me What You Want: The Science of Sexual Desire and How it Can Help You Improve Your Sex Life*. Da Capo Lifelong Books.

17. Hunt, E. (2020). "The psychology of the threesome." *Guardian*. https://www.theguardian.com/lifeandstyle/2020/feb/11/threesomes-men-women-sex-psychology.

18. Rich, A. (1980). "Compulsory heterosexuality and lesbian existence." *Signs*, 5(4), Women: Sex and Sexuality, 631–60. https://www.jstor.org/stable/3173834.

19. Willey, A. (2015). "Constituting compulsory monogamy: normative femininity at the limits of imagination." *Journal of Gender Studies*, 24(6), 621-33. https://doi.org/10.1080/09589236.2014.889600.

20. Lee, B. H. & O'Sullivan, L. F. (2018). "Ain't misbehavin? Monogamy maintenance strategies in heterosexual romantic relationships." *Personal Relationships*, 25(2), 205–32. https://doi.org/10.1111/pere.12235.

21. Blow, A. J. & Hartnett, K. (2005). "Infidelity in committed relationships II: A substantive review." *Journal of Marital and Family Therapy*, 31(2), 217-33. https://doi.org/10.1111/j.1752-0606.2005.tb01556.x.

22. Williams, S. S. & Payne, G. H. (2002). "Perceptions of own sexual lies influenced by characteristics of liar, sex partner, and lie itself." *Journal of Sex and Marital Therapy*, 28(3), 257–67. http://dx.doi.org/10.1080/009262302760328299.

23. Horan, S. M. (2016). "Further understanding sexual communication: Honesty, deception, safety, and risk." *Journal of Social and Personal Relationships*, 33(4), 449–68. https://doi.org/10.1177%2F0265407515578821.

24. Damshenas, S. (2021). "Willow Smith comes out as bisexual to her mother and says she wants to be in a throuple. Gay Times." https://www.gaytimes.co.uk/life/willow-smith-comes-out-asbisexual-to-her--mother-and-says-she-wants-to-be-in-a-throuple/.

25. Matsick, J. L., Conley, T. D., Ziegler, A., Moors, A. C. & Rubin, J. D. (2013). "Love and sex: Polyamorous relationships are perceived more favourably than swinging and open relationships." *Psychology and Sexuality*, 5(4), 339-48. https://doi.org/10.1080/19419899.2013.832934.

26. Klesse, C. (2018). "Bisexuality, slippery slopes, and multipartner marriage." *Journal of Bisexuality*, 18(1), 35-53. https://doi.org/10.1080/15299716.2017.1373264.

27. Vernallis, K. (1999). "Bisexual monogamy: Twice the temptation but half the fun?" *Journal of Social Philosophy*, 30(3), 347-68. http://dx.doi.org/10.1111/0047-2786.00022.

28. Davids, C. M. & Lundquist, G. G. (2018). "Relationship themes and structures of bisexual individuals." *Sexual and Relationship Therapy*, 33(1-2), 6-12. https://doi.org/10.1080/14681994.2017.1412421.

29. Hartman-Linck, J. E. (2014). "Keeping bisexuality alive: Maintaining bisexual visibility in monogamous relationships." *Journal of Bisexuality*, 14(2), 177-93. https://doi.org/10.1080/15299716.2014.903220.

30. Mark, K., Rosenkrantz, D. & Kerner, I. (2014). "'Bi'ing into monogamy: Attitudes toward monogamy in a sample of bisexual-identified adults." *Psychology of Sexual Orientation and Gender Diversity*, 1(3), 263. https://doi.org/10.1037/sgd0000051.

31. Haupert, M. L., Gesselman, A. N., Moors, A. C., Fisher, H. E. & Garcia, J. R. (2017). "Prevalence of experiences with consensual nonmonogamous relationships: Findings from two national samples of single Americans." *Journal of Sex and Marital Therapy*, 43(5), 424-40. https://doi.org/10.1080/0092623X.2016.1178675.

32. Sprott, R. A. & Schechinger, H. (2019). "Consensual nonmonogamy: A brief summary of key findings and recent advancements." *Family Psychologist*. https://www.apadivisions.org/division-43/publications/newsletters/2019/04/non-monogamy.

33. Murphy, A. P., Joel, S. & Muise, A. (2021). "A prospective investigation of the decision to open up a romantic relationship." *Social

Psychological and Personality Science, 12(2), 194–201. https://doi.org/10.1177%2F1948550619897157.

34. Murphy, A. P., Joel, S. & Muise, A. (2021). "A prospective investigation of the decision to open up a romantic relationship." *Social Psychological and Personality Science*, 12(2), 194–201. https://doi.org/10.1177%2F1948550619897157.

35. Haupert, M. L., Moors, A. C., Gesselman, A. N. & Garcia, J. R. (2017). "Estimates and correlates of engagement in consensually non-monogamous relationships." *Current Sexual Health Reports*, 9(3), 155–65. https://doi.org/10.1007/s11930-017-0121-6.

36. Weeks, J. (2005). "Remembering Foucault." *Journal of the History of Sexuality*, 14(1/2), 186–201. http://dx.doi.org/10.1353/sex.2006.0018.

Conclusão: Identidade Bi

1. Scales Rostosky, S., Riggle, E. D., Pascale-Hague, D. & McCants, L. E. (2010). "The positive aspects of a bisexual self-identification." *Psychology and Sexuality*, 1(2), 131-44. https://doi.org/10.1080/19419899.2010.484595.

Impresso por :

Graphium
gráfica e editora
Tel.:11 2769-9056